वाग्देवी की घर-वापसी

वाग्देवी की घर-वापसी

रमेशचन्द्र शाह

वाणी प्रकाशन

वाणी प्रकाशन
4695, 21-ए, दरियागंज, नयी दिल्ली 110 002
शाखा
अशोक राजपथ, पटना 800 004
फ़ोन : +91 11 23273167 फ़ैक्स : +91 11 23275710
www.vaniprakashan.in
vaniprakashan@gmail.com
editorial@vaniprakashan.in
sales@vaniprakashan.in

VAGDEVI KI GHAR WAPASI
by Rameshchandra Shah

ISBN : 978-93-5229-429-9
Criticism

प्रथम संस्करण

मूल्य : ₹ 395

यश प्रिंटोग्राफिक्स, नोएडा-201 301 (उ.प्र.) में मुद्रित

वाणी प्रकाशन का लोगो मक़बूल फ़िदा हुसेन की कूची से

वागीश जी,
मदन और ध्रुव के लिए

अनुक्रम

वाग्देवी की घर-वापसी

('नये स्वर' नामक साहित्य अकादमी के समापन समारोह में दिया गया अध्यक्षीय भाषण)

नये स्वरों के इस समागम में भागीदार युवा लेखक, मित्रों एवं सहृदय श्रोताओ!

साहित्य में कविता और कहानी-उपन्यास के माध्यम से—उस ख़ास अपनी विशिष्ट आवाज़ को ढूँढ़ने-पाने का अर्थ क्या होता है—जो नितान्त अपनी होकर ही सब आवाज़ों के परदों को छेड़ते हुए सबकी आवाज़ बन सके—इसका मार्मिक बखान निर्मल वर्मा ने तथा अन्य वक्ताओं ने भी परसों के उद्घाटन सत्र में किया था। इन तीन दिनों में हिन्दी, राजस्थानी, डोगरी, कश्मीरी, उर्दू, पंजाबी तथा अंग्रेज़ी तक में लिखने वाले लेखकों के स्वर गूँजते रहे हैं। आप सभी ने इस बात को लक्ष्य किया होगा कि मूल भाषा में कवि को कविता पाठ करते सुनना कितना ज़रूरी और अर्थवान् अनुभव होता है। यह भी कि अधिकांश कवियों को सुनते हुए आपको उसके अंग्रेज़ी अनुवाद की न केवल क़तई कोई ज़रूरत महसूस नहीं हुई, बल्कि आपने मुखर रूप से इसका विरोध किया। "पोएट्री इज़ बेस्ट रिसीव्ड ऐंड एंज्वायड व्हैन इट इज़ ऑन्ली हाफ़ अंडरस्टुड..." इस पुरानी उक्ति की सच्चाई समझ में आती है। यहाँ तक कि अन्यान्य दूसरी भाषाओं के साथ-साथ कश्मीरी का जो नाद-सौन्दर्य है, वह तो हमने देखा ही, अर्थ समझने के लिहाज़ से जो भी दिक़्क़त हमें हुई, उसे भी हम हिन्दी अनुवाद के ज़रिए ही हल होते देखना चाहते थे—यह बात भी श्रोताओं की प्रतिक्रिया से साफ़ हुई।

मित्रो! इस अवसर पर मुझे हिन्दी कवि निराला की एक सुविख्यात कविता का स्मरण हो आया है जो उन्होंने आज से कोई पचहत्तर वर्ष पूर्व नये स्वरों का स्वागत करते हुए ही लिखी थी। उसमें उन्होंने कविता की और समस्त विधाओं की देवी से, वाग्देवी से यही वर माँगा था कि इन नये स्वरों के माध्यम से सदियों से मूर्च्छित पड़ी इस पराधीन देश की प्राण-ऊर्जा जागे, मानसिक-वैचारिक स्वराज का अमृत-मंत्र समूचे भारत में भर जाए; प्रकाश का ऐसा झरना फूटे, जो हम पर सदियों से जमी आत्म-विस्मृति की कालिख मिटाते हुए भारत को ही नहीं, समूची दुनिया को जगमग कर दे। निराला ठीक ही अनुभव करते थे कि हम एक व्यापक स्मृति भ्रंश

(collective amnesia) और सांस्कृतिक लयभंग के शिकार हैं : स्वतन्त्रता प्राप्ति के पचास-साठ वर्ष बाद भी यह हालत सचमुच बदली है, दावा करना कठिन है : इस सांस्कृतिक लयभंग का इलाज निराला की उस कविता के शब्दों में वही कर सकता है, जो नयी लय-गति ईजाद कर सके, एक नये आकाश में उड़ान भर सकने लायक़ नये मज़बूत पंख उगा सके, नित्य नये-नये क्षितिज उघाड़ सके :

नव गति नव-लय, ताल-छन्द नव
नवल कंठ, नव जलद मन्द्र रव
नव वय के नव विहग-वृन्द को
नव वर स्वर दे
वर दे, वीणावादिनी, वर दे।

आपको याद होगा, जहाँ एक ओर निर्मल वर्मा ने साहित्यिक सृजन की प्रक्रिया में एक ही सर्जक के भीतर सक्रिय भोक्ता-इनसाइडर और साक्षी-आउटसाइडर के सहयोग की बात उठायी थी, वहीं उद्घाटन सत्र के अन्य वक्ताओं ने इस बात को बलपूर्वक रेखांकित किया था कि हम एक बेहद नाज़ुक दौर से गुज़र रहे हैं। उस वक़्त दो-तीन परस्पर विरोधी बातें एक साथ मेरे दिमाग़ में टकरा रही थीं। एक तो यह कि हमारा वह सांस्कृतिक आत्मविश्वास (?) कहाँ गया जो गुलामी के दौर के बीचों-बीच यह कह सकता था कि "कुछ बात है कि हस्ती मिटती नहीं हमारी/ सदियों रहा है दुश्मन, दौरे-ज़माँ हमारा...?" कहीं वही तो सन्दिग्ध नहीं था? दूसरी तरफ़, मुझे दो हज़ार साल पहले के लैटिन कवि ल्यूक्रेशियस की याद आ रही थी जो यह मानकर चल रहा था कि 'इससे ज़्यादा बुरा समय कभी नहीं आया; अब तो प्रलय अवश्यम्भावी है।' उसी की कविता में क्यों, उसके समकालीन कई अन्य कवियों में भी इस आसन्न प्रलय की आहटें सुनाई देती हैं। यह मात्र एक उदाहरण है : साहित्य के इतिहास में कई बार कवियों के यहाँ इस तरह की आशंकाएँ व्यक्त हुई हैं : उन्हें लगा है कि उनका समय ही सबसे बुरा समय है। मगर तीसरी जो बात मेरे भीतर टकरा रही थी, वह यह थी कि आखिर क्या बात है कि सबसे भयानक दुर्दिन में भी कालजयी साहित्य रचा जाता रहा है : डब्ल्यू. एच. ऑडेन ने तो साफ़ ही लिखा है कि "पोएट्री इज़ बॉर्न आउट ऑव ह्यूमिलियेशन।" इससे प्रतीत होता है कि आदमी की बनावट में ही एक अन्तर्विरोध या विरोधाभास निहित है : एक ओर उसमें आत्म-प्रवंचना और आत्मघात की अकूत सामर्थ्य है और दूसरी ओर विनाश और विध्वंस की कगार पर ही अपने को फिर से सिरजने की। 'तदात्मानं सृजाम्यहम्' यह नारायण की नहीं, नर की ही कथनी है क्योंकि हम वहाँ भी दुई नहीं देखते।

आप याद करें, यह बिला वजह नहीं था कि इस बेहद खूँखार और मूल्यमूढ़ सिनिकल समय में—जबकि हमारी युवा और युवतर पीढ़ियाँ इतनी तरह के मोहभंगों से गुजर रही हैं—उसके सामने किसी भी पारम्परिक आदर्श की दुहाई देना बेमानी

हो गया है, हम ऐसा जानते हुए भी एक ही साँस में ग़ालिब के साथ-साथ तुकाराम, कबीर और तुलसीदास सरीखे मध्यकालीन सन्त कवियों का भी आह्वान करने को अन्तर्विवश हो जाते हैं।

सवाल है कि वह क्या है तुकाराम में, जो न केवल दिलीप चित्रे सरीखे अत्याधुनिक कवि की संवेदना को पकड़ता है, बल्कि अधुनातन पोस्ट-मॉडर्निस्ट सोच से लैस साहित्यालोचकों को भी इतना प्रेरक, इतना प्रासंगिक लगता है?—हमें इस सवाल की गहराई में जाना होगा : मनमानी भावुकता से परहेज बरतते हुए और महज़ 'विशफ़ुल थिंकिंग' के हर प्रलोभन को ठुकराते हुए।

आपने लक्ष्य किया होगा, कहानी-पाठ के सत्र में यह बात उभर कर आयी थी कि हमारे युवा कथाकार उनके आँख सामने की जो हक़ीक़त है—परम्परागत मूल्यों के भ्रंश और विघटन की—उसे न केवल अनदेखा नहीं करते, बल्कि यथावत् नंगी आँखों से उसका साक्षात करने और दो-टूक उसका बयान करने में कोई क़सर नहीं छोड़ते और ऐसा करते हुए भी इस रचना-प्रक्रिया के भीतर से ही ऐन उस कहानी के चरम कोण पर ही मानव-विवेक के अप्रत्याशित विस्फोट और पुनर्वास को दुर्निवार्य बना देते हैं। आपने यह भी देखा ही होगा कि किस तरह उपन्यास में भी यह जोख़िम उठाने की—मानव-भ्रूण, यहाँ तक कि 'क्लोन' की ही कंडीशनिंग की कल्पना को भी आतंकित कर देने वाली पराकाष्ठाओं को ही अपना विषय-वस्तु बनाने की—और उस दुःस्वप्न को ही अपने रचना-कौशल से—'क्रिएटिव सब्वर्शन' के ज़रिए—उलट देने की—तैयारी भी हमारे लेखकों में प्रकट हो रही है। इसी तरह कविता-पाठ के सत्रों में भी आपने नये स्वरों की इस मोहमुक्त, मगर मूल्यान्वेषी चिन्ता को कमोबेश अपने ढंग से कार्यरत देखा। प्रदूषण के गढ़ में घुस कर ऐन उसके बीचों-बीच भाषा के अपने साधनों से ही, शब्दों एवं शब्दान्तरालों के अप्रत्याशित विन्यास और विचलनों के द्वारा ही उसका प्रतिकार करने की कवि-सामर्थ्य और लाघव को अभिनीत होते हुए भी आपने देखा-सुना। पूर्व कवियों द्वारा आविष्कृत रूपाकारों के अभिनव इस्तेमाल के औचित्य को भी आपने भाँपा-परखा होगा ही।

इससे कुल मिलाकर जो छाप मन पर पड़ी है, वह कदाचित् यही है कि हमारी प्रत्यासन्न आवश्यकता अब मूल्यों के उस अतिनैतिक असन्दिग्ध आधार के शोध की है जिसे हमारी अत्याधुनिक बुद्धि और अधुनातन विवेक बिना अपने को किसी समझौते या घपले में डाले प्रत्यक्ष अनुभव और ज्ञान की कसौटी पर स्वीकार सके, अपना सके। वह असन्दिग्ध आधार—अब, जगजाहिर है कि—किसी भी धार्मिक-राजनीतिक मतवाद के सहारे खड़ा नहीं किया जा सकता। हमारे देखते ही देखते, पिछली एक सदी के दौरान न केवल पोलिटिकल और थियोलॉजिकल इंपीरियलिज़्म और कॉलोनियलिज़्म की, बल्कि उनके सहारे, उनके बूते खड़े किये गये सारे मतवादों की कलई खुल चुकी है। आज का आदमी इस क़दर बुद्धिशाली है, असली तथ्य क्या थे और क्या

हैं, इसका अचूक पता लगाने के उसके शोध के तरीक़े और उपकरण इस क़दर पैने और कारगर साबित हुए हैं कि अब उससे कुछ भी छुपाया नहीं जा सकता। सारा का सारा झूठा-सच हमारी पहुँच के भीतर है। लोकतान्त्रिक मानवाधिकारों को लेकर अमरीकी चौधराहट के दावों का खोखलापन एक ओर, तथा 'कम्युनिज़्म की काली किताब' से लेकर तसलीमा नसरीन की 'आत्म-कथा' तक क्या है जो अभी भी उजागर होना बाक़ी हो? 'आफ़्टर सच नॉलेज, व्हॉट फ़ॉरगिवनेस'?...

अब, इस सारी वस्तुस्थिति के सामने आप देखिए कि मनुष्य की सृजनात्मक कल्पना का आचरण क्या-क्या शक्ल ले रहा है? कवि हो, चाहे उपन्यासकार, उसका अपनी सामग्री को बरतने का ढंग किस क़दर बदला है। हम ज्वाइस और एलियट आदि के तरीक़ों से कितना अलग जा पड़े हैं, यह देख पाने के लिए मात्र तीन-चार उदाहरण काफ़ी होंगे। आज के हमारे सबसे संवेदनशील और सर्वाधिक शिल्प-कौशल सम्पन्न कथाकार अपनी सत्यनिष्ठा में ही क्यों, तथ्य-निष्ठा में भी ख़ासे शोधकर्ताओं को भी मात दे सकते हैं और इसके बावजूद वे हमें शुरू से आख़िर तक सस्पेंस में बाँधे रख सकने वाली अद्‌भुत कल्पना-शक्ति और सूझबूझ का प्रमाण देते हैं। मसलन, आप मारियो वर्गस लोसा के उपन्यासों को ही—ख़ासकर *दि स्टोरी टैलर* को ही पढ़ देखिए। कोई भी, कैसा भी नृतत्त्वशास्त्री आपको पैगन जीवन-दृष्टि का, आदिम भाव-बोध का, 'चरैवेति' के जीवन-दर्शन का ऐसा जीता-जागता पुनर्वास सुलभ करा सकता है क्या? इसी तरह हम वी. एस. नायपॉल का 'दि एनिग्मा ऑव एराइवल' पढ़ते हैं तो हैरान रह जाते हैं कि आत्मकथा और उपन्यास का यह कैसा मौलिक घालमेल है जिसके लिए इसी लेखक के पहले वाले उपन्यासों को पढ़ने का अनुभव हमें इस तरह तैयार नहीं करता लगता। इसी तरह नायपॉल के यात्रा-वृत्त भी अपनी अलग ही अनोखी पहचान बनाते हैं : वे कई बार उपन्यास की ही शर्तों पर विन्यस्त किये गये ऐसे जीवन्त दस्तावेज़ लगते हैं जिनमें पूरे के पूरे मुल्कों की, उनके जन-समुदायों के जीवन-मरण की पहचान पिरो दी गयी है। किसी भी विशुद्ध समाजशास्त्री अथवा इतिहासज्ञ अथवा पुरातत्त्वज्ञ से कहीं गहरी खुदाई करते हुए वे मानवात्मा की अँधेरी पर्तों में छुपी हुई ऐसी सच्चाइयों को सतह पर ले आती हैं जो लोमहर्षक तो है, किन्तु गहरे में कहीं आशाजनक भी। कुछ-कुछ इसी तरह की बात नायपॉल से नितान्त भिन्न तरीक़े आजमाने वाले इतालो काल्विनो के उपन्यासों के बारे में भी कही जा सकती है। और इन दोनों से ही बहुत भिन्न स्तर का कल्पनात्मक उद्यम हमें रॉबर्टो कैलैसो की कृति 'क' में देखने को मिलता है तो, उसे पढ़ते हुए प्रश्न जो हमारे मन में सहज ही उठता है, वह यह है कि क्या हम अपनी ही पुराण-सम्पदा का सर्जनात्मक दोहन करने की स्थिति में खुद को पाते हैं? अथवा, क्या हमें अपने ही सांस्कृतिक संकट और आध्यात्मिक सूनेपन का ऐसा अहसास कचोटता है कि हमें उस तरह के सृजनात्मक उद्यम के ज़रिये खुद अपनी

अवस्थिति का साक्षात्कार और प्रतिकार करने की प्रेरणा हो?

साहित्य अब मनोरंजन की पुरानी शर्त को नकारे बग़ैर ज्ञान के एक अत्यन्त सजीव और विश्वासोत्पादक प्रकार के रूप में अपनी नयी पहचान निर्मित कर रहा है। पिछली सदियों के जो सबसे त्रासद 'ईविल' रहे हैं– 'थियोलॉजिकल-पोलिटिकल साम्राज्यवाद', 'उपनिवेशवाद' आदि, उनकी यथावत् समझ और काट भी उन्हीं सभ्यताओं के सर्वाधिक संवेदनशील कवियों और कथाकारों द्वारा रची गयी है; भले कई ऐसे भी कवि-कथाकार पश्चिम के गिनाये जा सकें जो अपनी सभ्यता के पूर्वाग्रहों के ही बन्दी हैं। प्रश्न उठता है कि खुद अपनी विरासत के शक्ति-स्रोतों से तथा अपने उक्त spiritual allies से रचनात्मक लाभ उठाने के अभी तक के जो हमारे उपक्रम हैं, वे क्या सम्यक् और पर्याप्त हैं?

इस प्रश्नाकुलता के साथ ही मैं इस आयोजन के कर्ता-धर्ताओं का तथा इसमें भागीदार बने समस्त लेखक-परिवार के प्रति अपना आभार व्यक्त करता हूँ और अपने इस समापन-वक्तव्य को पिछली सदी के एक बहुत-बड़े और भारत से गहरे कहीं भावित कवि विलियम बटलर येट्स की कुछ पंक्तियों को उद्धृत करते हुए समेटना चाहता हूँ :

I never bade you go
To Moscow, or, to Rome
Renounce that drudgery
Call the Muses home

मैंने अपनी बात निराला की वाग्देवी का प्रतिस्मरण करते हुए शुरू की थी। येट्स के हवाले से इसका समापन करने का अभिप्राय इतना ही, कि हम भी अपनी वाग्देवी की पर-वापसी के लिए पर्युत्सुक हों।

रात का फूल और एक गहन आत्मा प्रसन्न

(नवीन सागर का कविकर्म)

(एक)

पक्षी आसमान में जहाँ ओझल हुआ
वहाँ से देखना है दूर!

....

जहाँ छूट गया हूँ
वहाँ मेरा वह एक और जीवन है
उसका समय है
वहाँ से देखना है दूर!......

नवीन सागर, नींद से लम्बी रात, पृ. 73

मृत जाति को कवि ही जिलाते रस-सुधा के योग से।
पर मारते हो तुम हमें उलटे विषय के रोग से।
कवियो! उठो अब तो अहो कवि-कर्म की रक्षा करो।
सब नीच भावों का हरण कर उच्च भावों से भरो।।

मैथिलीशरण गुप्त, 'भारत-भारती'

आज के इस सर्वव्यापी-सर्वग्रासी मूल्य-विपर्यय और मूल्य-भ्रंश के युग में, जहाँ हर सांस्कृतिक उत्पाद—यहाँ तक, कि स्वयं संस्कृति तक—की साख भी सन्दिग्ध बना दी गयी है, वहाँ मानो महज़ मनुष्य के रूप में बने रहने के लिए भी सब कुछ शुरू से शुरू करने की अनिवार्यता हमारे सामने मुँह बाए खड़ी है। 'कविता से मनुष्य भाव की रक्षा होती है'—ऐसा हमारे आचार्य शुक्ल का कहना था। किन्तु स्वयं कविता की—कवि-कर्म की—रक्षा कौन करेगा, जिसकी चिन्ता हमारे राष्ट्रकवि तक को 'भारत-भारती' लिखते हुए व्याप रही थी? आज के कवि को नये सिरे से यह सवाल पूछना और उसका जवाब भी स्वयं अपने कवि-कर्म से ही गढ़ना है कि किसी भी जाति या देश या समाज के लिए आखिर इस कवि-नामधारी जीव की क्या

उपयोगिता है? यह भी, कि 'विषय का रोग' क्या होता है? आज की परिस्थिति, आज की भाषा में क्या उसका कोई अर्थ बनता है—आज के कवियों और उनके पाठकों के लिए? 'नीच' या 'उच्च' भावों की नीचता या उच्चता कैस और कहाँ से प्रमाणित होती हैः उनका बाजार-भाव कौन तय करता है? नवीन सागर की एक कविता सुनें—क्या कहती है इस बारे में—

हाय मुझे इस कितने सुन्दर बाजार से
नफ़रत है नफ़रत है!
शिष्ट हैं दूकानदार, मितभाषी खरीदार
उजली प्रसन्नवदन आकृतियाँ
मन होता पूरे उजाले पर थूक दूँ
कर दूँ अँधेरा ये चिंचियाते भागें सब
लय टूटे, धरती को फाड़ दूँ

कैसा उजाला है यह, जिस पर कवि थूक देना चाहता है? कैसी लय है अधुनातन जीवन की, जिसे वह तोड़ देने की बात कर रहा है? कविता तो बनती ही लय से है : सुनते आये हैं कभी से कि कवि का तो काम ही चीज़ों की लय मिलाना है; मनुष्य-स्वभाव की आदिम और आधुनिक परतों के बीच विद्युत्तरंग पैदा करके, जो भी लयभंग उनके बीच हुआ हो, उसका उपचार उसे नयी लय का आविष्कार करके करना है। क्या आपको लगता नहीं कवि की उपर्युक्त पंक्तियों से, कि जिस बाजार की चहल-पहल को यहाँ उसकी चेतना दर्ज कर रही है, उसमें कुछ है जो उसकी लयात्मक संवेदना को भी उसकी मनुष्य-ता की तरह ही मर्माहत कर रहा है? तभी न वह उसे तोड़ने-फोड़ने की बात कर रहा है : फिर से मनुष्य और उसकी चीज़ों की लय बिठाने और मिलाने की खातिर? अब, सवाल यह है कि उसकी यह कोशिश उसके परिवेश में कहाँ-कैसे 'फिट' होती है? 'फिट' होती भी है कि नहीं। नवीन सागर की ही एक दूसरी कविता इसी संग्रह (हर घर से गायब) में हमसे कुछ कह रही है इसी सिलसिले में। ज़रा उसे भी सुन लें; क्या ही सचोट और बेधक व्यंग्य विपर्यय है! दूर तक मार करने वाला!

युग के मुहावरे में नहीं रहा
जानकार बोले कैसे चले आये
कविता में!

....

केवल मुहावरा
जानकर लोगों की गहरी निगरानी में
कविता का रूप धरे निकला
तो जानकार बोले

हाँ! तुम अब हो कविता में।
तलघर के मुँह पर चट्टान रही आयी
भीतर ही भीतर भटकता मैं खो गया
जानकार बोले—हाँ तुम अब हो कविता में
जानकार पांडों को नहीं नमस्कार किया
धिक्-धिक् कवि!
कविता का क्यों बंटाधार किया!

मायावी असुर दुन्दुभि के साथ पाताल गुफा में वानरराज बाली का संघर्ष बहुत लम्बा चला था। इतना लम्बा, कि अपने जिस सहोदर सुग्रीव को बाली निगरानी रखने के लिए गुफा के मुँह पर बिठा गया था, उसी ने वहाँ से खून निकलता देखकर उस पर से यह मनमानी अटकल भिड़ाकर, कि दुन्दुभि नहीं, खुद बाली मारा गया—गुफा का मुँह चट्टान से बन्द कर दिया था और बाली की जगह खुद राजा बन बैठा था। क्या अर्थ है उस रामायणी पुराकथा के इस अत्याधुनिक परिवेश में जाने-अनजाने निवेश का? क्या है यह...'कविता का रूप धरे/केवल मुहावरा'?...और कौन हैं ये 'जानकार पाँडे', जिन्हें यह कवि 'नमस्कार नहीं करने' और इसीलिए 'भीतर ही भीतर भटकते खो जाने' का—'हाँ, तुम अब हो कविता में' के आश्वासन के बावजूद, खो जाने का ख़तरा इतनी मस्ती और बेफिक्र 'आयरनी' के साथ उठा रहा है?

क्या पता यह वंचना, यह विडम्बना हमारी परिस्थिति में—यहाँ तक, कि—स्वयं संस्कृति में भी बद्धमूल हो। इतना ही क्यों?—वह, जिसे हम 'मनुष्य-भाव' या मानव-स्वभाव कहते आये हैं, उसमें भी यह आत्म-प्रवंचना और विडम्बना गहरे कहीं निहित और कभी भी प्रकट हो सकने वाली हो, तो?...

जाहिर है कि हमें अपनी परिस्थिति को आमूलचूल—किसी मनमाने आदर्शवाद अथवा यथार्थवाद को बिचौलिया बनाये बग़ैर—यथावत्, उसकी जड़ में जाकर समझना है और मनुष्य की ही जो संस्कृति उसकी परिस्थिति को अभी तक परिभाषित और नियमित करने का सफल-असफल उद्यम करती आयी है, उस संस्कृति को भी—उसके समस्त उपादानों और अभिव्यक्तियों में—नये सिरे से एक निर्भ्रान्त 'अर्जेन्सी' के साथ—आवश्यकता की पुकार की तरह—समझना और स्वायत्त करना है। 'कैलकुलेटिव थिंकिंग' तथा 'रेन ऑव क्वांटिटी' की चरम परिणति के इस युग में अब बने-बनाये समाधानों से काम नहीं चलेगा। पूर्वमान्यताओं को प्रश्नांकित करते हुए उनकी जड़ तक पहुँचे बिना न तो तथाकथित संस्कृति की कुशल है; न तथाकथित जीवन की। अब किसी को भी हमारी व्यक्तिगत और सामूहिक नियति तय करने का एकमुश्त ठेका नहीं दिया जा सकता; न इसका, कि वही हमारे लिए हमारी मनुष्यता के दोस्तों और दुश्मनों की छँटायी कर दे। कार्य और कारण की लक़ीरी समझ को तो बहुत पहले ही हिन्दी कविता ने अपदस्थ कर दिया था : नीति और अनीति का भी

निस्संग पारदर्शन करने की क्षमता अभी उसे अर्जित करनी है। तथाकथित नैतिकता या नैतिक आक्रोश स्वयं जिस आधार पर खड़े हैं, उस आधार को भी प्रश्नांकित करने की चुनौती अब उसके सामने है।...'जन्म चाहिए'...नवीन सागर की एक कविता कहती है–'जन्म चाहिए/हर चीज़ को/ एक और जन्म चाहिए'। यह 'एक और जन्म' क्या है? क्या इसका पता लगाने में हमारे कवि-ठेठ समकालीन कवि हमारी मदद कर सकते हैं?

आखिर इतना तो आप भी मानेंगे, कि कवि से एक खास क़िस्म की बुद्धिमत्ता (विज़डम) की अपेक्षा सभी युगों और सभ्यताओं में लोग करते रहे हैं और काफी हद तक कविगण उन अपेक्षाओं को निभाते-पूरी करते भी रह सके हैं।

किन्तु इसका मतलब यह भी नहीं निकाला जा सकता कि कवि की समझ हमेशा अचूक ही होती है। अभी हाल मिलान कुंदेरा ने एक समूचा उपन्यास ही इस थीम पर निछावर किया है : कई बार स्वयं कवियों की बचकानी या किशोर आत्ममुग्धता को लेकर, उनकी असाध्य अदूरदर्शिता और आत्मतुष्ट पुण्याई को लेकर। जो उन्हें अपनी ही असाध्य स्वप्नजीविता के भीतर के खोखल को नहीं देखने देती और उन्हें कैसे-कैसे तानाशाहों और मानवता के घोर अपराधियों के चारण की भूमिका में ला पटकती है। 'कभी आधा कभी पूरा' शीर्षक एक कविता नवीन की मुझे यहाँ बेसाख़्ता याद आ रही है तो यूँ ही नहीं याद आ रही होगी। कवि कहता है–

"सूरज नहीं चाँद तारे संगीत चित्र भी नहीं
कविता से भी सुन्दर लगता है मनुष्य
पर मैं क्या करूँ/ कि जिस ज़ख्म को धो रहा हूँ
उसे कुचलने में जिसे नहीं कोई हिचक
वह कैसे समझेगा मेरी भाषा
कैसे मैं इंकार कर सकूँगा उस पाप से
जो संसार के किसी कोने में कोई कर रहा है।"

(दो)

हिन्दी कविता के हजार बरसों के दौरान जहाँ एक ओर देश-काल में जिये जा रहे लोक-जीवन की भरसक निर्भ्रान्त समझ और उसमें भी खरे और खोटे की परख कर सकने वाली विवेकमत्ता सक्रिय रही है, वहीं जीवन के छुपे हुए मर्म को उद्‌घाटित करने वाली, उसे क्षति पहुँचा सकने वाली दुष्प्रवृत्तियों के प्रतिकार को प्रेरित करने वाली शक्ति की मौलिक कल्पना भी। कविता की जरूरत यूँ तो हर युग में, हर सभ्यता को रही है–मनुष्य-भाव, मनुष्य होने के अनुभव और अर्थ के पीछे जो–आदिम प्राकृतिक संवेगों की, और सभ्यतागत सांस्कृतिक विकास की–दोनों की परतें सक्रिय

रहती हैं–कवि अपने स्वभाव और स्वधर्म से ही दोनों की लय मिलाये रखने वाला जीव है। उसे स्वभावतः दैवी और आसुरी दोनों प्रकार की सम्पदाओं और शक्तियों की घनिष्ठ ज्ञान-संवेदना सिद्ध होती है। कविकर्म, इस तरह देखा जाय तो मनुष्य की आदिमता और सांस्कृतिकता के बीच करेण्ट दौड़ाने का काम है। किन्तु इसके अलावा भी हालाँकि इससे जुड़ी हुई–कवित्व की एक और विशेषता को भी ध्यान में रखना जरूरी है : जीवधारियों में एकमात्र मनुष्य ही है जो अपने जीवनानुभव का मात्र भोक्ता ही नहीं, अपितु साक्षी भी होता है : अब यह अलग बात है कि इस साक्षी-भाव की प्रदत्त योग्यता का विकास कर सकने और सचमुच इस द्रष्टा के पद के साथ एकात्म हो सकने की क्षमता कितने लोग कमा पाते हैं : कदाचित् हजारों में एकाध ही। मगर होती तो वह हर मानवजीव में है। रघुवीर सहाय, जिन्हें अज्ञेय के बाद की हिन्दी कविता में नये कल्ले फोड़ने, नया मुहावरा चलाने का श्रेय दिया जाता है–और नवीन सागर तथा उनकी पीढ़ी के अन्य सुकवि उसी मुहावरे में दीक्षित, किन्तु 'परवर्ती' काल की नयी परिस्थिति, नये गत्यवरोधों से निबटने का रास्ता भी खुद निकालने वाले कवि हैं–उन रघुवीर सहाय की एक कविता यहाँ याद आ रही है–जिसका शीर्षक शायद 'जड़' ही था। तनिक सुनें, वह कविता कवि से क्या कहलवाती है : यही ना, कि...

"सहना परायी पीड़ाओं को बार-बार
जीते रहने का एकमात्र उपाय है
सहो फिर उसी समय
दूर खड़े हो अपने को देखो"

क्या यही साक्षी भाव नहीं है–भोक्ता का साक्षी-भाव, जिसके बिना महज़ भोक्तापन की गर्वोक्तियाँ छाँटते रहने का कोई अर्थ नहीं? जो जितना ही अपने जीवन-भोग को पराई पीड़ाओं को भी–'बार-बार सहने' और फिर 'उसी समय दूर खड़े हो' अपने सहने को भी 'देख सकने' में सक्षम होता है–वह उतना ही सम्यक् देखने वाला होता है और इसीलिए 'कवि' भी। रघुवीर सहाय इस तथ्य और रहस्य को अच्छी तरह जानते हैं और अपनी सामाजिकता का दावा करने वाले कवित्व की एक अनिवार्य और बुनियादी अर्हता की तरह इस तथ्य को रेखांकित करने को अन्तर्विवश होते हैं। नवीन सागर भी यदि अपने समवयसी कवियों–राजेश जोशी, अरुण कमल, कुमार अम्बुज या मंगलेश डबराल की तरह और उनसे अलग भी अपनी पहचान बना सके हैं तो इसी कारण, कि उनकी कविता में जहाँ एक ओर यह 'परायी पीड़ाओं को बार-बार सहने' का जीवन्त अन्तःसाक्ष्य मिलता है, वहीं उसी तादात्म्य के क्षण में तटस्थ साक्षी भाव से 'खुद अपने को देख सकने' का सामर्थ्य भी उसमें अक्सर देखा जा सकता है, जो, कहना न होगा, कि उनसे कहीं ज्यादा चर्चित कवियों में भी कम ही देखने को मिलता है। नवीन की कविताओं को लगभग उन्हीं

जैसे कथ्य या विषय-वस्तु से प्रेरित इन औरों की रचनाओं के साथ रखकर पढ़ना इस दृष्टि से रोचक और सार्थक होगा—बशर्ते यह काम कविगण स्वयं कर देखें।

'पीर-परायी' को 'जाणने' और उस 'जानने' को वस्तुतः अपने कवि कर्म का हिस्सा बना डालने की प्रेरणा आधुनिक कवि को भी होती है—यद्यपि उसे वैष्णव कवियों की परम्परागत आस्था सुलभ नहीं। इसी तरह जो शिकायत कबीर को अपने समकालीनों से थी ('माला पहिरे, टोपी दीन्हे, छाप तिलक अनुमाना/साखी सवदै गावत भूले, **आतम खबरि** न जाना') कि उन्हें खुद अपनी आत्मा की खबर नहीं—वह शिकायत भी देश या विदेश का हर सच्चा आधुनिक कवि अपने लोगों के 'छाप-तिलकधारी' रहनुमाओं से ही नहीं, अपने उन सहकर्मियों के प्रति भी महसूस करता है जो इस तथाकथित परायी पीड़ाओं के भोग और हल को ही कुछ इस तरह कवच की तरह धारण किये रहते हैं कि स्वयं अपनी ही साक्षी चेतना के लिए अस्पृश्य और स्वयं अपनी ही अन्तरात्मा के लिए अवध्य बनते चले जाते हैं। उनकी आदर्श की ही क्यों, यथार्थ की समझ भी पहले से औरों द्वारा तय की जा चुकी है जिसका यान्त्रिक अनुपालन ही अब उनके लिए एकमात्र वैध प्रेरणा है रचनात्मक कर्म की। नवीन का **कवित्व** ऐसे कवच-कुंडली पुण्यात्माओं से बेखबर नहीं है। तभी तो वह उन्हें भी उन्हीं की भाषा और मुहावरे में सम्बोधित करने को प्रेरित हुआ है :

...'कविता अक़्ल से नहीं आती/शकल से भी नहीं आती
नक़ल से तो आती ही नहीं है
कविता नहले से नहीं आती/दहले से नहीं आती
पहले से तो आती ही नहीं है'...

इतने हल्के-फुल्के हँसोड़ अन्दाज़ में इतनी गम्भीर चेतावनी सरीखी बात कविता के उद्‌गम और तौर-तरीकों को लेकर—किसी और ने इस तरह कही हो—मुझे पता नहीं। अच्छा हो, यदि पाठक इस कविता ('कवि-मित्र से निवेदन,' नींद से लम्बी रात, पृ. 80) को पढ़ने के तुरन्त बाद कवि के अगले संग्रह 'जब खुद नहीं था' के स्वयं कवि-विरचित 'ब्लर्ब' को भी पढ़ देखें : यह याद रखते हुए कि यह संग्रह कवि के मरणोपरान्त छपा है। कवि कहता है—

"राज्यवादी उत्कृष्टतावादी और मार्क्सवादी तथा वे तमाम वादी-प्रतिवादी, जो कविता की बरबादी के लिए जिम्मेदार हैं, उन्हें यह संग्रह अच्छा नहीं लगेगा, और यही इस संग्रह के अच्छा होने का सबूत होगा। यह संग्रह आपको सौंपते हुए मैं यकीन के साथ कह रहा हूँ कि कविताएँ आपको अच्छी लगेंगी और यदि अच्छी न लगें तो आपको अपने बारे में गहराई से सोचने की पूरी आज़ादी है।... यह बात मैं छिपाना नहीं चाहता कि यह ब्लर्ब और अपना जीवन-परिचय मैंने एक अप्रैल को लिखा है।"

इसी संग्रह के बारे में एक पाठकीय टिप्पणी शम्पा शाह की मुझे यहाँ उद्धृत

करने लायक लगती है, इसलिए, कि वह मेरे खयाल से नवीन की कविता के किसी भी पाठक के लिए स्वयं अपने अनुभव के आधार पर सत्यापनीय है। "यह महज़ संयोग नहीं"—शम्पा लिखती है—"कि कवि के पहले संग्रह का नाम **नींद से लम्बी रात** था। इस संग्रह की भी लगभग हर कविता रात के असंख्य रंगों-रूपाकारों-ध्वनियों से ही बनी है। हिन्दी में शायद अपनी तरह का यह अकेला कवि होगा जिसने दरअसल केवल मृत्यु पर कविता लिखी है।" आगे वह लिखती है—"विरोधाभास यह, कि इस संग्रह की तमाम कविताओं में मृत्यु, अन्धकार, नींद, खामोशी, शून्य, अकेलेपन के बीच से हर क्षण जीवन अंकुरित होता है।...इन कविताओं को पढ़कर, जो एक भाव मन को ओत-प्रोत करता है, वह है जीवन के प्रति राग का, उमंग का; कि जिस उमंग से लता उजाले की ओर अपनी बाँह बढ़ाती है।"

देखा जाय तो वास्तव में यह विरोधाभास इस कवि की पहचान सरीखा लगता है। मृत्यु और खामोशी और अकेलेपन की स्थायी भाव सरीखी उपस्थिति के विरुद्ध और आर-पार इस कवि का गहरा जीवन-राग अप्रतिहत गूँजता रहता है। 'तारों भरे आकाश के नीचे खिला रात का फूल' जैसी पंक्ति पढ़कर विन्सेण्ट वान गॉग का वह विश्वविख्यात चित्र ('रात') याद आ जाता है तो यूँ ही नहीं याद आता। 'मर जाना कैसी अजब बात है'...कवि कहता है अपनी एक कविता में—छूटते ही; और उसका यह उद्गार अपनी आकस्मिकता और अनिवार्यता से ही हमें चौंका देता है। हठात् जिस अजूबे के सामने हम स्वयं को खड़ा पाते हैं—उसकी सहज-सरल अकाट्यता से ही हम स्तब्ध रह जाते हैं। मगर वह कैसा पाताली रिश्ता है जो उस अनुभूति को इस दूसरी कविता में साकार अनुभूति के साथ जोड़ देता है—कुछ इस तरह, कि जोड़ हमें दिखता नहीं?

दुःख नहीं कोई कुछ म्लान
चीज़ों पर चेहरों पर
एक गहन आत्मा प्रसन्न
विस्तृत आकाश खुला/धरती अनन्त
हो ऐसा! हो ऐसा!
दूर-दूर तक ओझल अन्धकार
पक्षी अपार पेड़/पेड़ से घनी उसकी छाया
बहुत बड़े घेरे में नाच
नींद/सपनों की महासृष्टि
लहर-सी/आये डुबा ले

सचमुच यही है नवीन सागर की कविता। 'सपनों की महासृष्टि'; 'बहुत बड़े घेरे में नाच'...और चीज़ों पर चेहरों पर 'एक गहन आत्मा प्रसन्न'...। बावजूद सर्वव्यापी और सर्वग्रासी मृत्यु और अन्धकार के। ऐसा कवि क्यों अपनी एक कविता में यह

कहने को विवश है, कि–

जनम रहा है जो अँधेरे में
उसे बाहर अँधेरे में मार रहा हूँ
तनाव मेरे
उसी मृत्यु की छाया हैं

क्या यह जरूरी नहीं लगता कि हम कवि इन कविताओं के साथ कुछ दूरी और तय करें? उन्हें थोड़ा और सीझने दें अपनी समझ में?

(तीन)

नवीन सागर की कविता इस क़दर निष्कवच, वेध्य और पारदर्शी है कि उसे इस निर्लज्ज आत्म-विज्ञापन के ज़माने में छूते–हाथ लगाते–भी डर लगता है। मानो नंगा तार छू रहे हों बिजली का। अपने को यूँ तो इस दौर के कई सारे कवि, उनकी कई सारी कविताएँ अच्छी कभी-कभी बहुत अच्छी भी लगती रही हैं, किन्तु ठीक इस तरह का अनुभव किसी और कवि को पढ़ते हुए नहीं हुआ–इस कैफ़ियत से ही शुरू करूँ तो शायद झिझक टूटे और कुछ सार्थक कहना सम्भव हो पाये–इस कवि की कविता को, और उसके साथ-साथ इस समूचे दौर की भाव-संवेदना को लेकर। अभी-अभी जो समापक पंक्तियाँ हमने उद्धृत कीं 'अब घर चलना चाहिए' शीर्षक कविता की, उनका क्या अर्थ है? कवि किन तनावों की, किस 'मृत्यु की छाया' की बात कर रहा है? कवि नहीं; इस कविता का चरित नायक, जो शुरू ही यहाँ से करता है कि...."बहुत रात तक मैं सड़क पर रहता था/ शक नहीं करता था, न डरता था" और "अपना घर भूले हुए को उसके घर पहुँचाता था"। तब फिर क्या हुआ? क्यों वह एकाएक कह उठता है, कि...

घर के भीतर घर ढह गया
मैं रहते-रहते थक गया हूँ
खिड़कियों को दीवारों ने मूँद लिया
दरवाज़ों को निगल गयी दीवारें
ताबूत में रहने का आदी नहीं हूँ
रहने का आदी हूँ
रहते-रहते थक गया हूँ

खिड़कियाँ, दरवाजे, दीवार, रात, अँधेरा, सपने, सन्नाटा, नींद, खामोशी, पेड़, पक्षी, छाया, आसमान, चाँद-तारे, धूल, बस्ती, मकान, वीरान, सड़क, रोशनी, संसार, मृत्यु... नवीन सागर की कविता में अक्सर आने वाले ये शब्द इस कवि की आत्माभिव्यक्ति के अनिवार्य उपकरण सरीखे हैं, जिन पर उसकी उँगलियों की छाप ही नहीं, उनकी

जीवन्त ऊष्मा भी बराबर अनुभव की जा सकती है। इस क़दर निगेटिव और इस क़दर पॉजिटिव चार्ज 'घर' और 'मृत्यु' को, 'रोटी' और 'संसार' को भला और कौन दे पाया है—अभूतपूर्व विकास और अभूतपूर्व आत्महीनता के इस दौर में?

जिसने मेरा घर जलाया
उसे इतना बड़ा घर देना
कि बाहर निकलने को चले
पर निकल न पाये
जिसने मुझे मारा
उसे सब देना
मृत्यु न देना
जिसने मेरी रोटी छीनी
उसे रोटियों के समुद्र में फेंकना
और तूफान उठाना
जिनसे मैं नहीं मिला उनसे मिलवाना
मुझे इतनी दूर छोड़ आना
कि बराबर संसार में आता रहूँ

मनुष्यता के, और इसी कारण भाषा के मर्मस्थलों तक जिसकी पहुँच है, वही कविकर्म शब्द की इस अभिशापी शक्ति का भी ऐसा प्रयोग करने में समर्थ हो सकता है। वही इसीलिए शब्द की वरदानी शक्ति का भी अनुभव हम तक सम्प्रेषित कर पाता है। और...,शब्द की 'आवाहनी' शक्ति का भी;

पुकारो मुझको कहीं से
बहुत जीवन से भरे लोगो!
पुकारो नाम लेकर
खींच लो बाहर पकड़ कर हाथ

इसलिए, कि इन 'बहुत जीवन से भरे लोगों' से भी कई गुना जीवन कवि के खुद के भीतर धड़क रहा है। जीवन का अर्थ कवि के लिए उस अर्थ से कई गुना बड़ा और गहरा और ऊँचा है जो तथाकथित जीवन से भरे लोगों में होता है। तभी न वह कह सकता है कि—

पढ़ते हैं जितनी किताबें
उतने ही जीवन एक जीवन में
फैलते-गहराते चले जाते हैं
घर में जितनी किताबें, घर में उतने ही घर
घर में उतने ही संसार वर्तुल बुलाते हैं
फिंक जाते हैं दूर-दूर तारों के बीच में

जितना जो शून्य है उसमें समाए चले जाते हैं तो भी
बच जाते हैं पढ़ने को
फिर नयी किताब हम बढ़िया एकान्त में

किताबों के जरिये ही क्यों, यों ही रोज़मर्रा के अनुभव में भी आदमी कितने-कितने जीवन अपने भीतर धड़कते महसूस करता है—समूची चराचर सृष्टि के स्पन्दनों के साथ किस तरह वह एकजान हो सकता है! और ऐसा न होने पर कैसी अकुलाहट अनुभव करता है—नवीन की कई सारी कविताएँ इस अनुभूत सत्य का प्रत्यक्ष वस्तु-पाठ सरीखी लगने लगती हैं। हमारे यहाँ अभी सन् 82 तक विद्यमान एक अनूठे गृहस्थ योगी निसर्गदत्त कहा करते थे कि 'मैं हूँ' यह प्रतीति की एकमात्र ऐसी चीज़ है जो असन्दिग्ध और अकाट्य है; बाकी तो सब कुछ सन्देहास्पद है—इस एक 'मैं हूँ' की चेतना को छोड़। एक संशयात्मा जिज्ञासु इस पर कहता है—"मैं तो हमेशा, हर घड़ी अपने व्यक्तिगत जीवन से जुड़ी यादों और आदतों में ही लिथड़ा हुआ 'मैं' होता हूँ। इस 'मैं' के अलावा मैं किसी और 'मैं हूँ' को नहीं जानता।''....निसर्गदत्त इस पर उस जिज्ञासु से कहते हैं—"क्या तुम्हारे लिए यह जानना बेहद जरूरी नहीं कि तुम केवल मात्र एक देह हो या कुछ और भी? या फिर कुछ भी नहीं? आखिरकार तुम्हारी सारी समस्याएँ, तुम्हारी देह की ही समस्याएँ न हैं?...रोटी, कपड़ा, मकान, घर-परिवार, दोस्त-अहबाब, शोहरत, सुरक्षा, रोग और मृत्यु आदि? क्या ये सारी बातें उसी क्षण निरर्थक नहीं हो जातीं जिस क्षण तुम जान जाते हो कि तुम्हारा वजूद मात्र इस देह से, इस देह तक सीमित नहीं?"...इस पर वह संशयात्मा जिज्ञासु एक बहुत ही विकट और दुर्दान्त प्रश्न दे मारता है उनके मुँह पर। कहता है—"छोड़िए, अगर मैं जान भी लूँ कि मैं मात्र देह नहीं हूँ, तो?... आखिर यह जानने से फ़ायदा क्या है?''...इस प्रश्न का जो उत्तर निसर्गदत्त देते हैं, वह बहुत ही दिलचस्प और हमारे इस प्रस्तुत सन्दर्भ में बहुत मार्मिक लगता है। वे कहते हैं—"अरे, तुम महज़ यह देह नहीं हो—यह कहना पूरा सच नहीं है। पूरा सच यह है कि इस धरती पर जितने भी शरीर चलते-फिरते तुम्हें दिखाई पड़ते हैं, जितने भी धड़कते हृदय, जितने भी मन-मस्तिष्क,...तुम न केवल वह 'सब' हो, बल्कि उसके परे भी बहुत कुछ हो। मगर यह सत्य तभी तुम्हारी पकड़ में आयेगा जब तुम इस 'मैं हूँ' की निरन्तर प्रतीति और अनुभूति के असली मर्म में सचमुच छलाँग लगा दोगे, सचमुच उसमें पैठ हासिल कर लोगे।"

किसने सोचा था नवीन सागर की कविता की बात करते हुए निसर्गदत्त का यह वार्ता-प्रसंग आ टूटेगा! मैं खुद इस अप्रत्याशित के सामने स्तब्ध-विमूढ़ रह गया हूँ। इस क़दर जीवन और इस क़दर मृत्यु जहाँ ठसाठस भरी हुई है, जहाँ रोज़मर्रा का जीता-जागता संसार ही संसार है—इतनी दोस्ती, इतना विश्वास, इतना छल-कपट-विश्वासघात, इतनी भूख, इतनी बेबसी, इतनी नींद-अनींद, इतना सौन्दर्य,

इतनी कुरूपता, इतनी बेहयाई, इतनी उत्कट मोह-माया, इतनी आत्मघाती घुटन, इतनी जिन्दादिली, इतना थियेटर, इतना अटल अवसाद, इतना आत्मदानी उत्सव-भाव—ऐसी कविताओं को पढ़ते हुए मानवी जीवन के और जीवन-व्यवस्था के तमाम भाष्यकारों की जगह एक ज्ञानयोगी ही हमें क्यों याद आये? इसका जवाब हमें देना ही होगा ना? पर जवाब तो ये कविताएँ खुद ही दे रही हैं।

किसी का सपना टूटने से
गया मैं

× × ×

चाँदनी के धूमिल उजाले में
दुनिया कितनी निर्दोष!
टिमटिमाते तारों की भंगुरता में कैसी अकेली-सी उदासी!

× × ×

जहाँ से शुरू हुआ हूँ
वहाँ से पहले से है मेरी शुरुआत
जहाँ हुआ हूँ ख़त्म
वहाँ से आगे चला गया है मेरा सिलसिला
जीवन के विभ्रम की धुँधली याद है
दोहराता हूँ/भीतर जाता हूँ बाहर
मेरी परछाइ फैलती है
धरती से आसमान तक मेरा आभास है
क्या सृष्टि मेरा रहस्य खोजती है?

× × ×

भीतर भटकता हूँ/तो तारों में छिटक जाता हूँ
मैं/अवास्तविक हूँ
वास्तव में अवास्तविक हूँ

× × ×

यह कोई द्वैत या अद्वैत दार्शनिकता नहीं, रहस्यवाद नहीं, बल्कि सामान्य अनुभवों की बात है; बशर्ते हम सचमुच अपनी सामान्य मनुष्यता को अनुभव करने के लिए स्वतन्त्र हों। क्या हमारा रोज़मर्रा का अनुभव ही कवि की इस कथनी को पग-पग पर प्रमाणित नहीं करता कि...'बातों में होते हैं हम जितना/ उतने से कई गुना कहीं और होते हैं/ आखिर को दिखते हैं ना होकर/होते हैं जहाँ वहाँ/ दिखते ही नहीं हैं'...? दरअसल बात सिर्फ इतनी ही है कि हम पर्याप्त सचेत नहीं होते अपने ही अनुभव के प्रति। मगर जब ऐसा कवि हमें चेताता है तो ही हम पहचानते हैं कि अरे, यही तो हमको भी हुआ था; या होता है। अपने साथ, सचमुच अपने साथ

होने का मुहूर्त ही नहीं आता मानो जीवन जीते हुए। कवि हमें हमारा वह दुर्लभ अनुभव लौटाता है उसे एक निहायत ही तात्कालिक आत्म-ज्ञान की कौंध में प्रत्यक्ष कराता हुआ।..."आदमी की अमरता/कवि है"–शमशेर की कविता यूँ ही नहीं कह उठती। किसी उपनिषद् (मैत्रायणी?) में कभी पढ़ा था कि–'जो सब होकर सबको देख सकता है वही दरअसल देखता है'। यह बात भी कहीं इन कविताओं से ही गुज़रते हुए हमारे सिर पर चढ़के बोलती है। दर्शन की नहीं, ठोस और ठेठ दैनन्दिन जीवन की शब्दावली और रूप-चित्रों में।

बाइबिल में कहीं पढ़ा था–'वी आर ऑल मेम्बर्ज़ ऑव वन-एनदर'–हम सब एक-दूसरे के अंग हैं। एक विराट् पुरुष (अथवा स्त्री कह लें–एक ही बात है) के ही अवयव हैं चराचर प्राणी सारे; मात्र मानव ही नहीं, स्थावर जंगम सब। क्या यही सब यथार्थो का यथार्थों नहीं?–जो सारे प्रतीयमान यथार्थों की जड़ है : उनका शाश्वत–सार्वभौम सन्दर्भ–जिसे जाने बिना और उसी की शर्तों पर जीने तथा कर्म करने की चुनौती स्वीकार किये बिना मानव-जीवन और उसके यथार्थ की हर समझ, हर व्याख्या और हर व्यवस्था अपने फलितार्थ में अधूरी और विकलांग ही रही आने को अभिशप्त है? आध्यात्मिक यथार्थवाद इसे अगर कहें, तो इसमें से अनिवार्यतः उपजने वाली मनुष्यमात्र की बुनियादी एकता और तज्जनित बुनियादी नम्रता के अभाव में हम कैसे इस जगत् में अपनी अवस्थिति का सही-सही आकलन कर सकते हैं? कैसे प्रकृति और पर्याबरण और मानवीय परिवेश के साथ वास्तविक सामंजस्य बिठा सकते हैं? कैसे अपने मनमाने आदर्शवाद या कि मनमाने यथार्थवाद के मुताबिक दुनिया को बदल डालने का दावा कर सकते हैं? इस भ्रान्ति–आत्मभ्रामक भ्रान्ति–के आधार पर कि वह सब यथार्थों का यथार्थ हमारी सीमित--संकुचित तर्क-बुद्धि पर आश्रित है? बुनियादी सच्चाई तो यही न हुई कि 'मैं हूँ' (मैं, यानी यह या वह वस्तु नहीं, बल्कि हर कोई, हर जगह)। सिर्फ मैं हूँ; इसीलिए, इसी कारण, इसी बुनियादी यथार्थ की बुनियाद पर, उसी के बूते मैं सोचता भी हूँ। न कि यह, कि "मैं सोचता हूँ, इसलिए मैं हूँ" ('आई थिंक, देयरफोर आई ऐम'–देकाती)। बेशक, यह जो 'होने' के सत्य के पृथक्, 'होने' के विरुद्ध अड़ी, 'सोच' से ही सब कुछ जान लेने और समूची चराचर सृष्टि का अवधारणात्मक वशीकरण नियन्त्रण और दोहन कर डालने को आमादा यह अहंकारविमूढ़ात्मा (गीताकार के शब्दों में) तथा सर्वतन्त्रस्वतन्त्र मानवीय (किन्तु, अपने-आप में अप्रतिष्ठ) तर्कबुद्धि है, उसने बहुत सारा अर्थ भी उपजाया है–चमत्कारों की एक अन्तहीन-सी शृंखला को भी जन्म दिया है–किन्तु, अब आज की तारीख में–दो-दो महायुद्धों और 'आश्वित्ज' और 'गुलाग' और चीनी कल्चरल रेवोल्यूशन, अन्तहीन आतंकवाद और 9/11 और अफ़गानिस्तान-इराक और आये दिन की प्राकृतिक-अप्राकृतिक विपदाओं-तबाहियों के अटूट सिलसिले के चलते इसका क्या भरोसा, कि वह सारा अर्थ एक बुनियादी अनर्थ की ज़मीन से ही

वसूल किया गया अर्थ ही नहीं है?

"नदी का जाना/पता नहीं चला/
किनारे के मन्दिर में भगवान/बस्ती में लोग/आकाश में तारे
घोंसले में पक्षी रहे आये
जब नदी में नदी नहीं रही/ रात में रात/ सन्नाटे में सन्नाटा रहा

सुबह सूरज ने देखा/लोगों ने
दोनों किनारे/एक-दूसरे में जाकर उसे
ढूँढ़ते रहे खामोश..."

इससे भी भयानक-त्रासद 'बुरी ख़बर' वह है जो **'हर घर से गायब'** नामक अन्तिम संग्रह की आखिरी कविता 'नहीं था' उस 'फिलासफी इज़ अ वैस्टर्न एंटरप्राइज'...तथा 'आइ थिंक, देयरफोर आइ ऐम' के मन्त्रदाताओं, तथा उनके मदान्ध अनुयायियों और निरीह आखेटों तक पहुँचाना चाहती है और बखूबी पहुँचा भी देती है :–

"...मैं एक दिन निकला धरती पर
तो पूरी धरती पर/एक भी नदी नहीं थी
और समुद्र पूरी धरती पर/नहीं था
आसमान था/पर बदला हुआ
सूरज था बहुत जलता हुआ/ आग का वह गोला मेरे पास आ रहा था
कोई पेड़ नहीं था छिपने के लिए/ कोई पहाड़ नहीं
धरती सख्त और सपाट/ मैं भाग रहा था हर तरफ़ से
उसी तरफ़ जलता हुआ।"

यह दिनदहाड़े का दुःस्वप्न है जो सीधे हमारे सिर पर चढ़कर बोलता है। कवि नहीं बोल रहा–उसकी कविता बोल रही है–उस मनुष्य-निर्मित प्रलय की गवाही देती, जो सर्वथा सम्भाव्य और प्रत्यासन्न है; मात्र आशंका नहीं। होने के आदि-अन्तहीन और चराचरव्यापी सत्य को–और, आधुनिक भारत के सबसे क्रान्तिकारी द्रष्टा के अनुसार– 'विकासशील' सत्य को– एक समूचे विश्व के अवधारणात्मक वशीकरण और दोहन के लिए प्रेरित करने वाले तथ्य से विस्थापित कर देने को आमादा तर्क की यह दुर्निवार्य परिणति है जिसका संवेदन–साक्षात् यह कविता हमें करा रही है।

क्यों ऐसा है कि ये कविताएँ नितान्त आधुनिक और नितान्त समसामयिक हिन्दी कविता को सर्वत्र छूती-पकड़ती हुई भी–जगह-जगह उनसे अलग, एक स्वलक्षण व्यंजना में उद्‌भासित हो उठती है? 'जब खुद नहीं था' संग्रह की इस कविता (मैं इतना अधिक क्यों?) का प्रारम्भ और उपसंहार देखें : कविता का चरितनायक कहता है–

अपनी परछाईं पर झुका हुआ हूँ परछाईं-सा
उतना बाहर नहीं हूँ

बाहर जितना अपने बाहर है

....

मैं किसी तरह अपने बाहर और भीतर के अलावा
अपने होने का विचार करता हूँ
और भूल जाता हूँ बाहर-भीतर, आने-जाने में/ अपना विचार
क्यों जाने मैं इतना अधिक हूँ अपने लिए
कि और अधिक मरने से डरता हूँ

यह कविता हमसे क्या कह रही है, इसे खोलने में ही कई पृष्ठ लग जाएँगे और फिर भी लगता रहेगा कि, है अभी कुछ और है जिसे यहाँ और अन्यत्र भी इस कवि द्वारा कहा गया/ या नहीं कहा गया, सिर्फ संकेतित भर कर दिया गया। 'अपने होने का विचार' हमें यहाँ हमारी तरह पकड़ता है—हमारे होने की ही सगी पहचान की तरह; न कि किसी तयशुदा पटरी पर हाँक दिये जाने की तरह। जिस प्रश्न या हैरानी पर तान टूटती है कविता की, वह हमारे भीतर बजती रहती है देर तक। अनेकार्थी व्यंजना में हमारे होने के अर्थ को उन्मुक्त करती हुई। इसी तरह, तीसरे संग्रह 'हर घर से ग़ायब' की कई कविताएँ हैं जो अपने को और हमको इसी तरह पकड़ती और खोलती हैं। 'सबसे ज्यादा डर सच से'...इस पंक्ति से शुरू होती और...'जिन्दगी के क्या मायने?'...पूछती यह 'तार-तार' कविता ही देख लीजिये...

बच्चे की मुस्कान पर झुकी मा
आसमान में सरकता चन्द्रमा/ फूल और पत्तियों पर धूप
सन्त की आत्मा
अनिश्चित परमात्मा
सबका ख़ात्मा यह मेरी आत्मा है कि
मेरा खड्ड गड्डा भूतल/ काला गाढ़ा लावा
मेरी आँखों से बहता है/ मैं फूट-फूट कर रोना चाहता था
पत्थर हृदय पर पछीट कर भावनाएँ तार-तार
फैलाकर रेत में नंगा मैं काँटों में छिप गया
सबको दिख गया

यह क्या लिख गया
न सुन्दर न समर्थ न कोई अर्थ
व्यर्थ!

....

और; अन्त में—
लिखा है किताबों में वह करता

हो जाता सब अच्छा
पर करता कैसे!
बिना मरे किस भाँति मरता!!

एक बड़ी घिसी-पिटी बात अक्सर दुहरायी जाती रही है कवियों की असामान्य संवेदनशीलता के बारे में, कि जो भी रोग समाज को व्यापने वाला होता है, उसका सबसे पहला संक्रामक कवि की अग्रगामी चेतना झेलती है। हममें से ज्यादातर लोग तरह-तरह के कवच ओढ़े रहते हैं : कवि की निष्कवच संवेदना ही सत्य का सीधा संस्पर्श पाने योग्य होती है। वही उसे भाषा के मर्मस्थलों में प्रवेश दिलाती है : समाज के मानसोपचार जैसा उपक्रम भी प्रच्छन्न रूप में उससे करवा लेती है। इसी आख़िरी संग्रह की 'धब्बा' या 'पहला है' शीर्षक कविताएँ ही देख लें। नवीन की बेहतर रचनाएँ अनिवार्यतः नाट्यधर्मी होती हैं—मुखौटे के जरिये ही वे रोज़मर्रा के जाने-पहचाने, प्रकट-अप्रकट जीवन की विस्फोटक आलोचना करती हैं। हमें हमारा ही वह चेहरा दिखा देती हैं जिसे हम देखना नहीं चाहते पर कवि के दिखाए दिख जाता है तो विचलित और फिर भी कृतज्ञ हुए बिना नहीं रह सकते। हाँ, वे कविताएँ जरूर कमज़ोर लगती हैं, जहाँ कवि स्वयं प्रत्यक्ष रूप से अपनी निजी भावनाओं का विरेचन या राहत-कार्य करता महसूस होता है। ऐसी कविताओं की बनावट भी इकहरी और अतिरिक्त आत्मावसाद और अतिरिक्त स्वचेतना से बोझल हो रहती हैं। वे उबरी हुई रचनाएँ नहीं लगतीं। पर ऐसी कच्ची और अधीर अभिव्यक्तियाँ नवीन के यहाँ औरों की तुलना में कम ही मिलेंगी।

जो प्रत्यक्ष जीवन-भोग का यथार्थ है, उससे राहत दिलवाना तो कविता का बहुत प्रारम्भिक कार्य है। कविता वहाँ प्रकट होती है जहाँ अनुभव के वे 'कसकते-दुखते मूल'—मुक्तिबोध की शब्दावली में—रूपान्तरित और अतिक्रमित हो जाते हैं और अपने मर्म को—अपने से बड़े, बहुत बड़े अर्थ को प्रकाशित करने लगते हैं। 'रोग' शीर्षक कविता ही देख लें; या फिर 'चिनगियाँ', जिसे यहाँ पूरा उद्धृत करना सम्भव नहीं; और...अधूरे से बात नहीं बनेगी। कई खूबियाँ हैं इस कविता की, जिनमें कवि के नितान्त अपने वाक्यविन्यास की विलक्षणता के साथ एकाधिक अग्रज कवियों की आवाज़ें भी इस तरह शामिल हो गयी हैं स्वतः, कि कविता उस अनुगूँज के चलते और भी अधिक व्यंजक-समृद्ध हो उठती है :

कितना झगड़ा है घर में
दुःख का कारण बाहर है—
दीवारें पटक के कारण धरती की
पूरी गोलाई में कारण से निबटना पड़ेगा
सुख भले लोगों का पनपता/ दुःख के अँधेरों में

पनपाता दुःख के अँधेरों को धरती की पूरी गोलाई में
कारण से निबटना पड़ेगा।

यहाँ कोई भी जानकार पाठक इस कवि की खास अपनी कविसुलभ आवाज़ को किसी अन्य समकालीन कवि के सुर के साथ गडमड नहीं कर सकता। किन्तु थोड़ा आगे बढ़ते ही...'अरे! यह ऐसा कैसे हुआ! अरे यह ऐसा कैसे हुआ!...' की अपरिचित ध्वनियों के साथ जब कविता...'हाय! मुझे इस कितने सुन्दर बाज़ार से नफ़रत है!'...की बारम्बार आवृति करती हुई उस बाज़ार को शापित करने लगती है, तो कवि के अपने सुर से बहुत परचे हुए पाठक भी चौंक-से जाते हैं और यह 'चौंकना' हमें अच्छा लगता है। कविता में कहने की आदत ही नहीं जिस बात को, उसे भी कविता में ही कह डालने की यह मुक्तिबोधीय भंगिमा हमें प्रिय लगने लगती है। इसलिए भी, कि जो बात कवि की नितान्त स्वार्जित यानी नितान्त अपनी है—किसी भी प्रभाव से निरपेक्ष, वह इन अनुगूँजों के इस्तेमाल से और भी ज्यादा प्रखर होकर हमारे सामने उभर आती है।

हाय! मुझे यह कैसी नफ़रत है! नफ़रत है
धरती को फाड़ कहीं भीतर सब बिला दूँ
फिर उसको जोड़के मिट्‌टी को गोड़के
ताक़त से पूरी पुकारूँ/ पुकारूँ जो डरे हुए हैं
धरती की पूरी गोलाई में भरे हुए
मेरे प्रतिरूप जहाँ तहाँ उन्हें फैला दूँ पूरे में।

यह है कवि की प्रतिबद्धता—जो तथाकथित प्रतिबद्धता की सारी चालू मुद्राओं और मुहावरों के आर-पार हमें—अपने ही हृदय की बात की तरह आज के इस तुमुल कोलाहल कलह भरे परिवेश के बीचों-बीच कौंधती महसूस होती है। यह किसी मन-माने तयशुदा या कल्पित शत्रु के खिलाफ़ खड़ी की गयी प्रतिबद्धता नहीं है; बल्कि 'ये मेरे प्रतिरूप' के आवाहन की—उसका एक अखण्ड अपनापे की आवाज़ द्वारा आवाहन करने की—प्रतिबद्धता है। यह आवाहन-समर्थ गुणवत्ता ही नवीन सागर की कविता को उनके पाठकों के लिए तरोताज़ा और सदासुलभ बनाये रखने वाली है—इस प्रतीति का सर्वथा तात्कालिक प्रमाण तो यही है कि ये सारी कविताएँ स्वयं कवि नवीन सागर के मुख से लिखे जाने के तुरन्त बाद सुनी हुई होते हुए भी—कवि के असमय देहावसान के इतने बरसों बाद—फिर से पढ़ते हुए उस तरह जानी-पहचानी पुरानी नहीं लग रहीं; बल्कि एकदम ताज़ा लग रही हैं। ऐसे, जैसे कवि अभी बिल्कुल अभी उन्हें लिखकर लाया हो और खुद अपनी आवाज़ के परदे के पीछे से उन्हें सुना रहा हो। उसी आविष्ट और नाटकीय भंगिमा के सुर में जो एक साथ घनिष्ठ-आत्मीय और सुदूर की गूँज सरीखी भी लगती थी।

दास-मन से उबरतीं-उबारतीं कमलेश की कविताएँ

'मायावी छवियों का अनुगामी दास-मन/जाता है पथ भूल/इस दृश्यालेख में...'

'वाक्-पटु (रेटॉरिशियन) लेखक दुनिया को ठगते हैं; मगर भावुकताजीवी (सेंटीमेंटलिस्ट) लेखक अपने-आपको ही छलता है'—पिछली सदी के एक बहुत बड़े कवि की उक्ति कमलेश की 'खुले में आवास' की कविताओं को पढ़ते हुए क्यों बरबस स्मरण में कौंध गयी? इसीलिए न कि ये कविताएँ इन दोनों गड्ढों से सावधान और सुरक्षित लगीं—अपने नाजुक सन्तुलन और अनेकायामी संरचना के चलते। इन दिनों जब 'कविता में अजनबी शब्दों की बहुतायत है', अच्छे-खासे चर्चित और प्रतिष्ठित कवि भी अक्सर अपनी अतिरिक्त वाग्मिता का संवरण नहीं कर पाते, न अपने भावावेगों के राहत-कार्य के अलावा भी कोई खास अर्थोन्मेष अपनी कविता में सम्भव करा पाते हैं, कमलेश की कविता अपनी 'जटिल विकलता' में ही गनीमत और न्यामत लगने लगे तो इसमें अचरज की बात नहीं।

कमलेश की कविता मानवी वेदनतन्त्र की हरकतों को जीवनानुभव के दोनों छोरों—पराकाष्ठाओं—पर पकड़ने और रूपायित करने को अन्तर्विवश जान पड़ती है। 'आकाश', 'प्रकाश', 'आविर्भाव' और 'चन्द्रमा' सरीखे 'की-वर्ड्स' यहाँ 'अन्धकार', 'रिक्ति', 'भरम' और 'कलंक' के भरपूर दबाव के फलस्वरूप ही अर्थोन्मेष बनते हैं। यह ऐसा 'कर्म का भोग और भोग का कर्म' है, जिसे अब आज की तारीख में 'जड़ का चेतन आनन्द' कहके नहीं घुलाया जा सकता। '...यह दुख दूजेपन का दुख है/ जीने से जो हुआ विमुख है...'।

ऐसी अनघुल पीड़ा है यह, जिसे व्यक्त करने और बाँटने के लिए कवि को 'लोर्का' का आवाहन करना पड़ता है। कुछ वैसी ही कशिश के साथ, जैसी इसके उलट छोर की अनुभूति को व्यक्त करने के लिए उसे लातीनी कवि कैटुलुस की आवाज में अपनी आवाज मिलानी पड़ी है। निश्चय ही कमलेश ऐसे आधुनिक कवि हैं, जिनके लिए अपनी परम्परा को स्वायत्त करना जीवन-मरण का प्रश्न है; लेकिन ऐसा वे अपने बिल्कुल अलग तरीके से करते हैं—अर्थ और अनर्थ दोनों से जूझते हुए। उनकी 'परम्परा', 'देखना कौशल है', 'गृध्र उवाच' और 'पितृगण' शीर्षक रचनाओं में से देखा जा सकता है। हालाँकि, '...पितृगण को भी अपना पुरुषार्थ

न्यून लगने लगा, वे निर्भर-से हो गये अपने वंशजों पर, जो उनका आवाहन कर रहे थे'...तो भी, कवि खुद को भरोसा दिलाता है कि...'पितृगण जर्जर नहीं थे/ उनकी नाड़ियों में बहता प्राण/अभी भी वंश की वृद्धि करता है।'

कवि भूलता नहीं कि इन्हीं पितृगणों में वे 'माताएँ' भी शामिल हैं, जिन्हें सम्बोधित करते हुए वह दुर्दान्त प्रश्न सिर उठाता है : 'यह दिल कब पत्थर का हो जाता है करता है माँग/ हो जाएँ सारे मर्द खुद के गर्भ से निकले मर्द/ हो जाएँ वध के लिए तैयार/ माताओ, तुमने क्या न किया होगा, कभी किसी को प्यार/ कौन-सी विफलताएँ, किस आयु की विफलताएँ/मजबूर करती हैं नष्ट करने को यह संसार?'.. जिन हाहाकार स्वरों में इस कविता का आरम्भ हुआ है, उन्हीं में उसका अन्त भी।...'स्मृतियाँ, स्मृतियाँ/ किनका विस्मरण हैं/ फिर कौन-सा कत्लेआम/गान्धारी की आँखों पर पट्टी अभी भी बरकरार/भरतपुत्रों का चल रहा अनवरत संहार'...। कई सारे कवियों के लिए मनुष्य और उसका जीवन—उसके होने-करने का अर्थ भी 'प्रकृति' और 'इतिहास' इन दो शक्तियों—या कह लीजिए, वस्तुओं—से ही निर्धारित और परिभाषित होता है।

कमलेश सम्भवतः मनुष्य की सत्ता को, या विभूतिमत्ता को इन सीमाओं से परे जाकर भी—कहें उसकी आत्मातिक्रमण की सम्भावना—क्षमता में—भी देख सकते हैं। लेकिन ऐसा अगर अन्यत्र न भी हो, तो भी अपने आप में इन सीमाओं के भीतर भी—एक खासी बड़ी दुनिया है, जिसके भीतर काम करते हुए भी कवि से एक ऐसी खास किस्म की विज्डम (बुद्धिमत्ता) की अपेक्षा हर मानव-समाज को रही है, जैसी कि अन्य किन्हीं भी क्षेत्रों के विशेषज्ञों से नहीं रहती। कमलेश की इन कविताओं से गुजरते हुए कई बार ऐसा भी अनुभव होता है कि वे हमें हमारे जीवन-संसार के ऐसे मर्मस्थलों पर छूती-पकड़ती हैं जहाँ छुए-पकड़े जाने के लिए ही मानो कवि नाम की शै की जरूरत महसूस की जाती रही है : आदिवासी समाजों में ओझा की जरूरत जैसी। मसलन, 'गृध्र उवाच' का समापन ही देखिए : 'किसने कहा था तुम्हें/ हर क्षण अपराधी बन/ माँगते रहो दूसरी जाति का न्याय/ ढूँढ़ते रहो अपनी बोली में उन्हीं के पदों के पर्याय?'...क्या यह समकालीन कविता की हमारी सुपरिचित मुद्राओं से कुछ अलग किस्म का स्वर नहीं है?

कमलेश की कविता 'खुले में आवास' की कामना करती है। मगर तमाम तरह के बन्दीपन और सँकरेपन को प्रत्यक्ष झेल चुकने के बाद। सामूहिक दुख की कैसी कितनी अनुभूतियों का घेराव उसने जाना है, यह देखना हो, तो मात्र 'हालत वतन की' शीर्षक के अन्तर्गत संकलित रचनाओं को पढ़ जाना काफी होगा। गाँव या शहर या आदिवासी जीवन यहाँ जिन्दा धड़कती सगुण सत्ताओं की तरह उभरते हैं—चाहे 'बोवनी का दिन' हो, चाहे 'नगा जाति का नृत्यसंगीत', जिनका सारा अजनबीपन 'जाति की बुभुक्षा' है। पाठक पहचान सकता है तुरन्त उस 'डायन' को भी, जिसकी

काली चरखी पर सब कुछ घूम रहा है और 'जिससे छटकने को पूरी कौम छटपटा रही है' : पर इस समकालिकता से कवि और उसका कथ्य पूरी तरह बँधा नहीं है। 'क्या यह गति है?'—कविता पूछती है और अन्त में उत्तर भी टाँक देती है : 'नहीं, यह मात्र मृत्यु का स्पन्दन है, पूरी जाति की नसों में।'...यहाँ 'मृत्यु का स्पन्दन' कैसी उलटबाँसी है, कैसा अनिवार्य पैरेडॉक्स!

ऐसे ही, 'अकाल के दृश्य' का उपशीर्षक—'यह कविता नहीं है' कितना सार्थक है! कैसे हैं ये दृश्य, जो 'मिलकर बहुत बाद में चन्द्रमा का कलंक बन जाते हैं?' 'हालत बदतर है' का सिपाही हो, चाहे 'हाथ जोड़ कर दाँत निपोर' का जमूरा या गोरे साहब, सारे बिम्ब हमारे सिर पर चढ़के बोलते हैं। अभिधेयार्थ और व्यंग्यार्थ की कई-कई परतें खुलती जाती हैं। कमलेश की कविता वैसे बहुधा एक सीधी रेखा में अग्रसर नहीं होती : अधिकतर, उसकी गति वक्रसंचारी होती है, अप्रत्याशित मोड़ लेती हुई; पर इस खंड में कविताओं की संरचना अपेक्षाकृत सीधी और सपाट है। 'भद्दे दिन' की आत्मकथा में, लगता है, जाने कितनी जीवनियों का अक्स और अर्क उतर आया है। यहाँ बुनावट उतनी सीधी नहीं। विजयदेवनारायण साही ने कभी 'क्रान्ति के मोह में पड़े हुए' कवियों की बात की थी। पर कमलेश को ठीक वैसे मोह या उसके उलट, ठीक वैसे ही टकसाली मोहभंग के कवि की तरह चिह्नांकित करना मुश्किल होगा—उसकी 'गति-मति' को देखते हुए। जब वे कहते हैं कि 'अच्छा हो, दुनिया जान ले सीमाएँ अन्तःकरण की', तो वे मुक्तिबोध के 'अन्तःकरण का आयतन संक्षिप्त है'...की जुगाली भर नहीं कर रहे होते; बल्कि उसे एक अलग 'ट्विस्ट' दे रहे होते हैं।

'भिखारियों का संसार' देखें : 'कहने को/भिखारियों को कुछ नहीं खोना है/ केवल जंजीर/हासिल करने को सारा संसार है/ पर पाँव तले/ धरती नहीं/ सर पर आकाश नहीं/ आश्रय से निष्कृत/ दुनिया में/ अन्धकार ही अन्धकार है।'

या, 'वस्तुगत हालात' को, जहाँ निराशजनक पाकर भी हम प्रकट करते हैं/ आस्था जनता के कर्तृत्व में, पक्के 'सिनिक' की तरह। या फिर, इससे अगली ही कविता का यह ज्वरांतक निष्कर्ष : 'अब तुम जानते हो बरा नहीं पाओगे/ किसी भी सामूहिक सामर्थ्य से/ सारे घुन/ तुम्हें मालूम है संकट/अपने सरल नहीं जितना शब्दों से/ लगता है, तुमने शब्दों की सरलता/वरण की है, पर संसार कहीं कोसों दूर/ जटिल विकलता है।'

कमलेश इस 'जटिल विकलता' के कवि हैं। 'क्रान्ति की प्रतीक्षा' शीर्षक के अन्तर्गत जो शीर्षकहीन रचनाओं की श्रृंखला विन्यस्त है, ख़ासी गद्यात्मक है—स्वगत और आत्मोद्बोधन के शिल्प में—लेकिन इसमें जो आत्मनिरीक्षण या आत्मस्वीकार का

तेवर है, वह आत्मज्ञान की दिशा में एक अनिवार्य कदम प्रतीत होता है। 'सबको रौंदते हुए आगे बढ़ जाने के अदम्य साहस' और 'बड़े संकल्प' वालों के साथ अपनी तुलना करते हुए कवि जहाँ पहुँचता है, वह कोई शहीदाना मुद्रा ओढ़ लेने याकि अपने कर्म-भोग का नैतिक औचित्य विज्ञापित करने के लिए नहीं, बल्कि उसे कहीं गहरे में इस स्वीकार से ही सिहरा देने के लिए, कि 'तुमने जो वरण किया, पाया, साथ में/ जो भी मिला तुम्हारी गैरजानकारी में पहले से ही जुड़ा हुआ था/ तुम्हारे वरण के साथ।'

निश्चय ही, यह महज किसी मोहभंग के विशेषज्ञ कवि का स्वर नहीं है। न यही, कि– 'खुला अभी बचा है वन के फैलाव से/ धरती पर कच्छप पीठ-सा उठा हुआ/अजानी अदेखी सँकरी पगडंडी है। पैतृक आवाजें वहाँ ले आती हैं/ वहाँ उस खुले में ही तुम्हारा घर है।'

खुला, यानी आकाश–जहाँ 'धुएँ की लकीर-सा दुख' फैल रहा है–वैदिक कवि की 'वरिवस्या' का स्मरण दिलाने वाला शब्द है। 'आकाश' के साथ ही 'प्रकाश' भी हिन्दुस्तानियों का–हिन्तुस्तानी कवियों का भी–सबसे पुराना और अड़ियल खब्त है, जिसमें अँधेरे का खुली आँख सामना करने की तत्परता अन्तर्भुक्त है। ऐसा न हो, तो वह खब्त या आग्रह मात्र एक सदिच्छापूर्ण भावुकता से ऊपर नहीं उठ सकता; न आज के सहृदय (या, कठोर हृदय) सामाजिकों को उस तरह छू या पकड़ सकता है। कमलेश सिर्फ मानते ही नहीं, अपनी 'नाड़ियों में बहते प्राण' के बूते जानते भी हैं कि...'कभी तो आयेगा प्रकाश/ उस सँकरे कोने में भी...।' ऐसा कवि आत्म-साक्षात्कार को सर्वोच्च मानव-मूल्य याकि मानवीय जीवन की चरम चरितार्थता मानते हुए भी इतना तो अच्छी तरह समझता है कि कवि की हैसियत से उसका छुटकारा इतना आसान नहीं। 'अन्तर्मुखी होते ही समर का सूत्रपात'...और 'पुनरपि वापसी उसी युद्धक्षेत्र में'...जैसा कि उसकी एक कविता में आता है। कवि इस अनिवार्य समर को अंगीकार करता है।

एक ओर वह मनुष्य के ज्ञानात्मक 'ऐडवेंचर' को–'सृष्टि के रहस्यों के कितने ही विपर्यास' सुलझाने की उसकी दुर्दम्य अभिलाषा को समझता-सराहता है; तो दूसरी ओर उसके ऊपर यह आत्मज्ञान-जनित बुनियादी विनम्रता भी दुर्दान्त तथ्य की तरह सवार रहती है कि यह मानव जीव एक ज्ञान-पिपासु महत्त्वाकांक्षी होने के साथ ही अनिवार्यतः 'अहंकारविमूढ़ात्मा' भी रहे आने को अभिशप्त है। इसीलिए तो– 'कर्मजनित प्रेत सब जागते मसानों में/ अनाहूत आते हैं यज्ञ पर मँडराने'...। निराला का हाहाकार...'धिक् जीवन जो पाता ही आया है विरोध' मात्र एक व्यक्ति-जीवनी का आगन्तुक तथ्य नहीं, बल्कि जीवन-मात्र की विडम्बना है। कमलेश की एक कविता ऐसी ही हताशा पर तान तोड़ती प्रतीत होती है : 'ऐसे धिक् जीवन के दैन्य का क्या उपाय'! वे 'वंचनाओं के मेले' से, 'कंगली आँखों में क्षण भर के लिए दमक कर

बुझ जाती चमक' से खूब परचे हुए हैं। पर, उस 'ज्योति' की आहट से भी अछूते नहीं, जो उन 'कंगली आँखों' में भी उतर सकती है, उतरती ही है।

'सहना पराई पीड़ाओं को बार-बार/ जीवित रहने का एकमात्र उपाय है/ सही, फिर दूर खड़े होकर अपने को देखे'।...रघुवीर सहाय की काव्यपंक्ति पुनः यहाँ एकाएक क्यों मन में घुमड़ने लगी? इस प्रतीति के बावजूद, कि कमलेश रघुवीर सहाय नहीं हैं; उनकी कविता का सिन्टैक्स, मुहावरा, लय गति, सब कुछ बहुत फरक है। कविता अपने कथ्य में, कथ्य के अर्थगौरव या अर्थोन्मेष की क्षमता में ही नहीं, कहन के तौर-तरीकों में भी होती है। कोई-कोई कवि इस बारे में भी खासे आत्म-सजग होते हैं। रघुवीर सहाय तो थे ही। पर कमलेश भी कैसे, किस तरह से इस विषय में आत्मसजग हैं, इसे 'सीमाबद्ध' शीर्षक रचना में देखा जा सकता है जिसे कवि ने जानते-बूझते ही संगृहीत कविताओं से पृथक् करके शुरुआत में ही टाँक दिया है। '...शब्दों के सीधेपन के गोलमटोलपन में/क्या-क्या छिपा रहता है/ जो मुखरित नहीं हो पाता'...कविता कहता है। और उसके साथ-साथ यह भी, कि...'यह गोलमटोल सीमा कैसे टूटे—यह कोशिश समझने की बात नहीं है।' न हो समझने की बात, पर महसूस करने की तो हो ही सकती है ना!

इन कविताओं को पढ़ते हुए या उस पढ़े हुए की जुगाली करते हुए पाठक को यह कोशिश कमोबेश सर्वत्र दिखाई पड़ेगी। 'फुर्त चालाकी' जिसे कहा गया है इस कविता में—शब्दों के सीधेपन को तोड़ती हुई—वह भी; और 'एक हरा पौधा' भी। 'पृथ्वी में पड़ गयी दरार में उगता हुआ'।

संग्रह की दो कविताओं—'वन में', और 'छूटन' के संक्षिप्त उद्धरण देखे जा सकते हैं। 'छूटन' : 'कितनी आत्माएँ, मुक्त या अशान्त/ आकाश में भटकती हो जातीं लुप्त/ छोड़तीं अपने पीछे एक रिक्ति/ यह रिक्ति शब्द हैं/ सुनते हैं हम/ शब्द उनकी छूटन हैं/ जो नहीं रहे।'

और 'वन में' : 'अब तक इस वन में प्रकाश है/ अभय है/ जिनका भी यहाँ ठौर है/ वे सारे प्राणी/ अन्तेवासी हैं इस प्रकाश के।'

एक बार फिर से रघुवीर सहाय याद आ रहे हैं : 'कहीं-कहीं नहीं है भ्रान्ति/ वहीं है सबसे कम काव्य'। ऐसी निर्भ्रान्ति भी भला किस काम की! ऐसे लोगों की भी कमी नहीं होगी अपने परिवेश में, जिनके लिए यह 'प्रकाश' ही सबसे बड़ी भ्रान्ति है। कहना न होगा कि कमलेश की यह कविता सबसे पहले उन्हें भी अपने घेरे में खींच कर ही सम्भव हुई है।

चेतना की चिनगारियाँ : भवानीप्रसाद मिश्र का कविकर्म

'मैं कविता नहीं लिखता—कविता ही मुझको लिखती है—भवानी भाई ने एक जगह कहा है। यह भी, कि 'सिवा कविता के मैं कुछ नहीं पढ़ता'। कविता लिखना उन्होंने सन् 1930 के आसपास शुरू किया और उस समय छायावाद अपने चरमोत्कर्ष पर था। किन्तु उस कविता से उनके मन का मेल नहीं बैठा। बड़ा आश्चर्य होता है—बहुत अटपटा भी लगता है—उनके मुँह से यह सुनना कि 'खड़ी बोली में आदर्श के रूप में कोई कवि मेरे सामने नहीं रहा।' हमारी पीढ़ी के कवियों ने शुरुआत भले छायावादी और छायावादोत्तर कविता की भाषा से बहुत परे छिटक कर की हो और अज्ञेय, कुँअर नारायण तथा मुक्तिबोध सरीखे नये भाव-बोध के कवियों में अपनी वास्तविक जीवनानुभूतियों और मनःस्थितियों को प्रतिबिम्बित देखते हुए उनकी भाषा और संवेदना के साथ नज़दीकी महसूस की हो—उन्हीं को अपने काम का पाया हो, —जल्द ही हमें छायावाद के प्रमुख कवियों के बारे में भी एक रीझ-बूझपरक और ऋण-स्वीकारी समझ बनाने की ज़रूरत महसूस होने लगी थी। सर्वप्रथम तो निराला को लेकर—जिनकी भाषिक संवेदना की पहुँच हमें विस्मयकारी ढंग से हिन्दी कविता के समूचे इतिहास को भक्तिकाल और रीतिकाल और आधुनिककाल तक के अधुनातन मुहावरे को अपने में समेटती जान पड़ी थी—और तत्पश्चात् काव्यभाषा-काव्यशिल्प ही क्यों, अपने निराले इतिहास-बोध, सभ्यता-समीक्षा और युगीन विचार-प्रवाहों की काव्याभिव्यक्ति के धरातल पर हमें जयशंकर प्रसाद और सुमित्रानन्दन पन्त के पुनर्मूल्यांकन में प्रवृत्त होना पड़ा था। इसलिए नयी कविता के ही एक विशिष्ट नागरिक भवानीप्रसाद मिश्र की न केवल इन कवियों के प्रति, बल्कि अपने बहुचर्चित समकालीनों के प्रति भी उदासीनता मुझे हैरत में डालती थी तो स्वाभाविक ही था। उनकी खुद की स्वीकारोक्ति के अनुसार, 'कुछ नये कवियों में सरताज गिने जाने वाले, जैसे शमशेर,...मुझे पंक्तियों में भी नहीं बाँध सके और छायावादी कवियों के साथ भी कुछ ऐसी ही समस्या थी। लगभग सभी कुछ बँधे-बँधाये ढंग से कुछ बँधी-बँधायी बातें कहते रहते थे।'

ज़ाहिर है कि भवानी-भाई की काव्य रुचि की तरह ही उनके कवित्व की भी अपनी सुस्पष्ट सीमाएँ रहीं। किन्तु सीमाएँ तो हर रचनाकार की होती हैं और उनका सहज स्वीकार ही पाठक, आलोचक को इसके लिए तैयार करता है कि वह

ऐसे कवि के विशिष्ट और विलक्षण प्रदेय को समझे और उसे यथासमय, यथातथ्य परिभाषित और रेखांकित करे।

मिश्रजी अपने आलोचकों से खिन्न दिखते हैं। राष्ट्रकवि मैथिलीशरण गुप्त के किसी कविता-संग्रह की भूमिका की यहाँ मुझे याद आ रही है : उनमें भी कुछ इसी तरह की खिन्नता दीखती है। अज्ञेय के सिवा (और, हाँ, नयी कविता के सर्वाधिक वैज्ञानिक भावबोध वाले कवि विपिन अग्रवाल को भी छोड़कर) मैंने किसी को मैथिलीशरण गुप्त के कविकर्म के महत्त्व को यथातथ्य स्वीकारते-सराहते नहीं देखा। अज्ञेय ने उन्हें 'वाचिक परम्परा का अन्तिम महाकवि' कहा है; किन्तु उन्हें अपना काव्य-गुरु भी स्वीकार किया है। यहाँ मुझे किंचित् संशोधन की जरूरत जान पड़ती है। तीनों सप्तकों बल्कि समूची नयी कविता के कवियों के बीच भवानीप्रसाद मिश्र की कविता का वैशिष्ट्य कहीं इस बात में भी देखा जाना चाहिए कि नयी कविता से पूरी तरह जुड़े होने—यहाँ तक कि छायावादोत्तर पीढ़ी के भावबोध से भी पूरी तरह पृथक् पड़ते हुए भी भवानीप्रसाद जी की कविता में कुछ ऐसी बात है जरूर, जो उनके किसी अन्य समकालीन में नहीं है और जो उन्हें कविसम्मेलनी कवियों से सर्वथा अलग पहचान प्रदान करते हुए भी उन्हीं की ज़मीन पर उनको मात देने वाला गुण है। दूसरे शब्दों में, वे हैं तो लिखित कविता के कवि; किन्तु एक विलक्षण ढंग से वे वाचिक परम्परा से जुड़े कवि हैं। वर्ड्स्वर्थ का यह सिद्धान्त, कि 'कविता की भाषा को बोलचाल की भाषा के निकटतम होना चाहिए, बल्कि वही उसकी कसौटी है'—अंग्रेजी साहित्य में अत्यन्त विवादास्पद रहा है। यह भी सच है, जैसा कि वर्ड्स्वर्थ-काव्य के मर्मी आस्वादकों और आलोचकों ने लक्षित भी किया है—स्वयं वर्ड्स्वर्थ अपनी अनेक श्रेष्ठ कविताओं में इस सिद्धान्त को लाँघ जाते हैं। भवानी भाई के यहाँ मगर, शायद ऐसा नहीं है। यह अकारण नहीं कि उन्होंने वर्ड्स्वर्थ की सराहना एकाधिक जगह की है और माना है कि उसका उन पर तगड़ा असर पड़ा। दो ही विदेशी कवियों को उन्होंने ख़ास तारीफ़ के लिए चुना है और वे हैं वर्ड्स्वर्थ और ब्राउनिंग। वर्ड्स्वर्थ की तो इसलिए, कि वह उन्हें न केवल प्रकृति का उपासक कवि लगा बल्कि प्रकृत कवि भी। यानी सामान्य बोलचाल की भाषा और काव्य की भाषा के बीच किसी भी तरह के अन्तर को स्वीकार न करने वाला—अर्थात् काव्य-भाषा के अपने वैशिष्ट्य की चिरकाल-पोषित अवधारणा को ही नकार देने वाला कवि। और, ब्राउनिंग? मिश्र जी ने स्वयं तो ब्राउनिंग के प्रति अपनी रीझ-बूझ के कारणों पर प्रकाश नहीं डाला है; किन्तु अंग्रेजी कविता से परिचित लोगों को वह कारण भाँपने में कोई दिक्कत नहीं हो सकती, ब्राउनिंग अंग्रेजी का सबसे आस्थाप्रवण और आशावादी कवि है और इतना ही नहीं, अपने परिवेश के प्रति भी बहुत ही सजग, और चौकन्ने कवि के

रूप में उसे जाना जाता है। दोनों ही बातें हम भवानीप्रसाद मिश्र के कवित्व में भी बखूबी उजागर देख सकते हैं। अन्तर इतना जरूर है कि जहाँ ब्राउनिंग पर दुर्बोध्य होने का आरोप लगाया जाता रहा है, वहाँ भवानी भाई की कविता पर इस तरह का आरोप कोई दुश्मन भी नहीं लगा सकता। वे स्वयं एक जगह कहते हैं–'मैंने अपनी कविता में प्रायः वही लिखा है जो मेरी ठीक पकड़ में आ गया है। दूर की कौड़ी लाने की महत्त्वाकांक्षा भी मैंने कभी नहीं की।'

सवाल दरअसल दूर की कौड़ी लाने का नहीं, अपने कवि-स्वभाव और कवि सामर्थ्य की सीमाओं को स्वीकारते हुए अपनी सम्भावनाओं के चरितार्थन का है। यह आत्मज्ञान पहले से किसी को सिद्ध नहीं हो सकता : उसे तो एक तरफ अपने व्यक्तिगत विकास-क्रम से और दूसरी तरफ अपने माध्यम अर्थात् भाषा के साथ एक सुदीर्घ संघर्ष के बाद ही पाया जा सकता है। नयी कविता जिसे कहा जाता है–मिश्रजी जिसके एक महत्त्वपूर्ण कवि हैं–उसके कवियों को, उनके बीच की समानताओं और भेदों पर आप गौर करें, उसे एक वर्णपट की तरह देखें, तो उसके एक छोर पर अज्ञेय हैं, दूसरे पर मुक्तिबोध। दोनों के कवित्व के क्रम-विकास को देखिए : अज्ञेय भाषा और शिल्प-सम्बन्धी प्रयोगशाला को नये काव्य-मूल्य की तरह सिद्धान्त रूप में ही नहीं, अपने कविकर्म के स्तर पर भी प्रस्तावित और सिद्ध करते हैं। दूसरी ओर मुक्तिबोध का दावा है कि वे कथ्यमूलक प्रयोग करते रहे हैं–हालाँकि अभिव्यक्ति के ख़तरे उठाने की बात भी उन्होंने कविता के विन्यास के भीतर ही की है। अज्ञेय कवि के लिए अपनी बात कहलवाने के लिए भाषा के साथ लम्बे और अधीर संघर्ष को अनिवार्य मानते हैं। भाषा और अस्मिता के सम्बन्ध की इतनी गहरी मीमांसा, मेरे खयाल से हिन्दी के किसी और कवि ने नहीं की। अज्ञेय का कहना है कि भाषा कल्पवृक्ष है; किन्तु उससे अपनी अभिलषित अभिव्यक्ति पाने के लिए उसके साथ जूझना पड़ता है। एक बच्चे सरीखी ज़िद्दी आस्था के साथ उस माँ सरीखी भाषा के साथ लड़ना-झगड़ना पड़ता है। या अज्ञेय के रूपक को बदलते हुए इस बात को कहें, तो यह सम्बन्ध भक्त और भगवान् के सम्बन्ध सरीखा है : भाषा-भक्ति की उत्कटता और एकाग्रता ही कवि को अपनी भाषा के मर्मस्थलों की, उसकी व्यंजना-सामर्थ्य के असली स्रोतों की पहचान कराती है।

कवि भवानीप्रसाद मिश्र इस 'स्पैक्ट्रम' में कहाँ आते हैं? वे न तो अज्ञेय के साथ दीखते हैं, न मुक्तिबोध के। हम कल्पना भी नहीं कर सकते 'सन्नाटा' अथवा 'गीतफरोश' अथवा 'सतपुड़ा के जंगल' सरीखी कविताओं के उक्त दोनों में से किसी भी कवि के द्वारा लिखे जाने की। मुझे याद है 'दूसरा सप्तक' जब मैंने पहले-पहल पढ़ा था साठ के दशक में, तब सबसे ज़्यादा भवानी भाई की कविताएँ ही सिर पर और ज़ुबान पर चढ़कर बोली थीं। जबकि यों भावबोध और संवेदना के स्तर पर मुझे नज़दीकी उनके साथ नहीं कुँवर नारायण और रघुवीर सहाय सरीखे कवियों के साथ

महसूस होती थी। हमारे लिए यूँ कविता का याद रह जाना या गीतात्मक होना उस समय कोई स्पृहणीय विशेषता नहीं थी। तब फिर वह क्या बात थी, जो सप्तक के अन्य कवियों की तुलना में भवानी भाई को हमारे लिए इतना उत्तेजक और सुस्वादु बनाती थी? यह भी एक ख़ास बात थी कि भवानी भाई की कविता पंक्तियों में नहीं, अपनी सम्पूर्णता में पकड़ने वाली थी। आलोचक कृष्णदत्त पालीवाल की यह बात मुझे निरपवाद ढंग से सभी कवियों पर लागू होती नहीं जान पड़ती कि "अपनी कविताओं के बारे में स्वयं कवि क्या सोचता-कहता है, इसे ज़्यादा महत्त्व नहीं देना चाहिए।" कई बार वह खुद नहीं जानता कि उसकी असली ताकत किसमें है, और जो वह करना चाहता है, उसके मोह में जो वह कर सका है उसी का अवमूल्यन कर सकता है। किन्तु यह बात पालीवाल जी ने भवानीप्रसाद मिश्र की इस उक्ति के सन्दर्भ में कही है कि...'दूसरा सप्तक की कविताएँ मेरी ठीक प्रतिनिधि कविताएँ नहीं हैं।' इस सिलसिले में पालीवालजी का यह कथन सर्वथा संगत है कि 'कवि की प्रतिनिधि कविताएँ कौन-सी हैं' इसका निर्णय करने वाला कवि नहीं, पाठक ही होता है या हो सकता है।

पालीवाल जी ने भवानी भाई की कविता की उस खूबी की ओर भी सही संकेत किया है जो उन्हें 'दूसरा सप्तक' के अन्य कवियों से अलग पहचनवाती है। उनके कथनानुसार, 'ये कविताएँ इतनी भा जाती हैं कि पाठक को अपने में सोख लेती हैं। एक प्रकार से नये काव्य से भागे हुए पाठकों के लिए इन पंक्तियों ने एक नया पाठक वर्ग तैयार किया है।' यह नया पाठक-वर्ग तैयार करने की बात बहुत महत्त्व की है। और इसी पर से मन में यह बात आती है कि गीत और नयी कविता, वाग्मिता और ध्वन्यात्मकता के बीच प्रशस्त पुल बनाने वाली भवानीप्रसाद मिश्र की कविता अपने दौर की अधिक जनोन्मुखी दावों वाली कविता के लिए जितनी प्रेरक और प्रभावशाली हो सकती थी, उतनी हुई नहीं। क्यों नहीं हुई, यह पूछने का समय अब आ गया है। नयी कविता के बाद तथाकथित जनवादी और प्रगतिवादी, प्रगतिशील कविता के वास्तविक मूल्यांकन का भी। भवानी भाई की मात्र 'दूसरा सप्तक' की ही कविताओं पर ध्यान दें तो न केवल कवि की संवेदना और विषय-वस्तु की भी रेंज और वैविध्य का, बल्कि काव्य-कला-शिल्प के तमाम उन परम्परागत उपकरणों की प्रयोग-दक्षता का भी पता चल जाता है जो जनसामान्य को कविता की ओर आकर्षित करते हैं और जीवन-जगत् की बहुविध गुणवत्ता का भी सघन आस्वाद सुलभ कराने के लिए कविता कितनी जरूरी है सबके लिए, इसका भी बखूबी अनुभव कराते हैं।

तब फिर क्या कारण है कि परवर्ती युवा कवियों में भवानीप्रसाद मिश्र से कुछ भी सीखने या उनकी कविता के साथ जीवन्त रचनात्मक रिश्ता जोड़ने की तत्परता नहीं दिखाई दी? बगैर कोई प्रयोगवादी तेवर अपनाये, और अपने कथ्य को लेकर भी लम्बे-चौड़े वादों का बखान किये बिना यह कवि उपर्युक्त तीनों, बल्कि संकलित

सभी कविताओं में जिस अपूर्व ताज़गी का अनुभव करा पाता है, परिचित के साथ अपरिचित के मेल का नया संवेदनाघात पाठक को दे पाता है, वह क्या युवतर पीढ़ी के लिए स्पृहणीय और अनुकरणीय नहीं था? फिर क्या कारण है कि उनके लिए नागार्जुन और मुक्तिबोध (हालाँकि मुक्तिबोध से सच्चा और उन्मेषदायी प्रभाव कितनों ने ग्रहण किया, यह अपने आप में एक प्रश्न है) ही आदर्श बने; भवानीप्रसाद मिश्र उस तरह नहीं? इस प्रश्न का उत्तर काव्य और रूपतन्त्र दोनों धरातलों पर भवानी भाई के विचारों, विश्वासों और व्यावहारिक कविकर्म के भीतर झाँकने पर मिल सकना चाहिए। अज्ञेय ने 'गीतफरोश' पर बड़ी मार्मिक टिप्पणी करते हुए कहा था कि—"इसका कवित्व एक गम्भीर बात को निहायत अगम्भीर ढंग से कहने में है और यह अगम्भीरता कविता के स्वर यानी 'टोन' में है।"...मेरा ख़याल है, भवानी भाई के काव्य शिल्प के सन्दर्भ में तो यह बात मार्के की है ही, साथ ही नयी कविता के बाद हिन्दी कविता के अगले सम्भाव्य विकास-क्रम को ध्यान में रखते हुए भी इसका महत्त्व समझा जा सकता है। किन्तु युवा कविता में इस विशेषता को ढूँढ़ने चलें तो अधिकांशतः निराशा ही हाथ लगेगी। यदि भवानीप्रसाद मिश्र के अलावा किसी कवि की कविताओं में इस 'स्वर' (टोन) वाली विशेषता को लक्ष्य किया जा सकता है तो वे विपिन अग्रवाल हैं जो नयी कविता के अन्तर्गत ही आते हैं—भवानी भाई के ही समानधर्मा और समकालीन। पर, इसके अलावा भी कुछ बातें हैं जो भवानीप्रसाद मिश्र की 'नयी कविता' को उनके समकालीनों और पूर्ववर्तियों दोनों से अलग वैशिष्ट्य का अधिकारी बनाती हैं। यहाँ, बेहतर होगा कि हम स्वयं कवि के ही एतद्विषयक विचारों को उद्धृत करें। मैं दो उद्धरण प्रस्तुत करना चाहूँगा। एक तो यह कि :

"कविता का माध्यम अर्थवान् शब्द इतना नहीं है, जितना ध्वनिवान् शब्द। जो शब्द-समूह जितना ठीक बजता है, यह उतने ही अधिक काव्य का निर्माण करता है और यह ध्वनि बोलचाल के शब्दों से जैसी झंकृत होती है, वैसी अन्य परम्पराओं से नहीं।"

यहाँ पर 'अर्थवान्' और 'ध्वनिवान्' शब्दों के बीच कवि जिस तरह विवेक कर रहा है, वह ध्यान देने योग्य है। कहना न होगा कि यह कोरा सिद्धान्त नहीं है : इसकी जड़ कवि की खुद की स्वभाव-सिद्ध कविताई में ही है : यह 'गीत फरोश' पर भी उतनी ही लागू होती है, जितनी कि 'सन्नाटा' जैसी नितान्त भिन्न वातावरण और भिन्न वस्तु की कविता पर। 'सतपुड़ा के ऊँघते अनमने जंगलों' को भी यह ध्वनि, यह टोन ही हमारे लिए प्रत्यक्ष-संवेद्य बनाती है। यह भी गौर करने लायक बात है कि अज्ञेय ने जिसे 'स्वर' कहा था,—'टोन ऑव वाइस'—उसका भी कुछ न कुछ सम्बन्ध मिश्रजी के 'ध्वनिवान्' शब्द से है। इसके अलावा जो चीज़ मिश्रजी के कवित्व को उसकी ख़ास पहचान देती है, वांछित प्रभाव की सृष्टि में सहायक

बनाती है, वह है छन्द की उनकी पकड़ और कथ्य के अनुरूप सही लय-गति का चुनाव। क्या आप 'सन्नाटा' के लिए किसी और छन्द को सोच सकते हैं? इस 'डर' को और इस 'ख़ास बात' को किसी और चाल में अपने भीतर रेंगते-सरसराते महसूस कर सकते हैं?

तुम डरो नहीं, डर वैसे कहाँ नहीं है
पर ख़ास बात डर की कुछ यहाँ नहीं है।
बस एक बात है, वह केवल ऐसी है
कुछ लोग यहाँ थे, अब वे यहाँ नहीं हैं।

न केवल सही शब्द, बल्कि सही शब्दों के बीच के सही अन्तराल भी यहाँ उतने ही अनिवार्य हैं। उस सन्नाटे को, रहस्य को मूर्त करने के लिए। अब आप इससे एकदम विपरीत विषय-वस्तु की कविता का उदाहरण देख लीजिए—'पीके फूटे आज प्यार के, पानी बरसा री' का। वहाँ भी लय-छन्द की वही अनिवार्य उपयुक्तता और सहज संगति आपको नज़र आयेगी। कवि के इस आग्रह का प्रत्यक्ष वस्तु-पाठ भी, कि

"जिस तरह हम बोलते हैं, उस तरह तू लिख।
और उसके बाद भी हमसे बड़ा तू दिख।"

स्पष्ट ही, 'हमसे बड़ा' दिखने के लिए सिर्फ़ भाषा-शैली की पकड़ काफी नहीं है, यह भवानी भाई ख़ूब अच्छी तरह समझते हैं। किन्तु यह तो सभी युगों के श्रेष्ठ काव्य की एक अनिवार्य अर्हता है। बोलचाल की भाषा का, उस तरह छन्द-लय का भी कुशल निर्वाह कर ले जाने वाले कवि तो सिर्फ़ तथाकथित रूपवादियों में ही क्यों, तथाकथित जनवादियों में भी बहुतेरे मिल जायेंगे। सवाल मगर यह उठता है कि वे क्या इस दूसरी प्रतिज्ञा या प्रत्याशा पर भी खरे उतरते हैं? अपनी ओर से कोई फ़ैसला दिये बिना हमारा यह आग्रह है कि पिछले पच्चीस-तीस बरस के चर्चित कवियों को आप इस कसौटी पर खुद कसके देखिए : क्या वे सचमुच बड़ी बात पैदा कर पाते हैं? क्या उनकी कविता अप्रत्याशित अर्थोन्मेष से आपको विस्मित कर पाती है? क्या उसमें अपने आपको लाँघ जाने यानी अतिक्रान्त कर जाने की शक्ति है? यदि ऐसा नहीं होता है, याकि बहुत-बहुत विरल अवसरों पर ही हो पाया है, तो इस पठारीपन के पीछे क्या कारण हो सकते हैं? क्या स्वयं हमारा विवेच्य कवि उसे समझने में हमारी मदद कर सकता है? निश्चय ही भवानीप्रसाद मिश्र की कविता आधुनिक जीवन-जगत् की जटिलता से उत्तीर्ण कविता नहीं है—अज्ञेय की तरह; न वह विपिन अग्रवाल की तरह वाग्मिता से परहेज बरतते हुए, कम बोलकर ज़्यादा कहने वाली—सपाट भाषा के भीतर से ही सर्वथा नयी बौद्धिक सांवेदनिक अर्थच्छायाओं को प्रकट करने वाली और अपने देश और काल के अन्तर्विरोधों की पैमाइश करने वाली कविता है। भवानीप्रसाद मिश्र मूलतः उद्‌बोधन और आत्मोद्‌बोधन के ही कवि हैं : उनके सौन्दर्यबोध में भी शमशेर सरीखी सूक्ष्म ऐन्द्रिकता की गुंजाइश नहीं के बराबर

है। किन्तु ये सीमाएँ तो उन ज्यादातर कवियों की भी हैं जिन्हें पिछले पच्चीस-तीस बरसों के दौरान युवा कवियों के लिए अनुकरणीय आदर्श और प्रतिमान की तरह पेश किया जाता रहा है। उनके बरक्स मिश्रजी की कविता आज भी क्या कहीं अधिक जीवन्त और प्रेरणादायी नहीं लगती? क्या कथ्य और क्या सम्प्रेषणीयता दोनों ही के धरातलों पर वह क्या सामाजिक-राजनैतिक आशयों को ही अपने कविकर्म का केन्द्र और उपजीव्य बनाने वाले कवियों के लिए भी कहीं अधिक प्रत्यक्ष प्रेरणादायक और प्रासंगिक नहीं लगती? वाग्मिता भी उनके यहाँ उस तरह क्यों नहीं खटकती? इसीलिए ना, कि वह पारदर्शी और आत्मज्ञान से प्रेरित वाग्मिता है। एक बुनियादी नम्रता है उसमें; और चारित्रिक दृढ़ता भी, जो उनके समकालीन सामाजिक-राजनैतिक कवियों में नहीं दिखाई देती।

वाणी की दीनता/अपनी मैं चिन्हृता
कहने में अर्थ नहीं/कहना पर व्यर्थ नहीं
मिलती है कहने में/एक तल्लीनता

'कहने' में मिलने वाली इस 'तल्लीनता' के जरिये ही वह वागर्थ या काव्यार्थ सम्भव होता है जो सामयिक निरर्थकता की बाढ़ को सार्थक प्रतिरोध देता है और इस तरह कविकर्म को पूरे समाज और समय के लिए मूल्यवान् बनाता है। मेरी डायरी में उनके 'चकित है दुख' नामक संग्रह की एक कविता टीपी हुई है—ज़रा उसे देखिए : कविता का चरितनायक कहता है :

"किसे दोगे अदेय
बेशक अपना
रक्तहीन, प्राणहीन
यह छूँछा सपना?"

बेशक यह भी आत्मोद्‌बोधन ही है; किन्तु इकहरा नहीं। उसमें जो व्यंग्य उभरता है, वह जितना भीतर की ओर उन्मुख है, उतना ही बाहर की जगद्‌गति की ओर भी :

अवचेतन से उठा होता
तो भी किसी मसरफ का होता
बुद्धि, चेतन बुद्धि को सूझता
तो भी किसी हद तक
अँधेरे से जूझता
लेकिन यह जो अँधेरे में
उदासी से पैदा है
अकर्मण्यता पर जो शैदा है

क्या देगा—तुम्हारा वह सपना
वास्तव से चूर-चूर लोगों को?

कवि का विकल तादात्म्य इन 'वास्तव से चूर-चूर' अपने लोगों के साथ है—समाज की किसी अमूर्त अवधारणा के साथ नहीं। कविता भवानी भाई के लिए कोई शरणस्थली नहीं है, न किसी 'यूटोपिया' (Utopia) का भुलावा। किन्तु साथ ही वह यह चीज़ भी नहीं है, जिसे 'लर्निंग अ स्टाइल फ्राम अ डिस्पेयर' कहा गया है। हिन्दी में अपनी ही शैली के बन्दी बनकर स्वयं को कृतकृत्य मान लेने वालों की कमी नहीं। भवानीप्रसाद मिश्र इस विडम्बना के प्रति अत्यन्त सजग सचेत हैं, यह भी उनके कविकर्म की एक स्पृहणीय विशेषता है। 'दामन छुड़ाओ इस महज़ शान्त से/उठो इस एकान्त से...' वे कहते हैं इसी कविता में आगे—'जो न शक्ति देता है, न श्रद्धा, सिर्फ उदास बनाता है'। कवि अपने आपको तथा अपने पाठक श्रोता को भी जीवन के उस 'सतरंगी मेले' में शामिल होने को ललकारता है, जहाँ मिल-जुलकर खटना पड़ता है—जिसमें उदासी के लिए अवकाश नहीं है, और दुःख जिसका एक छोटा-सा अंश भर है। निष्कर्ष यही, कि

'कूटस्थ रहने से
कुछ नहीं बनेगा
न तटस्थ रहने से।
समष्टि को जीने से, सहने से
जीता है आदमी'

यहीं पर भवानी भाई के काव्य-दर्शन की भी थोड़ी चर्चा आवश्यक लगती है—उस काव्यदर्शन की, जिसका अभिन्न सम्बन्ध उनके जीवन-दर्शन से है। 'समष्टि को जीते और सहने से ही आदमी जीता है' में समष्टि के नाम पर व्यष्टि की स्वतन्त्रता का अवमूल्यन कवि को कदापि अभीष्ट नहीं। यह समष्टि की बात चराचरवादी भारतीय विश्व-दर्शन से, हिन्दुस्तानी 'कॉमनसेंस आव द सोल' से जुड़ी हुई है; न कि किसी बाहर से आयातित 'आइडियोलॉजी' से, जो मानव-समष्टि को मात्र भौतिक या ऐतिहासिक शक्तियों के संघात या संघर्ष में घटाकर देखती है। भवानीप्रसाद मिश्र का दृष्टिकोण इस सम्बन्ध में एकदम स्पष्ट और निर्भ्रान्त है। उन्हीं के शब्दों में "आर्थिक कारण ही जीवन के अन्य पहलुओं को नियन्त्रित करते हैं, मुझे यह सच नहीं लगता। फिर मेरा अनुभव है कि भारतीय कम्युनिस्ट ज़्यादातर चालाकी के पुरजे हैं। विदेशी पैसा खाकर क्रान्ति की बात करते हैं। व्यवहार में भारतीय कम्युनिज़्म देश-विरोधी और परदेश से संचालित सिद्ध हुआ है। मैं वाद में विश्वास नहीं करता—न गाँधी के, न मार्क्स के। फिर मैं मार्क्सवाद को कैसे मान सकता हूँ? इसे मैं चतुर-चालाकों का सम्प्रदायवाद कहता हूँ। कम्युनिस्ट स्वतन्त्रता का अर्थ नहीं समझना चाहता है और मेरे लिए विचार की स्वतन्त्रता रोजी-रोटी से बड़ी चीज़

है—जीवन का सबसे बड़ा मूल्य है।"

विडम्बना देखिए कि साधारण जन की भावनाओं को स्वर देने वाले भवानीप्रसाद मिश्र जन-कवि का विरुद नहीं पा सकते क्योंकि उनके आदर्श आख़िरी आदमी की बात करने वाले गाँधी हैं; मार्क्स नहीं। वह कैसा जन-कवि, जो कहे, 'मैं जड़ हो जाना चाहता हूँ' क्योंकि..." कोई नहीं कहता व्यक्ति बनो/कोई नहीं कहता अनुरक्ति बनो/...सब कहते हैं कदम मिला के बढ़ो/आवाज मिला के गाओ/क्या जवाहरलाल, क्या खुश्चेव, क्या माओ..." ...भवानी भाई की कविता ज्ञान और कर्म के बीच की खाई को पाट देने का दावा करते हिचकती है। अभिव्यक्ति बहुत बड़ी सार्थकता है उनके लेखे; किन्तु परम उपाय तो वह भी नहीं है। तनिक सुनिए, उनकी कविता क्या कहती है!

'शब्द की ध्वनि, स्वर का उल्लास
अर्थ का गौरव, पद लालित्य
अमर साहित्य किसी के लिए
हमारे किये
हुआ यह शोक
और आ-लोक
गीत के.......
हाथ रे हाथ
छन्दमय परम उपाय....'

कविता ही कवि का असली अन्तरात्मिक कथ्य है। किन्तु इस बुद्धिवादी युग में कविता से बाहर भी कवि—कविता के बारे में, अपने समय के बारे में कुछ सोचता है, उसका भी अपना महत्त्व और अर्थ है। चूँकि भवानीप्रसाद मिश्र की कविता के लक्ष्य और उनके तद्विषयक चिन्तन के बीच कोई फाँक, कोई दुई नहीं है, अतः मैं अपने व्याख्यान का समापन उन्हीं के एक महत्त्वपूर्ण वक्तव्य से करना चाहूँगा—जो उस तरह कोई अलग-थलग वक्तव्य भी नहीं है, बल्कि उनके ही एक महत्त्वपूर्ण काव्य-संग्रह 'बुनी हुई रस्सी' की भूमिका है। कहते हैं—

"हमारे युग ने 'अभी और यहीं' पर बहुत जोर दे रक्खा है। उसके कारण आदमी और उसकी तेजस्विता का ज़बर्दस्त अवमूल्यन हो गया है। निरंकुश तानाशाहों, झूठे और ढुलमुल प्रजातन्त्रों और उन्हीं के कारण पनपे हुए अतिबुद्धिवादियों की ह्रस्व-दृष्टि ने मिल जुलकर 'कभी और कहीं' के आश्वास को मिटाकर रख दिया है। आदमी अपनी चेतना के सहारे बढ़ने की बजाय अवचेतन से हाँका जाने वाला पशु बन गया है। अवचेतन जिन तत्त्वों को गति देता है, उन्हें समझा जाना है और अवचेतन के इशारे पर डोलते फिरने की बजाय उसकी नकेल चेतन के हाथों दी जानी है। मेरी समझ में 'होने के अँधेरे तथ्य' पर चेतना की चिनगारियाँ उछालते रहकर उसे मशाल

की तरह जला देना ही आदमी के अस्तित्व का हेतु है।...मैं इसे कविता की प्रक्रिया से गुज़र कर करना सम्भव देख पा रहा हूँ।

...किसी भी काल की कविता अपने ज़माने से बद्ध नहीं रही। क्योंकि कोई भी ज़माना अपने से बद्ध होकर नहीं रहा। वह सदा कमोबेश अपने अब तक के ज़माने से सम्बद्ध रहता है और, इसीलिए किसी भी समय की ठीक कविता में तब तक का समग्र काल प्रतिबिम्बित होता रहा है।...आज युगबोध का अर्थ आज की मान्यताओं, वैज्ञानिक प्रगतियों-आन्दोलनों आदि का ही बोध होकर इस बात का बोध होता है कि विकास की जो गतिशीलता हमें चेतना के प्रथम जीव चिह्न अमीबा से आदमी तक ले आयी है, वह जगत् को आदमी की अपेक्षा अधिक जटिल,—यहाँ तक कि किसी नितान्त भिन्न जीवादर्श या जीवादर्शों तक ले जायेगी।

...आज हमारे सामने मानो समूचा विश्व-रूप उपस्थित है और हम अर्जुन की तरह उसे छोटे रूप में देखने की माँग कर रहे हैं। आत्माभिव्यक्ति और युगबोध के नाम से लिखी जाने वाली चीज़ें मुझे कई बार विराट् से घिरकर और घबराकर किसी बहुत ही छोटे दायरे में छुप रहने की कोशिश भर दिखाई देती है।"

हम देख सकते हैं कि किस तरह यहाँ भवानीप्रसाद मिश्र अपने जीवन और कविकर्म की ही नहीं, किसी भी युग के सार्थक जीवन और कविकर्म की भी एक अद्‌भुत और यथातथ्य परिभाषा गढ़ गये हैं : 'होने के अँधेरे तथ्य पर चेतना की चिनगारियाँ उछालते रहकर उसे मशाल की तरह जला देना।' हम देख सकते हैं कि किस तरह अपने ऐसे कविकर्म के जीवनव्यापी पुरुषार्थ के भीतर से ही वह उस दूरदर्शी विवेक और अन्तर्दृष्टि का भी संवाहक बन सका है जो अनिवार्यतः आत्मातिक्रामी है; जो हमें महात्मा गाँधी और श्री अरविन्द दोनों के 'विज़न' से जोड़ने वाली है और इस तरह, वर्तमान भारत की दो अनमेल-सी दिखती घटनाओं के एक साथ घटित होने के मर्म को अन्तःप्रकाशित करती है।

साहीजी और 'पावनताजनित विवेक'

"साहित्यकार न तो केवल स्थानीय (पारिवारिक) स्तर पर लिखकर जी सकता है और न ही मात्र समाज की दुहाई देकर मूल्यवान बन सकता है। इसी प्रकार वह मानव-मात्र का पक्ष लेकर भी सत्य की पूर्णता को व्यंजित नहीं कर सकता, जब तक कि उसके भीतर यह बोध न हो कि वह इन सबके साथ एक अचिन्त्य अखण्ड ब्रह्माण्ड का भी एक सदस्य है। चेतना के जिन स्तरों की बात साहित्यकार के लिए अनिवार्य है, वह सार्वभौमिक और नितान्त स्थानीय होते हुए एक साथ व्यक्त होते हैं, जो इन चेतन-स्तरों को टुकड़े-टुकड़े करके देखता है, वह केवल अर्द्धसत्य का ही साक्षी होता है। सत्य के समग्र रूप को हृदयंगम करके लिखने और समझने के लिए यह आवश्यक है कि साहित्यकार के मानस में ये चारों स्वर समय-समय पर एक साथ झंकृत होते रहें।"

–विजयदेवनारायण साही : 'साहित्य और साहित्यकार का दायित्व'

'सत्य से युक्त असत्यों मध्य
मेरा जीवन है यज्ञ
करता दस किरणों वाली
उषाओं को उत्पन्न
पर्वतों से उतार बहाता
सत्य के मार्ग पर
मैं हूँ इन्द्र
वृद्ध होता जाता अपने घर में
खोजता निरन्तर
चुरायी गयी उन गौओं को'

–विपिन अग्रवाल : 'आदिहीन अनन्त यात्रा'

हम मानव देहधारियों की बनावट ही कुछ ऐसी है कि हम अपनी अन्तर्मुखता में आद्यरूपात्मक (आर्केटाइपल) हैं और अपनी बहिर्मुखता में नामरूपात्मक (फेनोमिनल)। मनुष्य को अपनी प्रकृति के किसी पक्ष को नकारना नहीं है, बल्कि उच्चतर और

निम्नतर, पारमार्थिक और लौकिक के बीच सामंजस्य स्थापित करना है।*

—आनन्द कुमारस्वामी

चाहे दायित्व और स्वातन्त्र्य के सम्बन्ध को निबाहने की बात हो, चाहे पश्चिम की द्वन्द्वात्मक चुनौती का प्रत्युत्तर देने की तत्परता में आधुनिकता और समसामयिकता को परिभाषित करने और रचनात्मक स्तर पर जीने का प्रश्न हो, चाहे अतीत से सृजनात्मक सम्बन्ध बनाने की समस्या हो, नयी कविता के प्रमुख रचनाकारों ने सभी मोर्चों पर अपनी भाविक-सांवेदनिक और बौद्धिक सामर्थ्य प्रदर्शित की, इसके पर्याप्त प्रमाण देखे जा सकते हैं। मेरे जैसे जाने कितने लोग होंगे जिन्हें रीतिकाल की कविता का एक सर्वथा अलक्षित किन्तु महत्त्वपूर्ण पक्ष पहली बार साहीजी के कारण ही दिखा होगा। मेरा इशारा उनके 'धर्मनिरपेक्षता की खोज में' शीर्षक के अन्तर्गत दिये गये व्याख्यानों की ओर है। यहीं इसी खोज के सिलसिले में उस 'घुलावटी रसायन' की भी बात उठी थी, 'जो धर्म के पावन तत्त्व को मनुष्य की आन्तरिकता में ही सीमित न करके बाहर को भी लपेटे; जिसे छुए, उसी को पावन बना दे'। पर उसकी चर्चा बाद में : अभी तो हम यही देखें कि किस तरह एक बहुत बड़े प्रश्न से बौद्धिक स्तर पर जूझते हुए नयी कविता का यह कवि-चिन्तक विशुद्ध साहित्यालोचन की दृष्टि से भी कितनी महत्त्वपूर्ण अन्तर्दृष्टियों तक पहुँच जाता है—ऐसी अन्तर्दृष्टियों तक जो हिन्दी भाषा और साहित्य के स्वभाव और इतिहास को देखने-समझने के हमारे ढंग-ढर्रे में ही गुणात्मक अन्तर उपस्थित कर दें।...मसलन, 'विस्तृत हिन्दू प्रजा पर जमे हुए इस्लामी राज ने कालान्तर में फिरदौसी समन्वय को तो जन्म नहीं दिया लेकिन रीति-काव्य के रूप में उसने एक-दूसरी तरह के समन्वय को आकार ज़रूर दिया...'। यहाँ बात सिर्फ सौन्दर्यवादी धर्मनिरपेक्षता की नहीं है, समन्वय की भी नहीं है, बात उस घुलावट की है जिसे रीति-काव्य ने सिद्ध किया। साहीजी के शब्दों में—"सूरदास बहुत बड़े कवि हैं, रीति-कवियों से कहीं बड़े, लेकिन उनकी कविता में बराबर लगता है कि एक महान् प्रतिभा अपने को ब्रजभाषा में अभिव्यक्त कर रही है। जबकि रीतिकाव्य में लगता है कि कवियों से अलग ब्रजभाषा की अपनी प्रतिभा की अभिव्यक्ति हो रही है। 'भाषा की अपनी प्रतिभा की अभिव्यक्ति' ही वह सृजनात्मक स्तरीकरण है जो भाषा को सबकी सम्पत्ति बना देती है।"

मैं नहीं समझता ब्रजभाषा की भूमिका को हिन्दी साहित्य के इतिहास में किसी अन्य आलोचक ने इस तरह देखा होगा। क्या यह महज़ संयोग भर है कि इस बौद्धिक शृंगार रस को—इसकी उपादेयता को आधुनिकों में साही के अलावा सिर्फ अज्ञेय ने रेखांकित किया? व्यक्तित्व काव्यरुचि और जीवन-दर्शन की दृष्टि से इन दोनों के बीच क़ाफी दूरी है; लेकिन ग़ौर करने की बात है कि हिन्दी भाषा को लेकर,

---

* 'वी आर आर्केटाइपल इनवर्ड्ली एंड फेनोमिनल आउटवर्ड्ली, मैन इज़ नॉट कॉल्ड अपॉन टु डिनाइ ऐनी पार्ट ऑव हिज़ नेचर, बट टु ब्रिंग हायर एंड लोअर, एसेंस एंड नेचर इन्टु हार्मनी।

उसकी ऐतिहासिक भूमिका को लेकर, उसकी संयोजक शक्ति को लेकर किसी ने इतनी गहरी और काम की बातें नहीं की होगी, जितनी इन दोनों ने। बेशक, दोनों के बीच फर्क है—दोनों एक ही बात नहीं कह रहे हैं। लेकिन बिना लाग-लपेट के, खरी-खरी बात कह डालने का एक सरीखा आग्रह दोनों के यहाँ मिलेगा। अज्ञेय कहते हैं कि हिन्दी सदा आगे देखने वाली और सबको जोड़ने वाली भाषा रही है। मध्ययुग में उसने पूरे देश की रचना-सम्पदा के लिए 'सांस्कृतिक क्लियरिंग हाउस' का कार्य किया और वही दायित्व आज भी उसे निभाना है। पर अज्ञेय का जो तर्क है, वह मुझे लगता है साहीजी के विश्लेषण के साथ उसे जोड़ देखा जाये, तो और ज्यादा मजबूत, और वज़नदार बन जाता है। आखिर साही ने ही तो सर्वप्रथम इस सचाई को रेखांकित करने का जोखिम उठाया कि "जन्म के साथ ही उर्दू में अनुभूति की धरोहर सँजोने, घेरे को छोटा करने की अलगाववादी मुद्रा आयी। बेशक, दिल्ली की उर्दू का मतलब था सात सौ बरसों की बंजर फ़ारसीगोई का बहिष्कार, लेकिन लगे हाथ सारे ब्रजभाषा साहित्य का बहिष्कार भी, जिससे उसका जन्म हुआ और जिसकी परम्परा को निभाने में उर्दू असमर्थ रही" नतीज़ा साहीजी के ही शब्दों में—"हिन्दी भाषी उत्तर में मनोभूमि के दो टुकड़े—इस तथ्य के बावजूद, कि हिन्दी-उर्दू की नींव एक ही थी।" अब, 'उर्दू की एकतरफा किनाराकशी के बाद', साहीजी के कथनानुसार 'खड़ी बोली हिन्दी के सिर पर तीन दायित्व आ जाते हैं। एक, नये सिरे से ब्रजभाषा की मिलाप वाली परम्परा को चलाना; दो, किसान समाज को अभिव्यक्ति देना; और तीन, भारत के समूचे इतिहास को आत्मसात् करके एक नया भारत-बिम्ब प्रस्तुत करना। साहीजी के मुताबिक, पहले दो दायित्वों का असर तो कुल मिलाकर धर्मनिरपेक्षता के पक्ष में पड़ा है लेकिन तीसरा दायित्व, अर्थात् भारत-बिम्ब का निर्माण, जो बीसवीं शताब्दी की संवेदना का सबसे बोलता हुआ रंग है, बड़े-बड़े उलझाव और घनचक्कर पैदा करता है।" साहीजी इस बिन्दु पर एक रेहटॉरिकल-सा सवाल उछालते हैं : "कौन-सा मुहावरा फिरदौसी की तरह तीस बरस तक बड़े कष्ट उठाएगा और अपनी भाषा में भारत को जीवित कर देगा?"

ऐसा लग सकता है कि मैंने साहीजी के इस धर्मनिरपेक्षता वाले व्याख्यान की चर्चा को अनावश्यक तूल दे दिया है। मगर मुझे लगता है, कि मैंने जो यह शीर्षक चुना—'पावनताजनित विवेक और नयी कविता'—उसका औचित्य स्थापित करने के लिए इस धर्मनिरपेक्षता वाले चिन्तन की पृष्ठभूमि आवश्यक थी। इस निबन्ध और साहीजी के ही उस दूसरे प्रसिद्ध निबन्ध—'लघुमानव के बहाने हिन्दी कविता पर बहस' में—जहाँ से मुझे यह शीर्षक चुनने की प्रेरणा मिली, दोनों जगह कुछ महत्त्वपूर्ण चिन्तन-सूत्र बिखरे पड़े हैं, जिन्हें साहीजी के ही अभिलषित 'पुनर्मूल्यांकन' वाले आदर्श के स्तर पर समेटने और पुनः संयोजित करने की ज़रूरत है। मुझे ऐसा प्रतीत होता है कि यह ज़रूरत तभी पूरी हो सकती है—'पावनताजनित विवेक' के

प्रतिमान को, उसकी संयोजक-क्षमता और उत्कट प्रासंगिकता को भी तभी समझा और चरितार्थ किया जा सकता है—जब हम उसे एक ओर अज्ञेय के चिन्तन से, दूसरी ओर जयशंकर प्रसाद से, और तीसरी ओर आचार्य रामचन्द्र शुक्ल के विवेक से जोड़कर देखें। उतने विस्तार और गहराई में जाने का न तो यहाँ अवकाश है, न मेरी क्षमता है। मैं केवल कुछ बातें यहाँ संक्षेप में रखने की चेष्टा करूँगा।

हिन्दी साहित्य के माध्यम से आधुनिक धर्मनिरपेक्षता का स्वरूप देखने-दिखाने की इस कोशिश में साहीजी आधुनिक युग के तीन अन्तर्विरोधों की चर्चा करते हैं जिनमें छायावाद के धर्म के मर्म की ओर मुड़ने की कोशिश तथा प्रेमचन्द के अन्तिम सर्जनात्मक प्रयास 'गोदान' में धर्म और धर्मेतर की सीमा रेखाओं का गड्डमड्ड हो जाना भी शामिल है। साहीजी पाते हैं कि "धार्मिक तत्त्ववाद के सहारे समन्वय नहीं हो पाता प्रत्यक्षवाद सतह पर तैरता है।" तब फिर हल क्या है?—साहीजी पूछते हैं और प्रश्न को अनुत्तरित छोड़ देते हैं। क्योंकि 'अब विश्लेषण की सीमाएँ आजकल के सृजनात्मक ऊभचूभ के पास आ पहुँची है।' स्पष्ट ही यह एक बड़ी चुनौती थी जिसका सामना किया जाना था परवर्ती लेखकों द्वारा। क्या उस स्तर पर साहीजी की पहल आगे बढ़ायी गयी? विशेषकर साहीजी के उसी व्याख्यान में निबद्ध इस सूत्र के सन्दर्भ में कि "आज की धर्मनिरपेक्षता को मध्ययुग का सामना बेलौसपन के साथ और बिना कतराए करना होगा। और धर्मनिरपेक्षता के हिमायतियों में जो दोमुँहापन है, उसके हल के संकेत और उस समस्या की जड़ भी वहीं है।"

साहीजी के विश्लेषण से यह बात भी साफ़ हुई थी कि यूरोप के तजुर्बों से अपनी धारणाएँ बनाना और उन्हें भारत में कसौटी की तरह बरत के फैसला करना कितना अनर्थकारी होता है। उन्होंने दिखाया था कि किस तरह योरोपीय नवजागरण के विपरीत हिन्दुस्तान में नवजागरण के सामने समाज को टूटने से बचाने और एक पैदा करने की समस्या थी। मगर विडम्बना यह, कि नवजागरण और आधुनिकता की हवा तनाव को और तीखा कर देती है, जबकि मध्ययुग में धार्मिक अनुभूति के घुलावटी प्रेमरसायन ने मिलाप की प्रक्रिया को जन्म दिया था।

यहीं, इसी बिन्दु पर हमें नयी कविता की वैचारिक पार्श्वभूमि (मुक्तिबोध के मुहावरे की दार्शनिक पार्श्वभूमि) के पुनर्मूल्यांकन की ज़रूरत महसूस होने लगती है। और इसी ज़रूरत के आन्तरिक दबाव के भीतर से एक ओर छायावाद-युग (साही के मुहावरे में सत्याग्रह-युग) और दूसरी ओर भक्ति-युग के भी ऐसे पुनर्मूल्यांकन की, जो अभी तक पूरा नहीं हुआ; किन्तु, जिसके कुछ सूत्र स्वयं साहीजी में, डॉ. रामस्वरूप चतुर्वेदी की आलोचना में, और अन्यत्र भी झलकते दिखाई पड़ते हैं। एक उदाहरण के निमित्त से अपनी बात स्पष्ट करूँ। आधुनिकतावादी साहित्य के आन्दोलन में एलियट की भूमिका केन्द्रीय रही : भारतीय लेखकों पर—नयी कविता के दौर के लेखकों पर भी—उसका ख़ास प्रभाव पड़ा। बड़ा रोचक और गौरतलब है

यह देखना, कि हमारे लेखकों ने किस तरह का सम्बन्ध एलियट के साथ बनाया है। साहीजी को ही, मसलन, एलियट से यह शिकायत है कि एलियट सिर्फ होमर के अपने हड्डी में होने की बात क्यों करता है, समूची दुनिया की तरफ़ से क्यों नहीं बोलता? साहीजी इसे 'सांस्कृतिक आइसोलेशन का सपना' कहकर अपने को उससे अलग करते हैं; मगर साथ ही एक ऐसी बात भी बहुत ज़ोर से कह जाते हैं जो हमें चक्कर में डाल देती है। वे कहते हैं कि "विक्टोरियन साम्राज्यवाद के विचारकों के सामने सम्पूर्ण विश्व का सन्दर्भ बराबर रहता था लेकिन एलियट ने जानबूझ कर उसे छोटा किया– कि हम केवल यूरोप को अपनी हड्डियों में आत्मसात् करके बोल रहे हैं; वही हमारी हड्डी में है और उतनी ही हड्डी हमारी संस्कृति है।" मेरे जैसे आदमी को यहाँ बड़ी उलझन होती है। सभी जानते हैं कि उत्तर-एलियट को यूरोपीय साम्राज्यवाद से, 'होली रोमन एम्पायर' से बड़ा लगाव हो गया था। 'नोट्स टुवर्ड्स ए डेफिनिशन ऑव कल्चर' में उसने इस बारे में किसी भ्रम की गुंजाइश नहीं छोड़ी है। न केवल सांस्कृतिक साम्राज्यवाद को लेकर, बल्कि जिसे हम धार्मिक साम्राज्यवाद कहना चाहेंगे, उसे लेकर भी। प्राचीन भारत का जो बिम्ब एलियट की कविता में मौजूद है और वर्तमान भारत के संकट का जो बिम्ब उसके इस बाद के चिन्तन में से उभरता है–दोनों को साहीजी ने देखा ही होगा। तब फिर यह समझना मुश्किल है कि वे धर्म की इस एलियटी समझ पर और उस तरह, ऐतिहासिक धर्मों की ही पूर्वमान्यताओं पर धर्म की भारतीय समझ की भूमि पर खड़े होकर प्रश्न चिह्न लगाने की जरूरत क्यों नहीं महसूस करते? आखिर यह उन्हीं की तो स्थापना है कि 'आज विश्व के सम्मुख जो सबसे बड़ी समस्या है, वह त्रासजनित विवेक को पावनताजनित विवेक में बदलने की समस्या है।' इसका क्या अर्थ है? क्या यह समस्या–साहीजी जिसे धार्मिक तत्त्ववाद कहते हैं–उससे उलझे बिना हल की जा सकती है? एलियट ने अपने उस प्रसिद्ध निबन्ध 'ट्रैडिशन एंड इण्डिविजुअल टैलेण्ट' की तान यहीं पर तोड़ी थी कि 'दिस एस्से प्रोपोज़ेज टु हॉल्ट ऑन दि फ्रण्टियर्स ऑन मैटाफिजिक्स।' मगर क्या साहीजी का विश्लेषण भी उसी प्रकार तत्त्वमीमांसा की सीमारेखा पर रुक जाता है? इसका परीक्षण-विवेचन आवश्यक जान पड़ता है। ख़ासकर इस कारण भी, कि समाज को लेकर भारत की सोच और आधुनिक समाजशास्त्रीय दृष्टियों के बीच काफ़ी फ़र्क है और वह फ़र्क तत्त्वमीमांसात्मक है। जैसा कि डॉ. गोविन्दचन्द्र पाण्डेय ने अपनी पुस्तक 'भारतीय समाज : तात्त्विक और ऐतिहासिक विवेचन' में दर्शाया है–'भारतीय दृष्टि के अनुसार मनुष्य संसारी आत्मा है, न कि तर्कसमर्थ पशु और उसे अपने वास्तविक हिताहित का ज्ञान लोकोत्तर प्रज्ञा या आगम से ही हो सकता है, जबकि प्रत्यक्षवादी आधुनिक दृष्टि के लिए लोकोत्तर या अदृष्ट सत्य की कल्पना निष्प्रमाण है।' जैसाकि हम ऊपर देख आये हैं कि साहीजी ने भी अपनी उक्त 'धर्मनिरपेक्षता की खोज' वाली लेखमाला में प्रत्यक्षवादी दृष्टिकोण की पंगुता और

उथलेपन का साक्षात्कार किया ही था और धार्मिक तत्त्ववाद की मध्ययुगीन भूमिका को अधिक गहराई से देखने की जरूरत पर बल दिया था। हमने यह भी देखा था कि 'पुनर्मूल्यांकन : किस आधार पर' वाले लेख में उन्होंने प्रगतिवादी दृष्टिकोण को इसलिए गलत बताया था कि वह अतीत से अपने सम्बन्धों को नये सिरे से निर्मित करने की चुनौती निभाने की बजाय अतीत का इस्तेमाल करता है—अतीत की ओर सिर्फ अपनी वैधता स्थापित करने के लिए दौड़ता है। कबीर का उदाहरण देते हुए उन्होंने दिखाया था कि किस तरह प्रगतिवादी आलोचना ने केवल कबीर का उपयोग भर किया है। वैसा रचनात्मक सम्बन्ध नहीं स्थापित किया है जिसे पुनर्मूल्यांकन कहा जा सके। साथ ही उन्होंने यह भी देखा था कि कबीरदास अकेले नहीं हैं। वे तुलसीदास, जायसी, सूरदास आदि सब से और इससे भी बड़े पैमाने पर हमारे समस्त अतीत से जुड़े हुए हैं। यहाँ तक तो पाठक के लिए साहीजी और टी. एस. एलियट के बीच विचार-साम्य की प्रतीति स्वाभाविक है : जहाँ तक साहित्यिक परम्परा के साथ आधुनिक लेखक के सम्बन्ध का सवाल है, साहीजी उतने ही आधुनिक हैं जितने एलियट। किन्तु जब वे लेख का समापन करते हुए यह स्थापना सामने रखते हैं कि 'आज के प्रेरणास्रोत के रूप में, आज के सम्बन्धों को निर्मित करने के लिए, सत्य के प्रति प्रतिबद्धता अनिवार्य शर्त के रूप में उपस्थित होती है', तब क्या वे इस बारे में आश्वस्त रहे होंगे कि यह अनिवार्य शर्त एलियट के यहाँ पूरी होती है? जैसा कि हम देख आये हैं, एलियट से साही के असन्तोष या मोहभंग का मुद्दा था ही यही, कि वह सांस्कृतिक 'आइसोलेशनिज़्म' की ओर बढ़ गया? सवाल है, क्यों बढ़ गया? ज़ाहिर है, सत्य के प्रति प्रतिबद्धता वाली अनिवार्य शर्त को वह पूरी नहीं कर सका। उसकी भी सीमाएँ थीं और वे सीमाएँ उसकी धार्मिक दृष्टि की ही सीमाएँ थी —'होली रोमन एम्पायर' वाली-धर्मदृष्टि की ही सीमाएँ थीं और वे सीमाएँ थीं। मगर साहीजी एलियट के दृष्टि-संकोच के इस पक्ष पर अटककर विचार करते नहीं जान पड़ते।

प्रश्न है, क्या भारतीय लेखक के साथ भी ये सीमाएँ अनिवार्यतः उपजती हैं? अगर 'पुनर्मूल्यांकन' की दिशा युगबोध नहीं सत्य है, तो स्वयं साहीजी द्वारा किये गये जायसी के पुनर्मूल्यांकन पर यह कथन लागू होता है कि नहीं? अज्ञेय ने एलियट के उस प्रसिद्ध निबन्ध का छायानुवाद 'रूढ़ि और मौलिकता' शीर्षक से 'त्रिशंकु' में किया था। साहीजी ने, पता नहीं, इस बात पर गौर किया कि नहीं कि उस लेख में अज्ञेय एलियट की कई बातों का भावानुवाद करते हुए उसे जहाँ-तहाँ अपने दृष्टिकोण से बदल देने की छूट ले लेते हैं। क्या यह अकारण है? क्या यह अपने-आप में पुनर्मूल्यांकन जैसा नहीं लग उठता? साहीजी को एलियट से जो शिकायत थी—उसे तो अज्ञेय ने बहुत पहले दूर कर दिया था। देखिए, एलियट की बात अज्ञेय के अनुवाद में क्या रूप ग्रहण करती है : 'लेखक को अपने निजी व्यक्तिगत मन के

प्रति ही नहीं, अपने देश के समष्टिगत मन के—और यदि उसकी क्षमता उतनी है, तो जन-मन, विश्व-मन के प्रति भी सचेतन होना होगा क्योंकि यह विशालतर मन उसके निजी मन से कहीं अधिक गहरा है।' ज़ाहिर है कि यहाँ एलियट की बात (यूरोप को आत्मसात् करके बोलने की बात, जिस पर साहीजी को इतना सख़्त एतराज़ था) अज्ञेय के—यानी भारतीय लेखक के—और उस तरह साहीजी के मन की बात ('जन-मन', 'विश्व-मन' के प्रति सचेतन होने की बात) बनकर प्रकट होती है। ध्यान देने की बात है कि यह उत्तर अज्ञेय—यानी, प्रगतिशीलों द्वारा विद्रूपित-अवहेलित भारतीयता की ओर लौटने वाले अज्ञेय—के मन की बात नहीं है, बल्कि 1944 के 'रॉयिस्ट' अज्ञेय के मन की बात है। ध्यान देने की बात यह भी होनी चाहिए, कि उक्त लेख में एलियट जहाँ 'सेल्फ-एक्सटिंक्शन' की बात करता है, वहाँ अज्ञेय 'आत्मदान' शब्द का प्रयोग अपने अनुवाद में करते हैं। सच बात तो यह है कि अज्ञेय एलियट का जिस तरह उपयोग करते हैं, या जिस तरह उसका प्रभाव स्वीकार करते हैं, वह एक तरह से अपनी ही परम्परा के श्रेष्ठ तत्त्वों की नये सिरे से पहचान करने जैसा है। यह अकारण नहीं, कि इस भावानुवाद में अज्ञेय ने स्थायीभाव, संचारी भाव और 'रस' जैसे शब्दों का व्यवहार किया है। इस तरह, कि एलियट-प्रणीत काव्य-सर्जना की यह निर्वैयक्तिक व्याख्या अज्ञेय की पुनर्रचना में भारतीय काव्य-शास्त्र की एक नयी समझ को उकसाती-सी प्रतीत होने लगती है। आकस्मिक नहीं, कि स्वयं अज्ञेय ने इसी लेख यानी छायानुवाद के भीतर ही यह दावा किया है कि 'ये स्थापनाएँ ऐसी नयी नहीं हैं, हमारे ही शास्त्र का विकास हैं। कुप्पी नयी है, लेकिन आसव पुराना है।' अज्ञेय की यह आश्वस्ति कितनी पुरानी और टिकाऊ है यह इसी से जाहिर हो जाता है कि सन् 1979 में प्रकाशित उनकी डायरी 'शाश्वती' में भी इसी विषय पर फिर ऐसी ही टिप्पणी की गयी है।

ध्यान देने की बात यहाँ यह भी है कि निर्वैयक्तिकता के इस आदर्श को—जिसे अज्ञेय ने कालान्तर में 'द्रष्टा के पद के साथ एकात्मकता' के रूप में प्रस्तुत किया है—यहाँ 'त्रिशंकु' में आत्म-शिक्षण के अनिवार्य अंग के रूप में उसी तरह रेखांकित किया गया है जिस प्रकार विज्ञान की दीक्षा को। द्रष्टव्य है कि विज्ञान के प्रति एलियट का दृष्टिकोण नकारात्मक ही है जबकि अज्ञेय का सकारात्मक। एलियट ने मानववादी दृष्टि की कठोर आलोचना की थी और ईसाई धर्मदृष्टि को उसकी अपेक्षा अधिक यथार्थपरक बताया था। अज्ञेय की निष्ठा मानववादी है परन्तु इस दृष्टि में उत्तरोत्तर एक गुणात्मक उत्कर्ष हुआ है। 'स्रोत और सेतु' में वे पूछते हैं : 'क्या कोई मानव-केन्द्रित आध्यात्मिकता सम्भव है?' साहीजी ने 'साहित्य क्यों?' नामक अपने व्याख्यान में जिस तरह के सवाल उठाये थे, कुछ उसी तरह के सवाल अज्ञेय ने भी यत्र-तत्र उठाये हैं। मसलन, 'जीवन के गुणाधार' नामक निबन्ध में वे पूछते हैं—'प्रश्न क्या हमारे मूल्यों के वरीयता-क्रम में परिवर्तन का ही है? या कि

समूची मूल्य-व्यवस्था को उखाड़कर दूसरी व्यवस्था प्रतिष्ठित करने का? क्या यह काम अतीत अनुभव के साथ अपने सम्बन्ध तोड़े बिना असम्भव है? तोड़ देने से क्या अस्मिता और आत्म-बोध भी नष्ट नहीं हो सकता?'

'धर्मनिरपेक्षता' वाली लेखमाला में साहीजी ने संस्कृति-निरपेक्षता की बात उठायी थी। यहाँ यह स्मरण प्रासंगिक होगा कि फ्रायड 'डेथ-इंस्टिंक्ट' को संस्कृति के आत्मरोधी बन्धन से छूट निकलने की एक सम्भावना के रूप में प्रस्तुत करता है। एक प्रमुख आलोचक लायनेल ट्रिलिंग ने 'बियॉण्ड कल्चर' नामक अपनी पुस्तक में फ्रायड की खोज का समर्थन करते हुए यह आशा व्यक्त की है कि मानव-नियति के इस संस्कृति-निरपेक्ष पक्ष पर यह आग्रह, हो सकता है, पश्चिम के आत्मविषयक चिन्तन का बासीपन झाड़ते हुए उसे कोई नया मोड़ दे दे। साहित्यिक और वैज्ञानिक मनीषा के बीच बुनियादी फर्क यह होता है कि साहित्यिक मनीषा और स्वयं साहित्य, आत्म यानी 'सेल्फ' की अवधारणा के प्रति समर्पित हुआ करता है; जबकि वैज्ञानिक मस्तिष्क व्यवहार में 'आत्मा या आत्म' जैसी किसी चीज़ का अस्तित्व स्वीकार नहीं करता। ट्रिलिंग का कहना है कि "प्रत्येक विकसित समाज का साहित्य 'आत्म' की अवधारणा के लिए स्वभावतः सक्षम होता है : न केवल अपनी 'आत्मा' की, बल्कि दूसरों की आत्मा की भी" साथ ही, साहित्य यह काम सामान्य संस्कृति के दूसरे क्षेत्रों की अपेक्षा कहीं अधिक अन्तःप्रमाण के साथ करता है। अपने सारतत्त्व में साहित्य का असली सरोकार 'सेल्फ' ही है और खासकर पिछली दो सदियों के विश्व-साहित्य का सरोकार तो उस 'सेल्फ' से ही रहा है जो सभ्यता और संस्कृति के बन्धनों से झगड़ती आयी है। हर बड़े साहित्यकार का अनुभव यही रहा है कि कोई भी संस्कृति उन सब माँगों को पूरा नहीं कर सकती जो मनुष्य की आत्मा उसके सामने निरन्तर खड़ी करती रहती है। ट्रिलिंग यहाँ पर इस तथ्य को भी बलपूर्वक रेखांकित करते हैं कि संस्कृति स्वयं इस तथ्य को अच्छी तरह जानती है और इसके लिए साहित्य के प्रति ऋणी भी होती है। वह पहचानती है कि उसकी श्रेष्ठतम उपलब्धि और अन्तर्दृष्टि यही है कि आत्मा का अस्तित्व 'कल्चर' के बाहर भी है और यह कल्चर-बाह्य, संस्कृतिनिरपेक्ष आत्मा अनुभूतिगम्य हो सकती है। ट्रिलिंग के मतानुसार यह एक मुक्तिदायी विचार है, जिसके बिना समाज के बारे में हमारा सारा वर्तमान चिन्तन खुद को कुण्ठित कर लेने को अभिशप्त होगा।

इसमें कोई सन्देह नहीं कि पश्चिम के साहित्य की मुख्यधारा को, विशेषकर उसमें व्यक्त त्रास और त्रासजनित विवेक को देखते हुए और साथ में पश्चिमी सभ्यता की जो वस्तून्मुखी, या कहें विश्व के अवधारणात्मक वशीकरण वाली प्रवृत्ति है, उसे भी देखते हुए उपर्युक्त आलोचक के निष्कर्ष संगत और युक्तियुक्त लगते हैं। किन्तु जहाँ संस्कृति स्वयं आत्म संस्कृति हो, जहाँ संस्कृति का केन्द्रीभूत धर्म स्वयं एलियट के समानधर्मा महाकवि विलियम बटलर येट्स के मुहावरे में 'रिलीजन ऑव दि सेल्फ़'

यानी आत्मसाक्षात्कार वाला धर्म हो, वहाँ इस बारे में क्या स्थिति बनेगी? आत्म और संस्कृति के असामंजस्य का जो भयावह चित्र फ्रायड प्रस्तुत करता है, याकि आत्म-बोध की अराजकता और वरण-स्वातन्त्र्य की विडम्बना के जैसे चित्र आधुनिक पाश्चात्य साहित्य में प्रस्तुत हुए हैं, वे हमारी आत्म-स्थिति से कितना मेल खाते हैं? उनके प्रति हमारा आलोचनात्मक दृष्टिकोण क्या है? यहाँ यह याद कर लेना प्रासंगिक होगा कि अमरीकी और रूसी बुद्धिजीवियों के भीतर भी एक लम्बी कशमकश चलती रही थी—कि अपनी एक स्वाधीन रचनात्मक संस्कृति का निर्माण करें या यूरोप को ही अपना सांस्कृतिक ऊर्जा स्रोत मानकर उसी पर निर्भर रहे आयें? निश्चय ही औपनिवेशिक भारत की आत्माभिव्यक्ति की समस्या इन दोनों से अधिक विकट थी, क्योंकि अमरीकी या रूसी संस्कृति यूरोप से अलग होकर भी मूलतः भिन्न नहीं थी; जबकि एक सर्वथा भिन्न जीवन-दर्शन और धार्मिक संस्कृति के व्यापक जीवन-धारा में विद्यमान रहे आने के बावजूद अपनी शिक्षा-दीक्षा के स्तर पर उससे कट जाने के फलस्वरूप भारत का बुद्धिजीवी एक ऐसी ऐतिहासिक टूटन और आत्मविस्मृति का शिकार हो चला था कि वह न तो उस तरह अपनी सांस्कृतिक परम्परा से रचनात्मक सम्बन्ध स्थापित कर पाता था, न उन नये विचारों को आत्मविश्वासपूर्वक अपने मानसिक स्वराज्य का साधन बना पाता था जो उसे बौद्धिक स्फूर्ति प्रदान करते हुए भी पूरी तरह उसके अन्तरजीवन का अंग नहीं बन पाते थे। मानो, परम्परा जीवन्त विचार-संवेदन के स्तर पर नयी चुनौतियों का सामना करने के लिए सुलभ नहीं थी और जीवन-परिवेश अपनी रूढ़िग्रस्त बदहाली के कारण उसके शिक्षित संवेदन को बिदकाता था। हमारे एक प्रमुख दार्शनिक कृष्णचन्द्र भट्टाचार्य ने 1929 में भारतीय बुद्धिजीवी की इसी विडम्बना को सबसे अच्छी तरह सामने रखा था जब उन्होंने उसे 'शैडो माइण्ड'—छायाजीवी मस्तिष्क निरूपित करते हुए 'वैचारिक स्वराज' की आवश्यकता प्रतिपादित की थी। रवीन्द्रनाथ ने भी अपने ढंग से भारतीय बुद्धिजीवी के आत्म-निर्वासन की त्रासदी को लक्ष्य किया था। हिन्दी साहित्य में आचार्य शुक्ल, जयशंकर प्रसाद और नयी कविता काल में अज्ञेय, साही, विपिन अग्रवाल सरीखे कवि-विचारकों ने इस समस्या का अपने-अपने ढंग से सामना किया था, यह हम देख ही चुके हैं। ज़रूरत—जैसाकि हमने पहले ही इशारा किया—इन सब प्रयत्नों को एक समूचे लम्बे परिप्रेक्ष्य में देखने की और आज के सन्दर्भ में उन्हें एकाग्र करने की है। नयी कविता के किये-धरे को इसीलिए छायावाद काल और उसके भी पूर्व की रचनात्मक-आलोचनात्मक अन्तर्दृष्टियों के साथ जोड़ कर देखने की जरूरत महसूस होती है। साथ ही स्वयं नयी कविता के भीतर भी अज्ञेय, साही, विपिन अग्रवाल जैसे कवियों-चिन्तकों के अपने विकास-क्रम को अगर हम देखें तो कई ऐसी बातें सामने आ सकती हैं जिन पर अमूमन ध्यान नहीं दिया जा सका है; पर जो मेरी समझ से हिन्दी साहित्य की केन्द्रीय भूमिका और आगामी सम्भावनाओं को परखने

की दृष्टि से भी बहुत मूल्यवान हैं। उदाहरण के लिए साहीजी का वह सूत्र, जिसके आधार पर मैंने इस व्याख्यान का शीर्षक दिया– यह, कि "आज विश्व के सम्मुख सबसे बड़ी समस्या यह है कि त्रासजनित विवेक को कैसे पावनताजनित बोध में रूपान्तरित किया जाये।" यह सूत्र मुझे न केवल साहीजी के समूचे जीवन-कार्य की निष्पत्ति सरीखा जान पड़ता है, बल्कि समूची नयी कविता और उस तरह समूचे हिन्दी साहित्य की अद्यावधि गति-विधि मुझे इसी ओर इंगित करती प्रतीत होती है।

उदाहरण के लिए, एलियट की कविता को सबसे पहले समझने-समझाने वाले आलोचक एफ. आर. लीविस का कथन है कि मानव की संस्कृति को एक स्थूलीकृत वैज्ञानिक दृष्टिकोण के चतुर्दिक् प्रसार से बड़ा खतरा पैदा होता है। मगर आप तनिक लीविस से कई वर्ष पूर्व की गयी आचार्य रामचन्द्र शुक्ल की स्थापनाओं को देखिए। शुक्लजी अपनी सांस्कृतिक परम्परा और उसकी शब्दावली के भीतर से समसामयिक जगत्गति को परखते हुए साहित्य की इसी जरूरत और प्रयोजन को रेखांकित करते दिखाई देते हैं। उन्हें 'मानव-संस्कृति' कहने की ज़रूरत नहीं : उनके लिए यही कहना पर्याप्त है कि 'कविता से मनुष्य भाव की रक्षा होती है।' लीविस को परेशान करने वाले 'क्रूडिफाइड साइण्टिफिक आउटलुक' की शुक्लजी को उतनी परवाह नहीं है क्योंकि स्वभावतः अभी उस बिन्दु पर विज्ञान का धनात्मक पक्ष ही उनके सामने आता है। प्रसंगवश, यहाँ यह भी लक्षित करना होगा कि क्यों हिन्दी के कई अग्रगामी लेखक–अज्ञेय और विपिन अग्रवाल की तरह–वैज्ञानिक चिन्तन की ओर आकर्षित हुए। परम्परा इसमें आड़े नहीं आ सकती थी क्योंकि वह ईसाई धर्मदृष्टि की तरह विज्ञान से असंगत नहीं थी। असंगत जो हो सकता था, वह था इस वैज्ञानिक संस्कृति के मूल में निहित फलसफाई दृष्टि का प्रकृति के साथ विजिगीषा वाला सम्बन्ध–विश्व के अवधारणात्मक वशीकरण की ओर ले जाने वाली उसकी मूलप्रवृत्ति, जिसे सर्वप्रथम नीत्शे ने पहचाना और नाम दिया। उल्लेखनीय है कि अपने 'लघुमानव के बहाने हिन्दी कविता पर एक बहस' नामक प्रसिद्ध निबन्ध में साहीजी नीत्शे के निहिलिस्ट विषाद को काफी गम्भीरता से लेते दिखाई देते हैं। सम्भव है, उनका 'त्रासजनित बोध' उससे भी प्रभावित रहा हो। बहरहाल, जब शुक्लजी कहते हैं कि 'कविता वह साधन है, जिसके द्वारा शेष सृष्टि के साथ मनुष्य के रागात्मक सम्बन्ध की रक्षा और निर्वाह होता है', तो वे प्रकारान्तर से न केवल स्थूल वैज्ञानिक दृष्टिकोण की, बल्कि उसकी जड़ में जो यूरोप की प्रकृति के अवधारणात्मक वशीकरण को प्रेरित करने वाली फलसफ़ाई तर्क-परम्परा रही, उसका भी अनजाने ही सचोट प्रत्याख्यान कर जाते हैं।

एक और बात की ओर भी हमारा ध्यान जाता है। क्या यह महज़ आकस्मिक संयोग भर है कि आचार्य शुक्ल ने जहाँ एक ओर 'रिड्ल ऑव दि यूनिवर्स' को अपनी भाषा में ले जाने की तात्कालिक ज़रूरत समझी, वहीं उसी अनुवाद की भूमिका

के अन्तर्गत ही शामी और पैग़म्बरी मज़हबों की भेद-दृष्टि की आलोचना करना भी उन्हें अनिवार्य लगा। भला क्यों? क्या इस कड़वी सच्चाई को नकारना सम्भव है कि इतिहास में साम्राज्यवादी विचारधाराओं और एकेश्वरवादी धर्मदृष्टि से प्रेरित मिशनरी या जेहादी अभियानों का अक्सर एक प्रकार का गठबन्धन-सा रहा है? कोई भी देख सकता है कि मनुष्य का प्रकृति के साथ तथा अन्य मानव-समुदायों के साथ कैसा क्या रिश्ता हो, इस बारे में सभी संस्कृतियाँ और धर्म एकमत नहीं हैं। कई बार तो यह एकेश्वरवाद भी एक 'जैलस गॉड' की शक्ल अख़्तियार कर लेता है जो अपने कबीले के बाहर के लोगों के देवताओं को बिल्कुल भी सहन नहीं करता; बल्कि उनका मूलोच्छेद चाहता है। यह ईश्वर सर्वशक्तिमान और परात्पर हो सकता है, किन्तु चराचर व्यापी नहीं। चूँकि अपनी ही बनायी सृष्टि में वह स्वयं व्याप्त नहीं है, अतः ऐसी सृष्टि देवत्व-वंचित होकर मनुष्य को अपने निर्बाध भोग और लूट-पाट के लिए आमन्त्रित करती प्रतीत हो तो यह आश्चर्य का विषय क्यों हो? जिस सृष्टि में पूजने लायक कुछ हो ही नहीं, जिस पर शैतान का शिकंजा हो उसका केन्द्र 'अंहकारविमूढ़ात्मा' मनुष्य के सिवा और भला कौन होगा। आधुनिक मनुष्य की असली त्रासदी यही है : यही 'डिसैक्रलाइजेशन' या कविता के रूपक में कहें तो 'देवताओं का कूच कर जाना'। पर यह मात्र काव्य-रूपक नहीं, बीसवीं सदी की सबसे ज्वलन्त वास्तविकता है और इसी पर से साहीजी के उस सूत्र का अर्थ खुलता है कि 'आज विश्व के सम्मुख सबसे बड़ी समस्या त्रासजनित बोध को पावनताजनित बोध में बदलने की है।' कोई भी देख सकता है कि यह केवल एक तटस्थ आलोचना भर नहीं है बल्कि साही के समूचे काव्य संसार में गूँजने वाली अन्तर्निहित पुकार है। ज़रूरत उसे हिन्दी भाव बोध के समूचे विकास के साथ श्रेष्ठतम उपलब्धियों के साथ जोड़कर देखने की है। उस युग की उपलब्धियों से भी, जिसे साहीजी ने छायावाद नहीं, 'सत्याग्रह युग' का नाम दिया है। चूँकि मैं अन्यत्र इस सम्बन्ध की विस्तृत व्याख्या कर चुका हूँ, यहाँ वे बातें नहीं दुहराऊँगा; केवल जयशंकर प्रसाद के उस कथन को संक्षेप में उद्धृत करूँगा कि 'पाश्चात्य प्रभाव ग्रहण करना हमारी केवल निरुपायता ही नहीं, अनिवार्यता भी है। किन्तु इस सचेतनता के फलस्वरूप हम अपनी सुरुचि की ओर प्रत्यावर्तन क्यों न करें? हमारे मौलिक ज्ञान-प्रतीक दुर्बल तो नहीं।' कहना न होगा कि इन मौलिक ज्ञान-प्रतीकों का पुनराविष्कार, अनुभूति के स्तर पर उनके चरितार्थन की दिशा ही त्रासजनित बोध को पावनताजनित बोध में बदलने की वैश्विक चुनौती का प्रत्युत्तर ढूँढ़ने की दिशा है। इसलिए, कि हमारे वे मौलिक ज्ञान-प्रतीक वास्तव में जीवन-जगत् के पावनतामूलक बोध से ही प्रेरित और अनुप्राणित रहे हैं।

डॉ. रघुवंश ने अपनी पुस्तक 'साहित्य का नया परिप्रेक्ष्य' में इस सच्चाई को बहुत अच्छी तरह प्रतिपादित किया था कि 'दायित्व और स्वातन्त्र्य' एक ही मूल्य,

एक ही प्रक्रिया की दो स्थितियाँ मात्र हैं और उनके साथ वैयक्तिक लगाना उतना ही निरर्थक है जितना सामाजिक। क्योंकि वे अविच्छिन्न मूल्य हैं। 'भाषा स्वभावतः सामाजिक सामग्री है और उसके वैयक्तिक संचय का प्रश्न ही अप्रासंगिक है'—साही जी के एक लेख में भी हम पढ़ते हैं। यह भी कि "सच्चा साहित्य महज़ भाषा से नहीं, भाषा की तपस्या से फलित होता है। भाषा मन का अधिकरण और आत्मा का अन्न है।" इस प्रकार की सोच और शब्दावली अन्ततः किस जीवन-दर्शन या विश्व-दर्शन से जुड़ती है? 'कला से विरहित उद्योग पाशविकता है'—यह तो रस्किन को भी दिखाई दे गया था; किन्तु कला और जीवन के सांस्कृतिक ऐक्य की भारतीय समझ—वर्तमान उपभोक्ता संस्कृति से उसके आत्यन्तिक विरोध का जैसा प्रामाणिक आख्यान कुमारस्वामी में मिलता है, वह प्रस्तुत प्रसंग में विशेष मननीय है। कुमारस्वामी के अनुसार यदि जीवन का संचार अन्नमय कोश से लेकर मनोमय और उससे भी आगे आनन्दमय कोश तक है तो मनुष्य का प्रत्येक उद्यम और कलाकर्म इन सभी स्तरों से जुड़ा होना चाहिए। 'मैं ही अन्न हूँ और मैं ही अन्नाद हूँ'—वैदिक मनुष्य की इस अन्तर्दृष्टि का ही पल्लवन मानो कुमारस्वामी के इस कथन में दिखाई देता है कि 'कलाकृतियों की सार्थकता इसी में है कि वे जीवात्मा मनुष्य को उसके अन्नमय कोश में भी पुष्ट करें और उसके मनोमय कोश में भी संघटित करें।' किन्तु यह बात निश्चय ही उसी के सिर पर चढ़कर बोलेगी जो मनुष्य की आधुनिक समाजशास्त्रीय व्याख्या से सन्तुष्ट नहीं है। इतना तो स्पष्ट ही है कि समाजशास्त्र की मनुष्यविषयक दृष्टि का उस पावनतामूलक बोध से मेल नहीं ही बैठता जो भारतीय समाज और उसके परम्परागत जीवन की पहचान है। जैसाकि डॉ. गोविन्द चन्द्र पाण्डे ने पूर्वोल्लिखित पुस्तक में युक्तिपूर्वक दर्शाया है, 'भारतीय समाज की पहचान उसकी सांस्कृतिक परम्परा में है और उस परम्परा का स्थायी और मूल स्वर आध्यात्मिक अनुसन्धान पर आधारित धार्मिक श्रद्धा है।'

दुर्भाग्यपूर्ण वस्तुस्थिति मगर यह है कि अधिकतर भारतीय बुद्धिजीवी आज अपनी भूमिका के बारे में स्वयं ही स्पष्ट और आश्वस्त नहीं हैं। शायद हमारी मूल समस्या आनुभविक और मौलिक शोध के स्तर पर इस श्रद्धाबुद्धि के ही तार्किक और तात्त्विक आधार को स्वायत्त करने की है जो हमारे बुद्धिजीवन को प्रामाणिक और प्रासंगिक बनाये और आलोचना को विश्वसनीय। इसलिए हम एक ओर रचनाकर्मियों पर ध्यान एकाग्र करते हैं और दूसरी ओर भारतीय जीवन, कला और धर्मसाधना के स्वाधीन खोजियों पर। साहीजी को पढ़ते हुए हमें भारतीय बुद्धिजीवी की इस दुहरी छटपटाहट और जिज्ञासा का उत्कट अनुभव होता है। मुझे लगता है इसी छटपटाहट के चलते वे 'पावनताजनित विवेक' के सूत्र तक पहुँचे थे। मुझे यहाँ उनके एक लेख 'लोकतान्त्रिक समाजवाद में साहित्य की भूमिका' का भी स्मरण हो रहा है, जिसमें उन्होंने गाँधी के एक उद्धरण का बड़ा मार्मिक उपयोग

किया था : "समाजवाद का जन्म उस काल में नहीं हुआ था जब यह पता लगा कि पूँजीपति पूँजी का दुरुपयोग करते हैं। समाजवाद ही नहीं साम्यवाद भी ईशोपनिषद् के पहले मन्त्र में स्पष्ट है।" वास्तव में जिसे साहीजी ने 'पावनताजनित बोध' कहा, उसका तात्त्विक आधार मानो इसी श्लोक में निहित हो आता है। मनुष्य से श्रेष्ठ कुछ नहीं है, यह तो हमारे महाकाव्य भी कहते हैं, पर वे यह दावा नहीं करते कि मनुष्य ही इस सृष्टि का केन्द्र है। 'सब मम प्रिय सब मम उपजाए/सबसे अधिक मनुज मोहि भाए'—यह कहना एक बात है और...'ये धरती पर बिचरने वाले चौपाये, ये जलचर, ये नभचर सब मैंने तुम्हारे लिए उपजाए ये सब तुम्हारे भोग्य है'—यह कहना बिल्कुल दूसरी बात हो जाती है। यहाँ तक कि, अन्ततोगत्वा वह जिसे हम उपभोक्ता संस्कृति कहते हैं, उसे तात्त्विक औचित्य प्रदान करती जान पड़ने लगती है। सचमुच, जब 'इदं सर्वं' ईशावस्य नहीं हो सकता, तो वह मनुष्य के लिए सर्वथा उपभोग्य और विजेय के सिवा और क्या बन सकता है? ऐसे विचार की तार्किक परिणति यदि स्वयं मानवीय चेतना के ही नियन्त्रण और धर्षण में होती हो, तो उसे अस्वाभाविक कैसे माना जाये? जिस स्वाधीनता की पूर्वप्रतिज्ञा ही मेतर की स्वाधीनता के दमन और अपहरण पर खड़ी हो, वह आरम्भदूषित और अन्तर्विरोधग्रस्त तो होगी ही। अज्ञेय ने एक जगह लिखा है कि "संसार के किसी धर्म ने मनुष्य के मानस को उतनी स्वाधीनता का वातावरण नहीं दिया जितना भारतीय धर्म ने। किसी ने स्वस्थ जीवन की इतनी गहरी नींव नहीं डाली।" क्या यह स्वाधीनता और स्वस्थता उसी 'ईशावास्यमिदं सर्वं' वाली पावनतामूलक विवेक-दृष्टि का ही प्रतिफलन नहीं? यदि प्रकृति में परमात्मा का वास नहीं, यदि उसमें भी हमारी ही मुक्तिकामी आत्मा की ही प्रतिच्छवि नहीं दिखाई दे सकती, तो फिर क्या है जो हमें उसके निर्बाध शोषण से विरत कर सके?

इस तरह, देखा जाए तो, पावनतामूलक बोध का क्षरण ही उपभोक्तावादी सभ्यता का मार्ग प्रशस्त करता है और यह उपभोक्ता संस्कृति आत्म-प्रत्यभिज्ञा और मनुष्य की वास्तविक स्वातन्त्र्य-साधना दोनों के विरुद्ध जाती है। उसमें मानवीय उत्तरदायित्व का ह्रास और विलोप अवश्यम्भावी है। मनुष्य अपने मानवीय उत्तरदायित्व को तभी अनुभव कर सकता है, तभी उसे निबाह भी सकता है, जब वह अपनी स्वतन्त्रता की मर्यादाओं को भी साथ-साथ पहचानता रह सके। भारत की पारम्परिक पावनतामूलक विश्वदृष्टि मनुष्य और उसके पर्यावरण-परिवेश के बीच जिस तरह के तात्त्विक और रागात्मक सम्बन्धसूत्र का निर्वाह करती रही है, वह उसकी आत्म-संस्कृति यानी आत्म-प्रत्यभिज्ञा के लक्ष्य के अनुरूप ही है। यह भी द्रष्टव्य है कि स्वातन्त्र्य की उसकी परिकल्पना भी मानवजीव तक ही सीमित नहीं; उसकी परिधि में जीवमात्र का सहज समावेश है। इसी अर्थ में वह लोकायतिक नहीं, लोक-संसक्त दृष्टि है। क्या स्वयं आनन्द कुमारस्वामी ने ही इस तथ्य को निर्विवाद रूप से सामने नहीं

रखा था कि जब परम्परा के श्रेष्ठतम ज्ञान-प्रतीक काल प्रभाव से लुप्त या विस्मृत हो जाते हैं, तब उनका पुनरन्वेषण ग्रन्थालयों से नहीं, बल्कि सामान्य जनता के रीति-रिवाज़ों और अनुष्ठानों-विश्वासों के भीतर गहरे पैठने से ही किया जा सकता है। किन्तु संस्कृति की सबसे बड़ी समस्या और सबसे कठिन कसौटी तो साध्य और साधन के विवेक की ही है और यहीं पर संस्कृतियों के बीच का असली फ़र्क भी दिखाई पड़ता है। तर्क-बुद्धि को सर्वोच्च बता देने भर से बात नहीं बनती। जैसा कि डॉ. पाण्डे ने 'भारतीय परम्परा के मूल स्वर' में भली प्रकार दर्शाया है, 'तर्क बुद्धि साध्य का ज्ञान नहीं देती, बल्कि साधनमात्र का देती है। मनुष्य की विशेषता उसकी विवेक-बुद्धि से है, जो राग-द्वेष का आश्रय लिये बिना साध्य का परिचय देती है।' मेरा खयाल है, यह एक बहुत महत्त्व की बात है। तर्कबुद्धि का आश्रय लेकर हम भोग और ऐश्वर्य का अनुसन्धान कर सकते हैं और यह अनुसन्धान हमें निस्सन्देह प्रकृति के नियन्त्रण और दोहन में दक्ष बना सकता है। किन्तु विडम्बना यही है कि प्रकृति के निर्बाध नियन्त्रण और उपयोग की सामर्थ्य मनुष्य की प्राकृतिक दासता के शिकंजे को और ज्यादा कस देती है। उपभोग की लालसा वस्तुतः इसी दासता का प्रतिबिम्ब है। इस प्रकार यह पुरुषार्थ विसंवादी आचरण की अर्थात् आत्मानुसन्धान से ठीक उलटी दिशा है। यह 'मैडिटेटिव थिंकिंग' न होकर 'कैलकुलेटिव थिंकिंग' है—जिससे न तो लोकसंग्रह ही सध पाता है, न लोक का अतिक्रमण।

विडम्बना मगर यह है कि नयी कविता के दौर में जिस तरह की उत्तरदायी और मूलगामी बुद्धि-ऊर्जा का विस्फोट दिखाई देता है, कालान्तर में उसका गुणात्मक उत्कर्ष होने के बदले ह्रास का दृश्य ही अधिक उजागर हुआ है। यह स्थिति शोचनीय है और इसी कारण उन अग्रजों के किये-धरे का पुनर्मूल्यांकन एक बृहत्तर परिप्रेक्ष्य में आज की अनिवार्य माँग है। सभ्यता का संकट विश्वव्यापी है; किन्तु मूलतः यह संकट उत्पन्न करने के लिए जो लोग सबसे अधिक उत्तरदायी हैं, वे अपनी परम्परा और इतिहास के बारे में हम लोगों की तुलना में निश्चय ही अधिक आलोचनात्मक जागरूकता के धनी हैं। इस सिलसिले में मुझे अज्ञेय की एक टिप्पणी बहुत सही लगती है और मैं उसी के साथ अपनी बात खत्म करना चाहूँगा।

'पश्चिम को अपने प्रबल अहं के बावजूद ऐसा विश्वास नहीं है कि उनका चिन्तन, उनका दर्शन वगैरह सब पूर्व की अपेक्षा अच्छा है। उनमें जिज्ञासा है, आगे के रास्ते की चिन्ता है, क्लेश है। उनका साहित्य इस दृष्टि से खरा है। हमारे साहित्य में न तो हमें अपनी अनास्था दीखती है, न अपनी आस्था दिखती है, न अपनी चिन्ता दीखती है। हमारी क्या चिन्ता होनी चाहिए, इसकी भी चिन्ता नहीं है।'

कहना न होगा कि यह टिप्पणी ठेठ आज के हमारे सांस्कृतिक दृश्य से ही ताल्लुक रखती है। नयी कविता के अपेक्षाकृत अधिक उर्वर काल से नहीं।

महावृक्ष और अज्ञेय

"रचना का काम कुछ कहना नहीं, कुछ करना है"...यह अज्ञेय का कवित्त-विवेक बोल रहा है। "कविता सामाजिक परिवर्तन का हथियार है"...यह साठोत्तरी युवा कविता का कहना है। क्या ये दोनों कहावतें एकदम बेमेल और परस्पर विरोधी हैं? "महावृक्ष के नीचे" बैठते ही अज्ञेय की एक बहुत पहले की 'अरी ओ करुणा प्रभामय' में संकलित 'मैंने कहा—पेड़' शीर्षक कविता याद आयी और उसी के साथ खयाल आया एक और 'पेड़' का जिसे अभी पिछले दिनों एक युवा कवि ने रोपा था। तो लीजिए पहले युवा कवि का 'पेड़' :

> अपने सारे शरीर को कारखाने की तरह सँभाले हुए
> टहनियों को बन्दूकों की तरह ताने हुए
> उसने अपनी जड़ों को फौजी कतारों की तरह बाँट कर
> मिट्टी की तबीयत पर मोर्चा बाँध दिया है

(लीलाधर जगूड़ी, 'पेड़')

एक ओर यह 'मिट्टी की तबीयत पर मोर्चा बाँधने वाला' पेड़ और दूसरी ओर वह 'अरी करुणा प्रभामय' वाला 'पेड़', जो कवि की सराहना से ही संकुचित होकर बोल पड़ता है :

> "नहीं नहीं नहीं झूठा श्रेय मुझे मत दो
> मैं तो बार-बार झुकता, गिरता उखड़ता
> या कि सूखा ठूँठ हो के टूट जाता
> श्रेय है तो मेरे पैरों तले इस मिट्टी को
> जिसमें न जाने कहाँ मेरी जड़ें खोयी हैं"

यह तो हम कैसे कहें कि साठोत्तरी कवि पेड़ को 'झूठा श्रेय' दे रहा है : पेड़ पर जो सांगरूपक उसने बाँधा है—पूरी कविता जिससे बँधी हुई है—वह उसने यों ही नहीं बाँधा है, उसके पीछे एक नयी सूझ और तादात्म्य-चेष्टा है, मात्र उद्‌बोधन का निमित्त हाथ लग जाना भर नहीं है। मगर इतना तो साफ लगता है कि वह पेड़ को आदमी पर और आदमी को पेड़ पर घटा रहा है और ऐसा करते हुए उसे एक अर्थ भी दे रहा है। अर्थ तो यूँ अज्ञेय ने भी ग्रहण किया है, पर वह कवि की अपनी

तबीयत का अर्थ नहीं है, उस दूसरी रचना का, उस दूसरी स्वतन्त्रता का अर्थ है, जिसका नाम 'पेड़' है।

महावृक्ष के नीचे, अज्ञेय को जो अनुभूति हुई है, वह 'अरी ओ करुणा प्रभामय' वाली अनुभूति के ही विकास-क्रम में समझी जा सकती है। 'महारूख' न केवल मनुष्य की 'नाप' ले लेता है, बल्कि उस नाप को उसके मन पर 'छाप' भी देता है। यह 'छाप' मूल्यवान है पर कवि उसी पर नहीं रुक जाता। वह आगे कहता है : ''चलो चलते रहो/ महारूख के साथ अपना नाता बदलते रहो। उसका आयाम बहुत बड़ा है/ पर वह वहाँ खड़ा है/ और तुम चलते हुए ही भले हो/ वह महारूख/ अकेला है, वन मे है/ तुम महारूख के नीचे अकेले हो, वन तुम में है/''... इस तरह महावृक्ष सिर्फ महावृक्ष ही नहीं, एक तरह का बोधिवृक्ष भी कवि के लिए साबित हुआ है।

अज्ञेय का महावृक्ष न तो मुक्तिबोध का 'व्यक्तित्व वृक्ष सुविधावादी' जान पड़ता है और न युवा कवि का 'मिट्टी की तबीयत पर मोर्चा बाँधने वाला गोरिल्ला'। युवा कवि पाठक को अपने पेड़ के साथ नाता बदलने को ललकारता तो है पर अपनी शर्तों पर; वृक्ष की शर्तों पर नहीं। और जहाँ तक 'नाता बदलते रहने' का प्रश्न है, इसकी तो कोई गुंजाइश वह उसके लिए छोड़ता ही नहीं। पेड़ मनुष्य की रचना नहीं है, इसलिए उसी सीमा तक ग्राह्य और सम्प्रेष्य है जिस सीमा तक मनुष्य उस 'अज्ञात' के प्रति, जिसकी वह (और पेड़ दोनों) रचना हैं–खुला रह सकता है। कहीं ऐसा तो नहीं कि ''अज्ञात से बचने के लिए ही हम रचना को रचना के रूप में ग्रहण न करके उसका अर्थ ग्रहण करना चाहते हैं?"

स्वयं अज्ञेय के लिए भी–"महत्त्वपूर्ण यह है कि कोई रचना कितनी सम्प्रेष्य है। समाज से उसका रिश्ता क्या है?'' इस पर सवाल उठ सकता है कि इस सम्प्रेष्यता के निर्णय कौन करेगा? इसका जवाब भी अज्ञेय ने यूँ दिया है कि ''कवि अपने ही एक अंश को श्रोता बनाकर कविता कहता है। उसी से वह जानता है कि सम्प्रेषण हुआ है कि नहीं। वह कितना सही है, यह इस पर निर्भर करेगा कि वह कहाँ तक समग्र समाज से एकात्म है–क्योंकि वह जैसा स्वयं है वैसा ही तो कथित अपने भीतर से रचेगा।" इस बात पर भले ही बहस की पूरी गुंजाइश हो कि अज्ञेय का कवि कहाँ तक 'अपने समग्र समाज से एकात्म' है, पर इतना तो कहा ही जा सकता है कि 'अरी ओ करुणा प्रभामय' तक भी कवि को इस सम्बन्ध में कोई आत्म-भ्रामक भ्रान्ति नहीं थी। देखिए उस संग्रह की 'इशारे जिन्दगी के' शीर्षक कविता... :

"हमको बोध था वे शब्द सुन्दर है
सत्य भी हैं, सारमय हैं
पर हमारे शब्द
जनता के नहीं थे
क्योंकि जो उन्मेष हममें हुआ

जनता का नहीं था
संवेदना ने ही विलग कर दी
हमारी अनुभूति हम से
यह जो लीक हमको मिली थी
अन्धी गली थी।"

तब भी अज्ञेय से अपनी कवि-संवेदना के अधूरेपन को चीरती जिन्दगी की ललकार को सुना था। तब भी कवि ने अपनी संवेदना और अपने संस्कारगत अस्तित्व के बीच के अन्तराल को ठीक-ठीक अनुभव किया था। इतना ही नहीं, उस अन्तराल को भरने की प्रक्रिया को ही, एक तरह से देखा जाय तो, अपनी काव्य-संवेदना के विकास की अनिवार्य दिशा के रूप में उसने पहचाना था और कहा था–

"बढ़े चाहे बोझ जितना
शास्त्र का, इतिहास का
रूढ़ि के विन्यास का या सूक्त का
कम नहीं ललकार होती जिन्दगी की
मोड़ आगे और भी हैं–
कौन उसकी ओट देखो झाँकता है।'

अज्ञेय के विकास-क्रम में उपर्युक्त अन्तराल के भरते जाने की प्रक्रिया और उससे सम्बद्ध गुणात्मक परिवर्तन लक्ष्य किये जा सकते हैं। रूपकात्मक सरलीकरण का सहारा लेते हुए हम यह भी कहना चाहेंगे कि 'आँगन के पार द्वार' की असाध्य वीणा 'महावृक्ष के नीचे' की 'वीणा' बन गयी है और यह वीणा–जैसा कि हम आगे चलकर देखेंगे–असाध्य (उस अर्थ में भी) नहीं रह गयी है, काफी कुछ साध्य हो गयी है।

'और वह बिछा था चारों ओर और लोग और
लोग थे ठट्ठ के ठट्ठ लेते हिलोर
और उनके बीच उनसे घिरा मैं विभोर उनके बीच...

(वीणा)

तो क्या कवि की संवेदना अब अपने संस्कारसिद्ध अस्तित्व से, अपनी सामूहिक चेतना के जीवन से आप्लावित है, 'उनके बीच' है और यह घिराव उसे 'अकेला' नहीं करता, 'विभोर' करता है? क्या वह 'अनपेक्षित-प्रतिरूप' भी अब उसके लिए न तो अनपेक्षित है, न प्रतिरूप है, क्योंकि वह उसे 'ना जाने केहि भेस में' यहीं मिल जाता है? और इस मिलने में जो ट्रैजिक मर्म है, 'नारायण की व्यथा' है, उसे भी क्या वह एक नयी तरह पहचान रहा है? क्या इस पहचान में एक नया आत्म-प्रत्यय भी निहित है?

'आह मुझे इस भेस मिले
नारायण
मेरे ही बाण से बिद्ध'

(ना जाने केहि भेस में)

जो संवेदना अपनी ही उत्कटता के कारण सांस्कारिक अनुभूति से विलग हो जा सकती है, वही संवेदना उस बिलगाव के बावजूद अपने संस्कारगत अस्तित्व के प्रति और तीखी उदग्रता के साथ उन्मुख भी तो हो जा सकती है। शायद उसकी निःसंगता उसे सुरक्षा-कवच नहीं, बल्कि एक दृष्टि प्रदान करती है और उस संस्कारसिद्ध अस्तित्व को उसकी पूर्णता में—पूरी गोलाई में—पहचानने की अर्थात् उसके साथ अपने नाते को बदलते रहने की और इस प्रकार अन्ततः उसके भीतर से उत्तीर्ण हो सकने की सामर्थ्य भी देती है। स्थापित संवेदना से शुरू करने वाले लोगों को बहुत कुछ मानकर चलने की सुविधा होती है जोकि 'सत्य' यानी 'होने का सत्य' नहीं भी हो सकता और जिसके कारण रचने की चुनौती का, सच्चाई की नयी पहचान निर्मित करने की कवि-सामर्थ्य का भी वैसा निर्वाह नहीं हो पाता जैसाकि होना चाहिए। जबकि तथाकथित विस्थापित संवेदना चूँकि उस तकलीफ को और उसके कारणों को लगातार भोगते और समझते रहने की उत्कट अनिवार्यता से प्रेरित हुआ करती है, जिन्होंने कि उसे वह विस्थापन या कि निर्वासन दिया है—अतः वह उस विस्थापन और उस निर्वासन का भी सही रचनात्मक प्रतिकार संवेदना के ही धरातल पर—उसी के अस्त्रों से कर सकती है। उसकी निष्कवचता और वध्यता ही उसे सही जागरूकता और सही दायित्व-बोध से सम्पन्न बनाती है। यह दायित्व-बोध उसकी रचना को दोहरी गुणवत्ता प्रदान कर सकता है। यानी वह उसे अपने परिवेश से सांस्कृतिक और अस्तित्वगत दोनों धरातलों पर निपटने की दुर्निवार चुनौती देता है। जाहिर है कि ऐसा कवि जिस सांस्कृतिक आँख को पाने का तप करता है, वह सिर्फ संस्कृति-कवच की आँख नहीं होती, उस दर्द की आँख भी होती है जो उससे कहलवाती है कि

'कृती नहीं हैं
हो, बस इतने भर को हम
आजीवन तपते-गलते रहे—रह गये।'

अधिक से अधिक जो दावा ऐसा कवि अपनी रचना के बारे में कर सकता है, वह यही हो सकता है कि :

'मानव होने की पीड़ा का एक नया स्तर खोला
नया रन्ध्र इस रुँधे दर्द की भी दीवार में फोड़ा
उससे फूटा जो आलोक, उसे
—छितरा जाने से पहले
निर्निमेष आँखों से देखा
नाम दिया।'

अर्थात् जिस आलोक को देखने और नया नाम देते रहने की प्रक्रिया अज्ञेय का कवि-कर्म है (यह याद रखते हुए कि अज्ञेय के लिए रचना का काम कुछ 'कहना'

नहीं, कुछ 'करना' है) वह आलोक न तो सिर्फ मान ली गयी या थोपी हुई तथाकथित भारतीय संस्कृति का है और न वह 'उपलब्धि परायी का प्रकाश' है। अज्ञेय की कविता में अगर पूरब और पश्चिम मिलते हैं तो उत्तरोत्तर पूरब की शर्तों पर मिलते हैं, पश्चिम की शर्तों पर नहीं। सांस्कृतिक अस्मिता के दृष्टिकोण से सोचते हुए अक्सर मेरे दिमाग में एक सवाल पैदा होता है और वह यह कि कर्मक्षेत्र में हमें जिस तरह गाँधीजी के कृतित्व में एक ऐसे आत्मविश्वास का पता लगता है जहाँ हिन्दुस्तान की बुनियादी नम्रता और बुनियादी आत्मविश्वास एक-दूसरी संस्कृति से टकरा कर हमारे सामूहिक अस्तित्व की एक नयी पहचान हममें जगाता है, ठीक उसी प्रकार क्या यह कभी सम्भव था कि हिन्दुस्तान के समग्र मानस को वाणी देने वाली हिन्दी ऐसे काव्यकर्मियों को अपने भीतर से जन्म नहीं देती जो कुछ-कुछ वही काम भाषा और शब्द के धरातल पर भी अंजाम नहीं देते? अज्ञेय से पहले निराला और प्रसाद जैसे कवियों ने हमारी भाषा में इस आन्तरिक प्रतिरोध को विकसित करने का, सांस्कृतिक आँख को पाने का तप किया था। पर कोई भी कवि—चाहे वह कितना ही बड़ा क्यों न हो—परवर्ती पीढ़ियों का भी काम नहीं कर दे सकता। नया युग नयी चुनौतियाँ प्रस्तुत करता है : ऐसे बाहरी-भीतरी दबाव समाज पर पड़ते हैं जिनके रचनात्मक प्रतिकार की—नया सन्तुलन स्थापित करने की—जिम्मेदारी नये कवियों पर आती है। आज़ादी की लड़ाई के दौरान विराट् जनमानस से जुड़ने की जो सामर्थ्य विकसित हो गयी थी, उसका आजादी के बाद लगातार क्षरण होता रहा है। इसी तरह पूरब और पश्चिम की उस जीवनदायी टकराहट के भी कालान्तर में हमारे परोपजीवी वर्गों की कृपा से एक निहायत एकपक्षीय आदान में ढलते चले जाने के खतरे भी हमारे सामने प्रत्यक्ष ही हैं। इन और इन जैसे दूसरे खतरों के रचनात्मक प्रतिकार का संघर्ष आगे बढ़ाने का काम अज्ञेय जैसे नये कवियों के जिम्मे आया। निराला और प्रसाद अपने संस्कारगत अस्तित्व में जमे हुए स्थापित संवेदना के कवि थे। विस्थापित संवेदना के त्रास को—जो कुछ ही बरसों के अन्दर एक सामाजिक सच्चाई के रूप में सामने आनी थी—उनके यहाँ कैसे अभिव्यक्ति मिल सकती थी! इस त्रास के लक्षणों का पता सबसे पहले अज्ञेय और उनके समसामयिकों की कविता में मिला। साथ ही उसके यथोचित उपचार के साधन भी उसी कविता में विकसित होते गये।

'महावृक्ष के नीचे' की कविताएँ न केवल 'मानव होने की पीड़ा का एक और नया स्तर खोलने' से जुड़ी हैं, बल्कि उससे फूटे आलोक को नाम भी देती हैं। यहाँ सिर्फ़ शरद का लाया हुआ 'मन्दिर-आलोक-फल' ही नहीं है, वह 'विदा का क्षण' भी है जो 'समझ में नहीं आता।' अज्ञेय का कवि आज भी सम्प्रेषणवादी ही है, रहस्यवादी नहीं।...'क्योंकि कहने के लिए बोल नहीं मिलते। और बोल नहीं हैं तो कैसे कहूँ कि/सोच कुछ कह सकता हूँ...।' पर इस 'अबोल' व्यथा को भी कवि नाम दे सकता है। वह उसे 'दोहरे मरण की पहचान' कहता है।

'मेरी भी, मेरी भी शिलित अस्ति के भीतर कहीं
तुमने मुझे लगातार पिघलाया है
पर यह जो गलना है
तपे धातु का उबलना है
मैंने इसे झुलसते हुए सहा
पर कब, कहाँ कहा?'

(बर्फ की तहों के नीचे)

संग्रह की दूसरी कविता 'चुपचाप नदी' को पढ़िए। क्या यह हममें अज्ञेय की ही एक दूसरी कविता—'अरी ओ करुणा प्रभामय' की 'एक हवा-सी बार-बार' का स्मरण नहीं जागता? क्या यह भाव-संयम दर्द के साथ कवि के सम्बन्ध में एक अधिकाधिक निःसंगी होती जाती दृष्टि का परिचय नहीं देता? और फिर भी क्या यह कहा जा सकता है कि यह निःसंगता ऐसी है कि भोगने वाले व्यक्ति और रचने वाली मनीषा के बीच जिस वांछनीय या अवांछनीय दूरी की बात कही जाती है, उसी को जमाकर रख दे?

'जैसे अनाथ शिशु की अरथी को
ले जाते हैं लोग : उठाए गोद मगर
तीखी पीड़ा के बोध बिना
वैसे ही एक हवा-सी बार-बार
ढोती स्मृतियों का भार
थकी-सी
मुझमें होकर बह जाती है।'

(एक हवा-सी)

× × ×

और एक मेरे भीतर नदी है स्मृतियों की
....
....
और जिसके प्रवाह में
बरफ की लड़ी की
छाया-सा
लटका हूँ मैं

(चुपचाप नदी)

'आँगन के पार द्वार' की कविताओं से गुजरते हुए मुझे लगा था कि कवि अपने रचना कर्म को साधना की शर्तों पर निबाहने की एक ऐसी कोशिश में लगा है जो अपने आप में मूल्यवान होते हुए भी हमारे लिए सहज ग्राह्य इसलिए नहीं है कि

हमारी आत्मस्थिति से उसका मेल नहीं बैठता। रचना आज उस तरह साधना नहीं रही : उसमें एक ऐसी चरमता और निपटता घर कर गयी है जो साधना से जुड़कर भी साधना की नहीं है। औरों की मैं नहीं जानता, पर मेरे लिए कम से कम यह सन्तोष का ही विषय है कि इस संग्रह में एक बार फिर अपने कवि की आवाजें हमें कवि जैसी अधिक और साधक जैसी कम लगती हैं। संग्रह की पहली ही कविता 'नाच' को पढ़ देखिए जो एक लम्बी साँस साधे हुए है? यह स्पष्टता जो कवि ने पायी है, क्या महज समाधान और सूक्ति की स्पष्टता है? क्या यह भोगने और रचने के बीच का अर्थ कहीं पा चुकने में से नहीं आयी है? और फिर भी अनुभव के कसकते-दुखते मूलों की तात्कालिकता और तीव्रता इसमें से उजड़ तो नहीं जाती। 'रुँधे हुए दर्द की दीवार' की अपेक्षा कहीं ज्यादा गहराई से यह 'नाच' अस्तित्व की, यानी मानव होने की पीड़ा को और उससे जुड़े सृजन की प्रकृति को सामने लाता है। इसमें आप यह भी नहीं कह सकते कि भोगने और रचने के बीच दूरी है; न यही, कि कोई दूरी नहीं है। तनी हुई रस्सी पर का यह नाच...इसमें कोई आध्यात्मिक रूपक नहीं, निपट अस्तित्वमूलक अनिवार्यता है; दर्द की वह दीप्ति है 'जो स्वीकार से नहीं मिटती', पर जो 'ग्लानि भी नहीं देती।' कवि जानता है कि आस्था भी ठगती है। पर इस बार-बार के मोहभंग और दोहरे मरण से गुजरते हुए अनास्था के सम्पूर्ण नकार में गिरने से कैसे बचा जाता है? क्या उसी प्यार के सहारे ('क्या कहीं प्यार से इतर ठौर है कोई। जो इतना दर्द सँभालेगा?')...या इसी असिधाराव्रत के, इसी तनी हुई रस्सी के नाच के, इसी मूल्य के भी मूल्य की थाह पाने को एक मरुसागर अकेले उलीचते रहने के साहस के भरोसे कबीर ने कहा था—

> 'जहाँ चेत अचेत खँभ दोउ, मन रच्या है हिंडोर
> तहँ झूले जीव-जहान, जहँ कतहूँ नहिं ठौर'

जहाँ 'कतहूँ नहिं ठौर' वाली साँसत है, वहाँ प्यार भी क्या वह 'ठौर' हो सकता है जो 'इतना दर्द सँभालेगा?'...और सचमुच इस कविता में उस प्यार का उल्लेख नहीं है। न 'अकेले मरुसागर उलीचने' की अतिमुखर साहसिकता का ही यहाँ कोई काम है।

> और वही मेरा नाच है जिसे सब देखते हैं
> मुझे नहीं
> रस्सी को नहीं
> खम्भे नहीं
> रौशनी नहीं
> तनाव भी नहीं
> देखते हैं—नाच।

इसमें न शिकायत है, न आत्म-करुणा की विह्वलता। इस स्वीकार में न तो वह

पूर्व-परिचित साहसिकता की मुद्रा है, न मोहभंग की रूमानियत। यह 'होने के सागर में मछली की तड़प' है। इससे गुजरते हुए हम एक ओर तो कबीर को और उसके साथ ही सूरदास के 'अब मैं नाच्यो बहुत गुपाल' की व्यंजनाओं को स्मरण करते हैं—उस थकान, उस निर्वेद, उस खीझ को जिसे भक्त कवि जानते थे। पर दूसरी ओर हम यहाँ उस 'तनाव' को भी पहचानते हैं जिसे भक्त कवि नहीं जानते थे और जो सर्वथा हमारी विलक्षण परिस्थिति और परिवेश से उपजा हुआ तनाव है। यह उस अत्यधिक स्वचेतना का तनाव है जो आत्म-करुणा के लिए भी कोई गुंजाइश नहीं छोड़ता—सिर्फ एक विद्रूप, एक आत्मविद्रूप पैदा करता है :

'एंड आयी मस्ट बॉरो एवरी चेन्जिंग शेप
टु फाइंड एक्सप्रेशन...डान्स-डान्स
लाइक ए डांसिंग बियर
क्राइ लाइक ए पैरट, चैटर लाइक इन एप...'

(एलियट : 'पोर्ट्रेट आफ ए लेडी')

कवि के विकास-क्रम का यह भी एक पहलू है कि उसकी अभिव्यक्ति अधिकाधिक पारदर्शी और मुक्त होती जाय। अज्ञेय ने ही कहीं लिखा है कि 'गद्य का सीधा सम्बन्ध भाषा से है और काव्य का शब्द की सत्ता से।' इतना तो अज्ञेय भी मानेंगे कि शब्द के जरिये भाषा की काव्यमुक्ति का अन्तः प्रमाण पाने के लिए कवि को काफी लम्बा रास्ता तय करना पड़ता है। यह शब्द की सत्ता ही एक ओर उन रीढ़हीन बौद्धिकों की आत्मभ्रामक अहन्ता को और दूसरी ओर समाज सता से निरपेक्ष राज्य सत्ता को ललकार सकती है।

संग्रह का समापन जिस कविता से होता है वह इस 'दर्द से' आगे उस आलोक-कथा से सम्बद्ध है। अगर पहली कविता पर 'एक्जिस्टेंशियल' का बिल्ला लगाया जाय तो आखिरी पर लोकमंगलवादी का बिल्ला आसानी से चिपकाया जा सकेगा। मगर मुश्किल यह है कि जिस तरह वह 'एक्ज़िस्टेंशियलिज़्म' उधारी का नहीं है, उसी तरह यह लोकमंगलवादी दृष्टि भी महज रूढ़ि-प्राप्त नहीं है। परम्परावादी वह इसी अर्थ में है कि वह इस परम्परा के साथ संवाद और विसंवाद की कई स्थितियों से गुजर चुकने के बाद कमायी गयी है। लोकमंगलवादी दृष्टि तो हमारी सरकार की भी है, हमारे बौद्धिकों की भी है, हमारी सामाजिक और सांस्कृतिक जिन्दगी के उन बीसियों व्यवस्थापकों की भी है जो 'संसार में उद्यानों की कमी के कारण जहाँ-तहाँ बची हरी घास की थिगलियों को भी उजाड़ने और अपने निष्करुण मन का शासन सभी पर लादनें' का संकल्प किये बैठे हैं। ऐसे संक्रामक लोक-मंगलीपन से घिरा हुआ कवि ही पहले भी कह सकता था कि...'उस द्वार से गुजरो/जो मैंने तुम्हारे लिए खोला है/ उस अन्धकार से नहीं/ जिसकी गहराई को/ बार-बार मैंने तुम्हारी रक्षा की भावना से टटोला है।' संग्रह की समापक कविता की 'आलोक-कथा' को तब

तक सही-सही नहीं सुना जा सकता जब तक पूर्वोक्त अन्धकार नहीं समझा जाता। और इस अन्धकार की साक्षी भी वे आँखें ही हैं जो स्वयं शरीर रूपी रुँधे दर्द की दीवार में रन्ध्र सरीखी हैं और जिनके बारे में कवि ने कहा है कि...'पर आँखों ने/ हार, दुःख, अवसान, मृत्यु का/ अन्धकार भी देखा तो/ सच-सच देखा।'

चूँकि इस पार उन आँखों ने अन्धकार को सच-सच देखा है और सिर्फ देखा ही नहीं, बल्कि उस ममेतर की, उस समग्र समाज की भी, (जिससे एकात्मकता कवि को अभीष्ट रही है) रक्षा की भावना से बार-बार टटोला भी है, इसीलिए उसमें यह कहने की सामर्थ्य आती है कि—

इस पार
उन्हें जब आवे दिन—
ले जावे
पर उस पार
उन्हें फिर भी आलोक-कथा
सच्ची कहने देना
अपलक हँसती रहने देना

काव्य में संचित आलोक-कथा का सच्चापन जिस अन्धकार को सच-सच देखने, टटोलने और पचाने की प्रक्रिया में से उपजता है, वह सिर्फ हार, दुख, अवसान, मृत्यु का अन्धकार ही नहीं है। वह उस दुनिया का अन्धकार भी है जहाँ—

"जहाँ पर मन
नहीं है यज्ञ का दुर्दान्त घोड़ा
जिसे लौटा तुझे दे
मैं समर्थ जयी कहाऊँ
जहाँ पर जन
नहीं है शक्ति का संघट्ट
जिसमें डूब कर ही मैं
प्रतिष्ठित व्यक्तित्व पाऊँ
जहाँ पर अहं भी
—जो अजाना, अछूता ओ उपेक्षावश अलक्षित हो
अनाहत रह गया हो—
नहीं है अन्तिम निजत्व
लुटा जिसे
औदार्य का सन्तोष मेरा हो
—वहाँ पर बच जाय तो
(वह क्या, मैं नहीं यह जानता ओ देवता,

तू जान जो सब जानता है)
उसी अन्तिम सर्ग पर बच जाय जो
वही तेरा हो।
जो कुछ हैं वही हैं
उसी को ले
मुक्ति मुझ को दे"

(अरी ओ करुणा प्रभामय)

मगर कवि आज भी—इस संग्रह में भी—जानता है कि वहाँ (यानी यहाँ) उस अन्तिम निजत्व को देकर भी मुक्ति नहीं है। देखिए 'नाच' शीर्षक कविता क्या कह रही है :

मैं केवल इस खम्भे से उस खम्भे तक दौड़ता हूँ
कि इस या उस खम्भे से रस्सी खोल दूँ
कि तनाव चुके और ढील में मुझे छुट्टी हो जाए
पर तनाव ढीलता नहीं

यह आकस्मिक नहीं है कि 'नाच' और 'चुपचाप नदी' के रुँधे दर्द की दीवार को लाँघते ही हमें वह बिजली से चिरा हुआ और वनाग्नि से झुलसा हुआ पेड़, दिखाई दे जाता है जिसकी डालों से इस साल काही झूल आयी है और वह काही बताती है कि 'वनखंडी मानो पिछली घटनाएँ सब भूल गयी।' इस आपातग्रस्त पेड़ का खतरनाक खुलापन ही जैसे उसके जीवन-मर्म का कवच बनकर यह विश्वास जगाता है कि 'अगले बरस फिर/कहीं किसी गाँठ से, दरार से/ एक नयी कपिल फूल आयेगी/जिस पर मँडराएगी/पिद्दी-सी फूल चुही/गायेगी।' यह भी अकारण नहीं है कि कवि (उनन्यस्त) स्वार्थी और समाजद्रोही ताक़तों पर सीधा वार करता है 'जिनको हमारे कहीं पहुँचने में या हमारे चलने में या हमारी टाँगें होने या हमारे जीने में कोई दिलचस्पी नहीं है।' अब वह यह भी जानता है कि अन्धकार को सिर्फ टटोलने से काम नहीं चलेगा। रक्षा की भावना ही काफ़ी नहीं है : 'रक्षा की व्यवस्था' भी जरूरी है।

'तुम्हारी ताकत हमारी ताक़त नहीं है बल्कि
हमें निर्वीर्य करने में लगी है
हमें अपनी राह चलना है हमें
चलते-चलते वह मंजिल बनानी है
और तुम से उसकी रक्षा की
व्यवस्था भी हमें चलते-चलते करनी है
....

हमारी ज़मीन से
हट जाओ।'

(हट जाओ)

वह आतंक को पहचानने और पहचनवाने की भी ज़रूरत महसूस करता है। निःसंग प्यार ही नहीं, निःसंग नफ़रत भी यहाँ सक्रिय है : ''खोली? अरे गुफा-मन्दिर! पाँव पूजो औतार के।'' इस खोली में और उस पहले वाली खोली के बीच, इसीलिए कुछ फ़र्क भी पड़ा होना चाहिए। पहले उसे 'आलोक किरण' से यह शिकायत थी कि वह 'सूअर की खोली के कर्दम पर तो चमकी लेकिन साधक की कुटिया को वज्र-अछूता छोड़ गयी। उसकी यह शिकायत हम में कहीं यह सन्देह भी उपजाती थी कि इस कवि की साधना में निश्चय ही कोई कमी होनी चाहिए तभी न यह खोली के कर्दम से साधना की कुटिया को बचाकर रखने के पक्ष में है। यह तो है ही कि अज्ञेय की कविता उस चीज से बराबर एक दूरी बरतती रही है जिसे यीट्स जैसा अभिजात आग्रहों वाला कवि भी अत्यधिक महत्त्व देता था और जिसे उसने 'इमोशन आफ़ मल्टीयूड' कहके अभिहित किया है और जो आज का बौद्धिकीकृत जनवाद निश्चय ही नहीं है। मगर इतना तो मानना ही पड़ेगा कि हमारे समाज की समग्रता की, उसे तोड़ने वाली ताक़तों की, उसमें घुसपैठ करने वाली चीज़ों की, जैसी पहचान अज्ञेय के कवि और चिन्तक को है, उसकी निःसंग दृष्टि को है, वैसी कम ही लोगों को होगी :

"जियो मेरे आजाद देश के रौशन-जमीर लोकनेताओं—
जिन की मर्यादा वह हाथी का पैर है जिस में
सब की मर्यादा समा जाती है
जैसे धरती में सीता समा गयी थी"

(जियो मेरे)

× × ×

"जिन पर श्रद्धा थी
वे चेहरे भीतर उतार लिये गये थे
सुना है उनका निर्यात होगा।"

(बौद्धिक बुलाये गये)

× × ×

"अच्छा है इस नन्दग्राम मथुरा में मरना
और वहाँ, दूर द्वारका पार फिर उभरना
दम साधो
और गहरे गभीर में कूदो
चले चलो ऊधो।"

(चलो चलो ऊधो)

तो, अज्ञेय को उन जटिल, जीवन-रोधी स्थितियों की भी पहचान है जिससे वह कर्मण्य आक्रोश पैदा होता है और साथ ही उन अजटिल, निर्व्याज स्थितियों का भी पता है जिनमें प्यार जन्म लेता है। आखिर 'सड़क के किनारे गुलाब' शीर्षक इस संग्रह की कविता और प्रसाद के 'झरना' में संकलित 'परिचय' शीर्षक कविता के बीच जो अनुभूति का साम्य दिखाई देता है, वह क्या यूँ ही है?

संग्रह की कविताओं में अज्ञेय के प्रकृति-संवेदन की विशिष्टता भी जगह-जगह प्रकट हुई है। 'पत्तों के बीच ढले ताँबे के सेब', 'पर्वती सोतों के आलोक के बुलबुलों बसे पानी से रोमांचित होते', 'लहरीला पिघला सोना', 'चीड़ की पत्तियाँ तमिया गयी छोरों पर', 'शरद का मन्दिर आलोक-फल' जैसे अनेक बिम्ब इस विशिष्टता को झलकाते हैं।

यह भी अकारण नहीं कि 'अब भी यही सच है' में कवि ने हालाँकि वही बात दुहरायी है जो उसने 'अरी ओ करुणा प्रभामय' में भी कही थी, पर इस बार उसमें एक नयी तड़प है :

> क्योंकि वह जो है न, वह धुनी है और समर्थ है
> और वह बन्दी नहीं रहेगा। किवाड़
> चाहे खोलेगा, खुलवाएगा, तोड़ेगा।
> पर तभी चैन लेगा
> जब पार
> खुला दृश्य दिख जायेगा
> ... ...
> और वह बोलेगा
> बुक्का फाड़कर बुलवाएगा

यह सिर्फ वह 'न दो प्यार, खोलो न द्वार। तुम कोई इस अन्धी दिवार में। पालूँगा दरार में कोई'...वाली बात की पुनरावृत्ति ही नहीं लगती : विश्वास करने का मन होता है कि इसके पीछे कहीं सच्चाई की एक नयी पहचान की प्रेरणा भी है : उस सच्चाई की, जो हम सबकी है। अज्ञेय भारतीय कवि हैं : उनकी अधीरता और तड़प भी अपने संस्कार के अनुरूप ही होगी। पश्चिमी कवि जैसी वह हो ही कैसे सकती है। पर जैसा कि हमने लक्ष्य किया, अज्ञेय के कवि-व्यक्तित्व में कहीं-न-कहीं पूर्व और पश्चिम की सर्जनात्मक टकराहट का एक नितान्त धनात्मक मूल्य भी विकसित हुआ है और हमें अचरज नहीं होगा यदि किसी पाठक को उपर्युक्त कविता की यह 'बुक्का फाड़' परिणति कहीं एक दूसरी (पश्चिमी) तड़प का भी हल्का-सा स्मरण करा दे। दूरारूढ़ और अतिरिक्त भले ही लगे यह स्मरण, पर नितान्त अप्रासंगिक, मैं समझता हूँ, शायद वह न लगे। कहना न होगा कि दोनों कविताओं की किसी तरह की तुलना यहाँ हमारा उद्देश्य नहीं है। हम सिर्फ एक आवाज को, उसमें निहित

कवि-धर्म की एक पहचान भर को रेखांकित करना चाहते हैं।

"ग्राण्ट मी एन ओल्ड मैन्स फैन्ज़ी
माइसेल्फ आइ मस्ट रिमेक
टिल आइ एम तिमौन एंड लियर
आर दैट विलियम ब्लेक
हू बीट अपान द वॉल
टिल ट्रुथ ओबेड हिज कॉल"

(विलियम बटलर यीट्स)

क्योंकि आखिरकार यीट्स ही तो वह कवि था जिसने महावृक्ष ('ओ चेस्टनट ट्री। ग्रेट रूटेड ब्लासमर') का मानवीय अस्तित्व के सर्वाधिक मार्मिक सन्दभों में आवाहन किया था और उस आवाहन द्वारा ही इस सत्य का साक्षात्कार किया था कि "नर्तक को नृत्य से अलग करके नहीं जाना जा सकता।" (हाउ कैन वी नो दि डान्सर फ्रॉम दि डान्स?)

शमशेर का कवित्व

शमशेर की कविता का अच्छा लगना तो स्वाभाविक और आसान होता है। मगर इस अच्छे लगने को रुचि के स्तर पर सही-सही परिभाषित करना और उसके प्रति अपनी जिज्ञासाओं से उलझना-निपटना जरा टेढ़ी खीर है। प्रश्न यह है कि शमशेर की कविता का विश्लेषण कहाँ तक सम्भव और प्रासंगिक होगा। यह भी, कि क्या उस विश्लेषण के बाद हमारा आस्वाद अधिक संश्लिष्ट और टिकाऊ हो सकेगा? क्या तब हम अधिक आत्मविश्वास के साथ उन्हें अन्य कवियों के बीच रख सकेंगे—समानधर्मियों के साथ उनकी समानता और अलगाव को भी स्पष्ट देखते हुए?

शमशेर 'स्वभाव' के कवि हैं; और उनका कलाकार-स्वभाव उनकी भावना में स्थापित है। निराला और अज्ञेय की कविता में व्यक्तित्व का तत्त्व अधिक सक्रिय है, जिससे कि उसमें सुदृढ़ता और केन्द्रिकता आती है। यह तत्त्व अपनी पुष्टता और प्रखरता के कारण जहाँ एक ओर बौद्धिकता और विश्लेषणात्मकता की ओर प्रवृत्त हो जा सकता है, वहीं दूसरी ओर अपने विगलन के लिए जबर्दस्त गीत्यात्मकता भी अख्तियार कर सकता है। इसमें वस्तुस्थितियों से टकराने की, उनसे जूझने-निपटने की प्रेरणा प्रमुख होती है; बिना इस संघर्ष के यह अपने को मनवा नहीं सकता। इसीलिए इसमें तेजस्विता होती है और युयुत्सा भी। इसके विपरीत स्वभाव-तत्त्व अधिक स्वतन्त्र, अधिक स्वयं-पर्याप्त और अधिक स्वतःप्रेरित हुआ करता है। किन्तु इसी कारण इसमें एक प्रकार की निरंकुशता और ढुलमुलपन भी मौजूद रहता है। उर्दू पर्याय 'मिजाज़' शायद हमारी बात को ज्यादा पकड़ता है 'स्वभाव' की अपेक्षा। 'व्यक्तित्व' की तुलना में यह स्वभाव का तत्त्व अधिक तरल और मुक्त होना चाहिए। अधिक आत्मीय भी। दरअसल आत्मीयता के सुख की यह आसानी और अनायासता ही 'स्वभाव' की कला को प्रिय और आकर्षक बनाती है : जिसे अंग्रेजी में 'पर्सनल एस्से' कहते हैं वह मुख्यतः इस 'स्वभाव' का ही प्रतिफलन है। स्वभाव में रमने वाला कलाकार अनुभव के प्रति एक प्रकार का लीला-भाव रखता है। उसकी कल्पना का संचरण भी अधिक निर्बाध होता है : वस्तुओं और व्यक्तियों से उसका तादात्म्य भी जल्दी स्थापित हो जाता है। शमशेर व्यक्तित्व और अस्तित्व के बीहड़ संघर्षों के

कवि नहीं हैं। वे अस्तित्व को भी अपने स्वभाव और व्यक्ति-राग में घुलाकर, उसके भीतर से ही देखते हैं।

उनके व्यक्तित्व-काव्यों को ही लीजिए। उनमें एक पूरी ज़िन्दगी के मर्म को एक सर्वथा सटीक और स्मरणीय पंक्ति में प्रकाशित कर देने की सामर्थ्य है : 'डूब जाती है कहीं। जीवन में। यह सरल शक्ति'। इस क्षमता का रहस्य क्या है? स्वभाव की सहानुभूति और भावना की सच्चाई। यह उस भावना के द्वारा किया गया मूल्यांकन है जो एक छोर पर भावुकता से और दूसरे छोर पर अतिबौद्धिकता से सुरक्षित है। हमने कहा कि शमशेर का कलाकार-स्वभाव उनकी भावना में स्थापित है। हमें लगता है कि स्वभाव और भावना की यह घनिष्ठता ही शमशेर की कविता को उसका खास रंग प्रदान करती है और एक प्रकार की सुरक्षा भी। इसलिए, कि भावना एक ऐसी 'कैटेगरी' है जिसमें आदमी की कल्पना, बुद्धि और ऐन्द्रिकता सबके लिए जगह है। यह सच है कि यहाँ उनके परस्पर तनाव और संघर्ष की गुंजाइश भी कम से कम है : भावना अन्ततः शोध और परिष्कार की ओर ले जाती है। सरलीकरण उसमें होगा ही अनिवार्यतः क्योंकि वह जटिलताओं को आमन्त्रित नहीं करेगी, उनसे जूझेगी नहीं। अतः विरोधाभासों के बीच से जटिल सत्य को उबार लाने वाली दुर्द्धर्ष सर्जनात्मकता इसमें कैसे होगी? यह इसी के चलते सम्भव है कि शमशेर दूसरे के व्यक्तित्व में प्रवेश कर जाते हैं और उसे अपनी आत्मीयता में इस तरह प्रत्यक्ष कर देते हैं कि वह एक साथ मार्मिक और खरा मूल्यांकन बन जाता है उस व्यक्ति का।

"तरु गिरा
जो–
झुक गया था, गहन
छायाएँ लिये'

(माई)

याकि माचवे को लिखा गया पत्र–

"ज़िन्दगी है मेरी सरकार का दफ़्तर अब तो"

दूसरी ओर यह भावना कवि की अपनी निजी अनुभूतियों के लिए एक निर्मल आईने का काम करती है–

"...मेरी भावनाओं में तुम्हारा मुखकमल
कृश म्लान हारा-सा
(कि मैं हूँ वह
मौन दर्पण में तुम्हारे कहीं)
वासना डूबी
शिथिल पल में
स्नेह काजल में

लिये अद्‌भुत रूप-कोमलता...”

और तीसरी ओर स्वयं अपने व्यक्तित्व की, अपनी जीवनानुभूति और सौन्दर्यानुभूति की ऐसी विलक्षण व्याख्या प्रस्तुत कर देती है, ऐसी समझ और अन्तर्दृष्टि उसके भीतर पा लेती है जो अपनी शक्ति और व्यापकता के बल पर 'जीवन की आलोचना' जैसे गम्भीर आशय से सम्पृक्त हो जाती है। कुछ उदाहरण पर्याप्त होंगे—

“आदमी की अमरता कवि है”
“हार-हार समझा मैं तुमको अपने पार”
“आत्मा है अखिल की हठ-सी”
“प्राण का है मृत्यु से कुछ मोल-सा।”
“मुझे न मिलेंगे आप
आपका एकाकी क्षण हूँ मैं”
“बीती हुई अनहोनी और होनी की उदास रंगीनियाँ फ़कत”

शमशेर के काव्यगुण को परिभाषित करने की दिशा में कुछ प्रारम्भ-बिन्दु अंकित कर लेना जरूरी जान पड़ा था। इसको और अधिक स्पष्ट करने और आगे बढ़ाने के लिए कुछ कविताओं को नजदीक से देखना अप्रासंगिक न होगा। ऊपर 'स्वभाव' और 'भावना' के कवित्व की बात उठायी गयी थी। यह क़तई जरूरी नहीं, कि ऐसा कवि अनिवार्यतया आत्मलिप्त और रोमानी ही हो। वस्तुस्थिति का तटस्थ अंकन भी वह कर सकता है। जो कवि “मैं समाज तो नहीं, न मैं कुल जीवन; कण-समूह में मैं केवल एक कण” लिख सकता है, वह मात्र रोमानी नहीं हो सकता। कम से कम उसमें रोमानी दृष्टि की एकांगिता का प्रतिकार करने वाली आत्म-चेतना निस्सन्देह मौजूद है। कहीं शमशेर के विगलनशील कवि के अन्दर वह तटस्थ कलाकार भी बराबर बैठा रहता है जो उस विगलन को अनुशासित करता है, उसे स्पष्ट रूपाकार में ढालने की कोशिश करता है। शुरू में ही व्यक्तित्व के विरुद्ध स्वभाव का विश्लेषण करते हुए कहा गया था कि स्वभाव में एक प्रकार की ढुलमुल तरलता और केन्द्रहीनता होती है; अपने को किसी भी मानदण्ड से निरपेक्ष और स्वयंपर्याप्त मानने की ज़िद होती है। जाहिर है कि ऐसी कला की अपनी सीमाएँ होंगी, खतरे भी। इस ढुलमुलपन और अराजकता के प्रतिकार के लिए कोई न कोई अनुशासन तो चाहिए। एक रास्ता तो यही है कि 'स्वभाव' की स्वयंपर्याप्तता अपने ही वजन पर, अपने ही प्रतिरूप स्वयंपर्याप्त कला के आग्रह से परिचालित हो। और दूसरा रास्ता यह है कि अनुभव की अराजकता के विरुद्ध अनुभूति की किसी ज्ञानात्मक व्यवस्था का—अर्थात् किसी जीवन-दर्शन अथवा विचार दर्शन का अंकुश स्वीकारा जाए, जैसे कि जयशंकर प्रसाद ने किया था जिनकी सौन्दर्याशक्ति उतनी ही स्वभाव प्रेरित थी, जितनी कि शमशेर की। शमशेर ने पहले रास्ते को चुना। मगर दूसरे

रास्ते पर भी चलने की कोशिश की। क्यों की? सच पूछा जाय तो पहले रास्ते को कलावाद या रूपवाद कहकर चाहे जितना उड़ाने की कोशिश कीजिए, इतना तो साफ ही दिखता है कि वह कोई आसान मार्ग आपकी अपनी परम्परा के सन्दर्भ में नहीं है। दूसरा रास्ता तो परम्परा-सम्मत है ही; उसमें आप कौन-सा जोखम उठा लेते हैं? मगर पहले रास्ते पर तो आज तक कोई हिन्दी कवि गया ही नहीं। और हिन्दी साहित्य की परम्परा जितना तगड़ा प्रतिरोध इस रास्ते पर चलने वाले कवि को देती है, उतना और किसी को नहीं। हमने कहा था कि शमशेर का कलात्मक स्वभाव उनकी भावना में स्थापित है। एक दूसरे तथ्य को भी इस तथ्य की बगल में रखना होगा कि शमशेर की कविता हिन्दी कविता की परम्परा में शायद सबसे अधिक 'कलात्मक' कविता है। हालाँकि यह एक गोल-सी बात लग सकती है किन्तु इससे हमें 'स्वभाव' और 'भावना' वाले सूत्रों की ही तरह शमशेर के काव्यास्वाद को पकड़ने और अलगाने में शायद कुछ मदद मिले। यह उनकी सामर्थ्य की ही नहीं, सीमाओं की भी पहचान देगी।

शमशेर इस पहले वाले रास्ते पर जितनी दूर जा सकते थे गये। इससे ज्यादा दूर वे नहीं जा सकते थे। क्योंकि जैसा कि पहले ही कहा गया, वे व्यक्तित्व और अस्तित्व के बीहड़ संघर्षों के कवि नहीं हैं। शुद्ध कविता की खोज में चरम नकार की खाई पर स्वयं को साधे रहना उनके बस की बात नहीं थी। वे मलार्मे नहीं थे। न हो सकते थे क्योंकि वे अपनी भावना से विस्थापित नहीं हो सकते थे।

उनकी सबसे विशिष्ट और चारित्रिक कविताएँ इसी रास्ते पर चलकर पायी गयीं स्वयंपर्याप्त कला के एकाग्र अनुशासन से सन्तुलित अन्तर्जगत् की–कविताएँ हैं। किन्तु दूसरे रास्ते पर भी उन्हें अपनी कविता मिली। बिना इसके, उनके लिए अपने अन्तर्जीवन की रुद्ध संकुलता पर, स्वभाव-गत अराजकता पर काबू रखना बहुत कठिन–लगभग असम्भव हो जाता। अपने कालावादी आग्रह में परम्परा से विद्रोह एक हद से आगे कर सकना उनके लिए नामुमकिन था। यानी कलात्मक परिष्कार की दिशा में भी, अपनी चरम उपलब्धियों के स्तर पर भी, उनकी सर्जनात्मकता उस कैटेगरी को सर्वथा अतिक्रान्त नहीं कर सकी थी, जिसे हमने 'भावना' कहा है। दूसरे शब्दों में वह सर्जनात्मकता भी मूलतः भावना की ही सर्जनात्मकता थी। चूँकि मलार्मे की तरह पहले स्तर पर अन्तिम परिणति तक पहुँचने का साहस उनमें नहीं था (या उसकी गुंजाइश नहीं थी) अतः वे दूसरे रास्ते पर भी चले और वहाँ भी वही हुआ। मार्क्सवाद की तार्किक परिणति को अपनी रचनात्मकता का केन्द्र बना लेने का दुस्साहस भी उनमें नहीं था। उससे भी उनके लिए वहीं तक काव्य-प्रेरणा पा सकना सम्भव हुआ जहाँ तक कि वह उनके स्वभाव को सन्तुष्ट कर सकता था; जहाँ तक कि वह उनकी भावना का अंग बन सकता था। स्वभाव और भावना की सुरक्षा को क्षतविक्षत होने देने की हद तक उसे अंगीकृत कर लेना यहाँ भी उनके लिए सम्भव

नहीं था। यह आकस्मिक नहीं, की इस रास्ते पर भी उनकी वही कविताएँ सफल हैं जिनमें यह भावना कि सर्जनात्मकता सक्रिय रह सकी है। उदाहरण के लिए हम इनकी दो कविताओं का तुलनात्मक विश्लेषण करेंगे। एक का शीर्षक है 'शाम होने को हुई' और दूसरी का 'वाम वाम वाम दिशा'।

पहली कविता की समापक पंक्तियाँ हैं—

छिन्न-दल कर कागजी विस्मय
सत्य के बल शूल हूलूँ मैं
—शाम निर्धन की न भूलूँ मैं

× × ×

रात हो आयी; चमक उट्ठे कई
बल्ब; ऊपर अग्रहायण, दूर-
नभ में। दूर तक उट्ठे अधीर
भाव...कैसे सहज, कैसे क्रूर!

शमशेर का खुद का कथन भी है : "कविता में हम अपनी भावनाओं की सच्चाई खोजते हैं।" वह क्या चीज़ है जो इस अन्तिम पंक्ति में हमें गहरे कहीं पकड़ती है? विचलित करती है?..."दूर तक उट्ठे अधीर/भाव कैसे सहज, कैसे क्रूर!"...क्या हमारी व्यक्तिगत जीवनानुभूति के कोई जाने-पहचाने क्षण सहसा इस पंक्ति से प्रकाशित नहीं हो जाते? चमक उट्ठे बिजली के बल्बों की-सी आकस्मिकता से हमारे भीतर भभक उठने वाली यह अनुभूति क्या हमारी बहुत अन्तरंग जानी-पहचानी नहीं?... 'सहज' और 'क्रूर' की यह विस्मयकर सहस्थिति फिर भी कितनी स्वाभाविक और सटीक लग उठती है। वह क्या चीज है, कौन-सा तत्त्व है, जो इस समापन को इस क़दर सटीक और दुर्निवार्य बना देता है? पूरी कविता को विद्युन्मय कर देता है? पूरी कविता को एक बार फिर ग़ौर से पढ़ने पर हम पाते हैं कि यह पंक्ति पूरी कविता में से कमायी गयी पंक्ति है और उसकी स्वाभाविक परिणति है। 'भाव कैसे सहज, कैसे क्रूर' एक अमूर्त विचार या इच्छित चिन्तन नहीं है, उसकी प्रासंगिकता का निकष वह पूरा वातावरण, जीवित परिवेश और भोगे हुए यथार्थ का ड्रामा है जो कि शुरू से ही कविता में मौजूद है और उसी में से पंक्ति फूटी है : "शाम; हम-तुम, और बाबू लोग/लड़कियाँ चंचल निठल्ले युवक/स्फूर्त मन सब सिनेमा की ओर/चले जाने कौन-सी है ललक/घुमड़ते घुटते हृदय के भाव/चित्रपट पर नग्न आते बिखर;/ आर्थिक वास्तविकता का दाँव/भूल, हम छूते अपार्थिव शिखर/..."। हम अनुभव करते हैं कि कविता में जो यह वस्तु-स्थिति का नाटकीय साक्षात् किया गया है, उसी की बढ़ती हुई घुटन और बेचैनी के दबाव में से यह अन्तिम पंक्ति कारतूस की तरह उछलकर बाहर आयी है। यहाँ तक कि, जो अलग-थलग कर दिये हैं अवतरण, पंक्तियाँ...उनका अलग-थलगपन भी स्वाभाविक, और कविता की, कवि की जरूरत

के ही मेल में है। सार्थक जीवित आवेग के बीच एक स्वाभाविक कण्ठावरोध की तरह वह हमारी सहानुभूति को, भावना को पकड़ता है। और हम अपने भीतर इस मानवीय स्थिति को पहचान लेते हैं। 'सहज' और 'क्रूर' की नाटकीय तीव्रता महज इसी पंक्ति तक सीमित नहीं; वह अपनी ताकत खींचती है कविता में प्रयुक्त दूर-पास के अनेक शब्दों से। इसीलिए उनका अर्थ, उनकी मार और पहुँच मात्र शब्दकोशीय नहीं है। 'कमकर' यहाँ आँख से देखा गया और अन्तर्जगत् में वास्तविक विचलन पैदा करने वाला जीवित बिम्ब है। 'शाम निर्धन की न भूलूँ मैं'...एक उद्‌गार जैसा होकर भी महज उद्‌गार नहीं है, आत्मोद्‌बोधन है। किन्तु यह आत्मोद्‌बोधन हमें विचलित करता है क्योंकि कवि खुद विचलित है। क्योंकि वह 'शाम निर्धन की' कविता में अनुभूति के स्तर पर चरितार्थ है कई वास्तविक ब्यौरों-बिम्बों में। अपनी पूरी 'पर्टीकुलैरिटी' में अनुभूत और साक्षात्कृत। इसलिए महज उद्‌गार और आत्मोद्‌बोधन से आगे बढ़कर यह पंक्ति (शान निर्धन की न भूलूँ मैं) एक 'संकल्पात्मक अनुभूति' को चरितार्थ करती जान पड़ती है जो कि कवि की हैसियत से और साधारण मनुष्य की हैसियत से भी शोषित मनुष्यता के प्रति एक भावनार्जित तादात्म्य-भाव को सूचित करती है। कविता में निश्चय ही ऐसी पंक्तियाँ भी हैं जो अनगढ़ हैं, जिनमें चिन्तन की दूरी और धुँधलापन है, मगर वे कविता को तोड़तीं-फोड़तीं नहीं। 'दूर की मर्मर मिली नीहार' और 'निकट का तमविक्षिप्त सागर-फेन' कवि के भीतर वस्तुस्थिति और आत्मस्थिति के द्वन्द्व को एक विडम्बना और विरोधाभास के रूप में प्रत्यक्ष करने का प्रयन्त झलकाते हैं। लय की एकाग्र कशिश इस प्रयत्न की सच्चाई और ईमानदारी को हमें अनुभव कराती है। कवि जैसे अपने-आप से लड़ रहा है। अपनी छायावादी मनः स्थितियों से लड़ रहा है और अपने समय की सच्चाइयों से दो-चार होना चाह रहा है। किन्तु जैसा ऊपर के विश्लेषण में हमने देखा था, कवि इस द्वन्द्व चेतना को बहुत गहरे झेल पाने में असमर्थ है; वह बौद्धिक यन्त्रणा से, वस्तुस्थिति के ठण्डे विश्लेषण की तार्किक परिणति तक अपनी संवेदना को ले जाने की खतरनाक उलझन से घबराता है; वह अपने स्वभाव की सीमाओं को लाँघना चाहकर भी नहीं लाँघ पाता; उस खाई में नहीं झाँकना चाहता जहाँ 'स्वभाव' और भावना के सुपरिचित संसार की सुरक्षा छिन जाती है; अतः वह आगे नहीं बढ़ता; वहीं बना रहता है और एक सुरक्षित दूरी से ही उस दुर्लंघ्य संसार का जायजा लेता है। यही कारण है कि इससे अगला अवतरण और भी शिथिल पड़ जाता है। जीवित आवेग-चिन्तन सदाशयता के स्तर पर उतर आया है। निराला मानो एकाएक पन्त हो गये हों—"भूल के मन्दिर सुधर बहुमूल्य/हृदय को विश्वास देते दान/प्राप्य श्लाघा से अयाचित मान/स्वप्न भावी, द्रव्य के अनुकूल।" इन पंक्तियों में विचार का विकास तो है पर जीवित आवेग की लयात्मकता क्षीण पड़ गयी है और एक व्याख्यापरकता आ गयी है। पद्य की विशिष्टता गद्य की शिष्टता में स्खलित हुई जा रही है और शब्दों में वह उत्ताप नहीं रह गया है।

तो भी, इस अनिवार्य सीमा के बावजूद, भावना में कवि की वापसी, फिर एक बारगी अपनी वास्तविक बेचैनी से जुड़ जाती है और अपने वास्तविक धरातल पर सक्रिय हो जाती है। 'हूलूँ' और 'भूलूँ' का तुक महज संयोगलब्ध आसानियत नहीं है। एक प्रत्यक्ष मानवीय दृश्य के साथ कवि की भावना के उलझाव में से, भावना के एकाग्र सम्पीड़न में यह उपजा है। इसका प्रमाण है वह अगला अवतरण जिससे हमने इस विश्लेषण की शुरुआत की थी। "भाव...कैसे सहज, कैसे क्रूर...।" सहज और क्रूर का यह संयोग-संघटन इतना विशिष्ट और विलक्षण है कि वह कविता के नाटक का, जीवित भावावेग के वास्तविक क्षण का चमकता हुआ साक्ष्य देता है और पूरी कविता इस प्रकार एक खास शाम को, एक खास परिवेश के बीच एक विशिष्ट संवेदना की मौलिक हरकत को हमेशा के लिए शब्दों में अमर कर देती है।

क्या यही बात इतने दावे के साथ हम उस दूसरी कविता 'वाम-वाम-वाम दिशा' के बारे में भी कह सकते हैं? हालाँकि इतना हम भी मानेंगे कि 'समय साम्यवादी' के मुहावरे की खास प्रातिभ ठनक इस कविता का, इसके शब्दबहुल, अति मुखर ठस्सपन से उद्धार करती जान पड़ती है। पर बस जान ही पड़ती है। भाषा को ही देखिए। पढ़ते हुए कैसा लगता है उस पहले वाली कविता को पढ़ने के बाद? क्या यह विशिष्ट अनुभूति है? भावना की सर्जनात्मकता है? नहीं। यदि भावना का आन्तरिक रचाव इन शब्दों में होता तो कवि की अपनी आवाज हमें सुनाई पड़ती जैसे कि उस कविता में सुनाई पड़ी थी। इस कविता में कवि की अपनी आवाज कहाँ है? तो क्या है? बात है? हाँ; मगर वह एक अति सामान्य, अति परिचित बात है, जो विशिष्ट नहीं, नितान्त शिष्ट सामान्यीकरणों के जुमले तराशती चली जाती है। नहीं...जुमले तराशने जितनी शिल्प-एकाग्रता भी नहीं महसूस होती। क्योंकि एक पंक्ति दूसरी पंक्ति में प्रवाहित नहीं होती; थक्के पर थक्के जमाती चली जाती है। जैसे कोई वाग्मी या नेता शब्दों का इस्तेमाल करता है। शब्द यहाँ जोते हुए हैं और एक विचार, एक धारणा की लीक पीट रहे हैं। यह विचारणा-प्रेरित रेस्टरिक है; कविता नहीं है। इस कविता में अपनी भावनाओं की सच्चाई खोजता कहाँ प्रतीत होता है? उस खोज का अटपटापन या छटपटाहट यहाँ कहाँ है? कवि यहाँ शब्दों में 'लेफ्ट-राइट' करवा रहा है—उनकी चालू अर्थ-रूढ़ियों से ही निर्धारित होता हुआ, एक विचाररूढ़ि में उन्हें मिलाता, जोड़ता, खपाता हुआ...। और उस विचार रूढ़ि के सारे अभ्यस्त उपादान—मध्यवर्ग, कमकर, मशाल, मुट्ठी; मार्क्स, सेनानी, जनता, मुक्ति...एक के बाद एक निरीह यान्त्रिक ढंग से जुटते चले जाते हैं। शब्दों का यह यान्त्रिक आचरण मात्र इन्हीं शब्दों तक सीमित नहीं। लोकतन्त्र, दूत, मौन, एकता, समन्वय, धनंजय आदि भी उतने ही जड़ और रेस्टरिक ग्रस्त हैं। काव्य-रूढ़ि न होते हुए भी यह विचाररूढ़ि है जो शब्दों को स्वतन्त्र नहीं करती, बल्कि हाँकती है। दूसरे शब्दों में, इस कविता का साम्यवाद 'वाद' के स्तर पर ही प्रतिष्ठित है, भावना वह

नहीं बन पाया। भावना की सर्जनात्मकता तक वह नहीं उठ पाया। उस दूसरी कविता 'शाम होने को हुई' में बिना किसी घोषणा के, बिना किसी सैद्धान्तिक शब्दावली का उपयोग किये, साम्यवाद भावना के स्तर पर, एक विशिष्ट अन्तर्जीवन की पुकार से परिभाषित होकर, एक जीवित आदमी के जीवित अनुभूति-क्षण की जीवित प्रतिक्रिया के रूप में उभरकर आया है। इसीलिए हम कह सकते हैं थोड़ी अतिरंजना करते हुए, कि वहाँ 'साम्यवाद' मनुष्य की कविता के रूप में अवतरित हुआ है। जबकि यहाँ कवि अपनी कविता को साम्यवाद (मतलब विचार-रूढ़ि तक) के स्तर तक उतार रहा है। कविता का संरचनात्मक ढाँचा ही इस मौलिक अन्तर को स्पष्ट अनुभव करा देता है। यहाँ शब्दों को खोल की तरह अपनी वास्तविक अनुभूतियों पर चढ़ा लिया गया है। वहाँ शब्द जीवित आदमी की अनुभूतियों और हरकतों का एक झीना ही सही, नाटक पैदा करने की कोशिश करते हैं। यहाँ 'कमकर' एक अमूर्त विचार है; वहाँ वह आँख से देखा गया, हाथ से छुआ गया और मानिसक तादात्म्य द्वारा अपनी भावना में प्रत्यक्ष किया गया कमकर है : "तू न चेता। काम से थककर। फटे मैले वस्त्र में कमकर। लौट आये खोलियों में मौन। चेतने वाला न तू है कौन?..." क्या दोनों कविताओं के रचनात्मक धरातलों के बीच का अन्तर इस सबसे स्पष्ट नहीं हो जाता? और क्या स्वयं शमशेर इस अन्तर को नहीं जानते? नहीं पहचानते?

'भाव थे जो शक्ति साधन के लिए
लुट गये किस आन्दोलन के लिए'?

लेख के प्रारम्भ में शमशेर को, स्वभाव का कवि कहा गया था। उपर्युक्त विश्लेषण के बाद अब इस बात के सन्दर्भ को थोड़ा और स्पष्ट किया जा सकेगा एक भिन्न कोण से। अपने स्वभाव के ही समतुल्य स्वयंपर्याप्त कला की खोज में शमशेर जहाँ तक जा सके, वह हिन्दी के लिए एक अभूतपूर्व-सी घटना है। इसी का परिणाम है कि शमशेर का कवि शब्द के साथ, कुछ ऐसा मौलिक आचरण करता है कि हमारे काव्यचिन्तन की अभ्यस्त भाषा-शैली उसके निरूपण के लिए अपर्याप्त लगने लगती है।

प्रश्न उठता है कि शमशेर की इस मौलिकता के पीछे क्या व्यक्तिगत जिज्ञासा या जरूरत के ज़्यादा गहरे कारण सक्रिय नहीं? रचना के रेशे--रेशे में व्याप्त रचनाकार के व्यक्तित्व की यह स्वन्त्रता और लोच हमें हिन्दी कविता में मुश्किल से कभी-कभार मिलती है और इसीलिए वह इतनी प्रीतिकर भी है। बहुत कम कवि हमारे साथ इतने आत्मीय और घनिष्ठ हो पाते हैं जितने कि शमशेर। निराला में भी यह गुण दिखाई देता है। बल्कि हम अनुभव करते हैं कि रूपतान्त्रिक प्रयोग का जो लाघव और उत्साह निराला में है, शमशेर उसी की अगली कड़ी हैं : उनमें यह उत्साह अब ज्यादा बारीकियों में काम कर रहा दीखता है। इस दृष्टि से लगेगा कि शमशेर की

पृष्ठभूमि में निराला ही सबसे ज्यादा प्रासंगिक हैं। किन्तु एक बहुत बड़ा अन्तर है। निराला का व्यक्तित्व और निराला का कलाकार एक-दूसरे से बराबर रगड़ खाते चलते हैं और इससे उनकी कविता का तापमान कायम रहता है। उनके शब्द भी आपस में युद्ध करते-से लगते हैं। उनकी भाषा में, छन्दों में एक ऐसी ऊर्जा है जो हमें प्रसाद या पन्त में नहीं मिलती। पर इससे यह भी खटका पैदा हो जाता है कि उनकी कविता में कहीं यह संघर्षशील व्यक्तित्व ही अधिक महत्त्वशाली हो उठता है और उनकी कविताओं को उनके इस 'व्यक्तित्व' से अलग करने, स्वतन्त्र स्वयंपर्याप्त कला-मूल्यों के धरातल पर देखने की समस्या उलझ जाती है। यह सीधा उलझाव प्रसाद में नहीं है, यह उस तरह आड़े नहीं आता। हालाँकि यह भी स्पष्ट अनुभव होता है कि यदि निराला में यह 'व्यक्तित्व' न होता तो न वे इतना वैविध्य सिरज सकते थे, न भाषा की इतने स्तरों पर खोज कर सकते थे। यह व्यक्तित्व को सम्पूर्णतया अपने में घुलाकर विन्यस्त कर सकने वाली स्वयंपर्याप्त कला की कमी का—याकि कलात्मक स्वभाव की अस्थिरता-अनेकाग्रता—का ही परिणाम था कि वे हिन्दी भाषा और हिन्दी छन्दों के साथ कुछ ऐसा कर सके जिसने बाद की प्रयोगशीलता को उकसाने में मदद दी। शमशेर ने निराला पर अपनी कविता में जिस 'शक्ति और छवि के मिलन का हास मंगलमय' की बात कही है, वह उनकी कुछ कविताओं पर (जैसे 'तुसलीदास' में ही) पूरी तरह लागू होती है; और कुछ पर नहीं। वह निराला काव्य की आदर्श सम्भावना है। कहने का आशय यही, कि 'व्यक्तित्व' और कला का यह द्वन्द्व, यह असमाप्य संघर्ष निराला की कविता का खास स्वाद और वैशिष्ट्य है : इसी मानी में कहा गया था कि निराला की कविता व्यक्तित्व-प्रधान याकि व्यक्तित्व-प्रेरित है। निराला के राम को निराला के आत्मचरित से उस तरह स्वतन्त्र नहीं किया जा सकता जिस तरह कि प्रसाद के मनु को प्रसाद के आत्मचरित से। दोनों में सर्जनात्मक रिश्ता है। सार्थक वैयक्तिक उलझाव है। यह व्यक्तित्व पूर्णतः कला से हल नहीं होता। यह अद्वैत दार्शनिकता की भी माँग करता है और द्वन्द्वात्मक सामाजिक चिन्तन की भी। कविता केवल कला या कलात्मकता ही नहीं है और उस दृष्टि से यह कला से सन्तुलित न हो सकने वाला 'व्यक्तित्व' कविता के लिए लाभकर ही होता है क्योंकि वह कलावाद का खण्डन है। किन्तु विशुद्ध कलाकार के कोण से देखने पर यह व्यक्तित्व के ऊपर कला की विजय नहीं कही जायेगी।

इस अतिरंजित दृष्टि से सोचें तो शमशेर का कवि-स्वभाव उनकी कलात्मक आकांक्षाओं और क्षमताओं के साथ अधिक समरस और अधिक घनिष्ठ है। उनकी चिन्ता व्यक्तित्व के प्रकाशन की नहीं है, उस तरह जीवन की आलोचना या जीवन दृष्टि की खोज की भी नहीं है (जैसे प्रसाद और अज्ञेय की थी), बल्कि स्वयंपर्याप्त कला की चिन्ता है। उस कला की चिन्ता है जो 'स्वभाव' और भावना की सीमा में रहकर भी व्यक्तित्व को पूरी तरह जज्ब कर ले और इस तरह विषयनिष्ठ-आत्मनिष्ठ

के द्वैत को काट दे। 'ज़ज्ब करते जो तज़ल्ली को वो दिल पैदा कर, सहल है सीने को दागों से चरागाँ करना', ...इस शेर में यदि 'दिल' की जगह 'आर्ट' रख दें तो शायद शमशेर का आग्रह स्पष्ट हो जाएगा। इसलिए शमशेर उस तरह, उस अर्थ में 'व्यक्तित्व' की खोज के कवि नहीं हैं, जिस तरह कि अज्ञेय हैं; न उस तरह व्यक्तित्व के प्रकाशन और उसकी सार्थकता के लिए छटपटाहट के, जिस तरह कि निराला हैं। शमशेर कला की उस स्थिरता और तन्मयता के साधक हैं जो न परलोक के स्वप्न देखती है, न प्रगति के, जो न ईश्वर को दाँव पर रखकर जुआ खेलना चाहती है, न मनुष्य को। अन्ततः कला की साधना भी निर्वैयक्तिकता की ही साधना है। यह दूसरी बात है कि वह साधना भी कला की, सौन्दर्य की ही सुरक्षित चहारदीवारी के भीतर कहाँ तक सम्भव हो सकती है।

"किससे लड़ना?
रुचि तो है शान्ति
स्थिरता
काल-क्षण में एक सौन्दर्य की मौन अमरता
अस्थिर क्यों होना फिर? जो है
उसे ही क्यों न सँजोना
उसी के क्यों न होना
जो कि है।"

(अज्ञेय से)

यह शमशेर का आग्रह है और हमारे कान खड़े कर देता है। इससे सहमत हो सकना कैसे सम्भव है? 'जो है उसी के क्यों न होना'?...यह जीने और रचने की विकट समस्या का एक ऐसा आसान हल है जो न बुद्धिजीवी को रास आ सकता है, न उस कवि को, जिसके भीतर संस्कार और संवेदना की जबर्दस्त कशमकश चल रही हो और जिसके सामने मात्र आत्माभिव्यक्ति से गहरी और जटिल समस्या —व्यक्तित्व की खोज की समस्या—मुँह बाये खड़ी हो। किन्तु ऊपर उठायी गयी बातों के जरिये शमशेर का आग्रह समझ में आ सकता है और अज्ञेय की समस्या भी, जो कि शमशेर की समस्या निश्चय ही नहीं थी। हम यह दावा तो कदापि नहीं कर सकते कि शमशेर में यह कशमकश इसलिए नहीं थी कि उनकी जड़ें भारतीय मनुष्य के संस्कारगत अस्तित्व में बहुत गहरे गयी हुई थीं (जैसे कि प्रसाद जी में; और जो अज्ञेय की रचनात्मक संघर्ष की भी एक अनिवार्य दिशा बनती गयी।) किन्तु कविता पढ़ने पर इतना जरूर प्रतीत होता है कि यह संघर्ष उनके लिए इतना तीखा और वास्तविक इसीलिए नहीं हो पाता कि उनकी संवेदना ने कला का कवच पाकर एक प्रकार की अभेद्यता विकसित कर ली है जिसके कारण यह कशमकश और दूसरी समस्याएँ उनके आड़े नहीं आतीं और वे अपेक्षाकृत निर्लिप्त भाव से

अपनी कला को समर्पित हो जा सकते हैं। लेख के प्रारम्भ में बात उठायी गयी थी कि शमशेर 'स्वभाव' के कवि हैं और उनकी सर्जनात्मकता भावना की सर्जनात्मकता है। अब उस बात को हम काफी करीब से देखने की स्थिति में आ गये हैं। हमें शमशेर के सफल काव्य में वस्तुओं की, स्थितियों की, मनःस्थितियों की भी भावना का—गहरी भावना का—साक्षात्कार होता है; संघर्ष का नहीं। उनकी कविताओं में एक तन्मयता है। चाहे जो भी विषय-वस्तु हो—चाहे वह कोई 'व्यक्तित्व' हो, चाहे कोई दृश्य व्यापार हो, चाहे कवि की कोई निजी वैयक्तिक स्मृति हो या किसी वस्तुस्थिति के प्रति संवेदनात्मक प्रतिक्रिया, कवि उसे तत्काल और तुरन्त आत्मसात् कर लेता प्रतीत होता है। उसे अपनी भावना के पूरे सौकुमार्य में झेलता है। यह भावना ही जैसे उसका संस्कार है जो कि उसकी विविध संवेदनाओं को आकार देता है, उन्हें कलारूप में ढालता है। यह भावना आध्यात्मिक या दार्शनिक आसंगों से निरपेक्ष है; 'सेकुलर' है। शास्त्रीय संगीत की तरह। हालाँकि 'सेकुलर' शब्द की वैसी अर्थवत्ता और प्रासंगिकता अपने यहाँ नहीं बनती, तो भी इसका प्रयोग मैं जानबूझकर और जरूरत के हिसाब से ही कर रहा हूँ। क्योंकि मुझे लगता है हम एक जबर्दस्त विरोधाभास के सामने खड़े हैं : एक ओर यह कह डालने में भी हिचक नहीं होती कि शमशेर की यह सौन्दर्य-भावना वैष्णव भावना के पड़ोस की ही है ओर दूसरी ओर यह सन्देहास्पद भी लगता है : इस प्रतीति के कारण कि भारतीय धर्मदृष्टि और परम्परा चाहे जितनी उदार और समावेशी हो, उसमें विशुद्ध कलात्मक स्वभाव को खुराक देने वाले तत्त्व कम हैं।

या फिर यह धारणा गलत है और हिन्दू कल्पना प्रारम्भ से ही हिन्दू दिमाग की इस कला-विरोधी धार्मिकता या दार्शनिकता से लगातार विद्रोह करती चली आ रही है; और एक अरूप निर्गुण ब्रह्म के खिलाफ तैंतीस करोड़ देवताओं की फौज खड़ी करके भारतीयों के कलात्मक स्वभाव ने भारतीयों की दार्शनिक प्रवृत्ति से जमकर प्रतिशोध ही लिया है। स्टीफेन स्पेण्डर ने कहीं एक जगह लिखा भी है कि "कला अपनी प्रकृति से ही एक हिन्दू मन्दिर की कल्पना के समान है जिसमें एक साथ कई या किसी भी देवी-देवता की प्रतिष्ठा हो सकती है; जिसमें सभी के लिए समान गुंजाइश है।" क्या यह बात हमारे सिर पर चढ़कर नहीं बोलती?

बहरहाल, शमशेर की कलात्मक संवेदना इस 'भावना' के साथ घनिष्ठ है। इसका मतलब यह नहीं कि जगत्गति उन्हें नहीं व्यापती। जगत्गति शमशेर को भी व्यापती है और कभी-कभी इतना व्यापती है कि वे अपनी कला और कविता को भी उस पर निछावर कर देते हैं जैसा कि हम देख ही आये हैं। बात इतनी ही है कि उनकी चारित्रिक विशेषता इस जगत्गति को भी तद्वत् या विडम्बना और विरोधाभास के जटिल सम्बन्धों में नहीं, बल्कि अपनी भावना के रंग में रँगकर ही देखने की है। 'कठिन प्रकार में बँधी सत्य-सरलता' बजाय त्रिलोचन के, स्वयं शमशेर के काव्य पर ज्यादा सटीक बैठता है।

शास्त्रीय संगीत की बात अकारण ही नहीं सूझी थी। शमशेर में भाषा की अधिकतम सर्जनात्मकता वहाँ है, जहाँ वह स्वर की तरह स्वतन्त्र होने लगती है, संगीत के अमूर्तन के करीब पहुँचने लगती है। जहाँ कि शब्द अपने शब्दार्थों के ठोसपन को छोड़कर तरल होने लगते हैं; स्वतन्त्र विन्यास बनाने लगते हैं। ऐसे में शब्दों से ज्यादा शब्दान्तराल और शब्द की लयगति अधिक महत्त्वपूर्ण हो जाती है। उदाहरण के लिए उनकी 'गीली मुलायम लटें' शीर्षक कविता को देखा जा सकता है। शब्द शमशेर के यहाँ 'कुसुमों से चरनों का लोच लिए' थिरकते हैं। अर्थगौरव की बजाय अर्थलाघव का...एक अजीब सुदूरपन का अहसास कराते हुए। निराला के बाद हिन्दी भाषा की काव्यमुक्ति की दिशा में यह अगला महत्त्वपूर्ण कदम मुझे लगता है। यह इसलिए भी महत्त्वपूर्ण लगता है कि उर्दू और हिन्दी की काव्यभाषाओं का सर्जनात्मक सहयोग सर्जनात्मकता के इसी स्तर पर ज्यादा सार्थक और फलप्रद हो सकता है।

जैसे कि भावना के स्तर पर भक्तिकाल की एक विशेष काव्यधारा में कभी हिन्दू और मुस्लिम संस्कृतियों की परस्पर घुलावट सम्भव हुई थी। स्पष्ट ही, यह समस्या महज हिन्दी कविता में उर्दू शब्दों की समाई या उनसे परहेज करने की नहीं है। यह समस्या है हिन्दी की काव्य-संस्कृति को गहरा और विस्तृत करने की। यह प्रश्न है उर्दू कविता की, भाषा की खास गुणवत्ता को आत्मसात् करके उससे हिन्दी भाषा की अपनी प्रतिभा को प्रतिकृत करने की। यों तो आप देख ही सकते हैं कि शमशेर की अनेक सफल कविताओं में जैसे 'गीली मुलायम लटें' या 'ये लहरें घेर लेती हैं' या 'लौट आ ओ धार' या 'धूप कोठरी के आईने खड़ी' में उर्दू शब्दों का प्रयोग कम से कम, लगभग नहींवत् है। मगर एक ऐसी घुलावट और मिठास, एक ऐसी आत्मीयता (मुलायम बाँहों-सा अपनाव) इस भाषा में है, जो कि बजाय खड़ी बोली हिन्दी के, ब्रज और उर्दू की विशेषता है। गह इसीलिए हो सका कि शमशेर में एक ओर यह भावना की सर्जनात्मकता और दूसरी ओर, इसी के फलस्वरूप भाषा को चित्र और संगीत की अवस्था तक काव्यमुक्त करने की सामर्थ्य है। 'नया गहरापन तुम्हारा हृदय में डूबा चला जाता' यह स्वयं शमशेरी भावना की परिभाषा जैसी लग उठती है। इस कविता में हम 'गीली मुलायम लटों' और 'स्तनों के बिम्बित उभार लिए रात के सलोनेपन' की ऐन्द्रिकता को क्रमशः छनते-छनते अन्त में 'ओ साँवलेपन, ओ सुदूरपन, ओ केवल लयगति' के संगीत-सुलभ अमूर्तन में विकसित-रूपान्तरित होते हुए देखते हैं। इसी प्रकार 'ये लहरें' शीर्षक कविता को देखिए—

ये लहरें घेर लेती हैं
ये लहरें...
उभर कर अर्द्धद्वितीया
टूट जाता है

यह एक निश्चित बिम्ब है और निश्चित संवेदन को पकड़ता है। अनुभूति, उसका 'सेंसेशन' यहाँ शब्दों के महज शाब्दिक अर्थ में नहीं, बल्कि उनकी चाल में अनूदित हो गये हैं। 'उभर कर अर्द्धद्वितीया टूट जाता है'...इस पंक्ति का उच्चारण करते हुए हम उस उभरने और टूटने के क्षण को, उसके समय को यथावत् अनुभव करते हैं : अर्द्धद्वितीया की 'केडेंस' खास महत्त्व की है; क्योंकि बिना उसके वह बिम्ब, वह हरकत, वह आँख का सेंसेशन सम्प्रेषित हो पाना असम्भव है। कॉलरिज की कविता की परिभाषा बरबस याद आ जाती है : 'विशिष्ट शब्दों का विशिष्ट रखरखाव' यहाँ पर देखा जा सकता है। उभरकर अर् (ध) में जो एसोनेन्स है, वह कारगर होती है। यहाँ तक एक जमाव की इकट्ठा होने की निरन्तरता झलकती है। 'अर्द्धद्वितीया' में एक अवरोध है : अर्द्ध और द्वितीया के बीच बहुत संक्षिप्त अन्तराल है जो ध के स्पष्ट उच्चारण में लगने वाला समय है। द्वितीया में एक फैलाव-विस्फार है, एक दीप्ति है। उस उभरे हुए की क्षणिक सम्पूर्णता, जिसे फिर तुरन्त ही बिखर जाना है। यह है अनुभूति का उसकी विशिष्ट लयगति में अंकन...। यह है लयात्मक संवेदना, जिसे एज़रा पाउण्ड 'मैलोपिया' कहते थे और जिसका दूसरी भाषा में अनुवाद असम्भव है।

शमशेर कविता में शब्दलय के समर्थ उपयोक्ता हैं। 'ठहरा' की ध्वनि-व्यंजना हमें 'दीर्घ' और 'समतल' के लिए पहले से तैयार कर देती है। कविता शुरू हुई एक चंचल लास्य की अनुभूति से :...'ये लहरें घेर लेती हैं ए लहरें...' की लयात्मक आवृत्ति कैसा प्रभाव पैदा करती है...। एक अजीब पर्युत्सुकता...कलरव भरा मौन, घेर-घेर लेने वाला...। मगर दूसरे अवतरण में इस मौन का गुण बदल जाता है। लहरदार की जगह वह समतल है; लहर की लयात्मक गति और वक्रसंचार की बजाय वह 'दीर्घ' है, 'ठहरा' है। इस प्रकार वह प्रारम्भ का रूपाकार जो सूक्ष्म, मगर ऐन्द्रिकता-सम्पन्न था, अब और अधिक सूक्ष्म—लगभग अरूप हो गया है। और इससे आगे 'दूर...उत्तर पूर्व तक। तीन। ब्रह्माण्ड। मिले चले गये हैं'...यह और अधिक अमूर्तन है। एक संख्या भर; एक दिशा भर...।

निराला की एक पंक्ति यहाँ अचानक याद आ जाती है—"रूप की धारा के उस पार, कभी धँसने भी दोगे मुझे..."। निराला में रहस्य का आकर्षण आध्यामिक सन्दर्भों से जुड़ा हुआ है। शमशेर, जैसा कि ऊपर देखा गया, शुद्ध कला की ही आत्यन्तिकता का आग्रह रखते हैं। मलार्मे की शुद्ध कविता की खोज वाली रहस्यशीलता से इसका सम्बन्ध जोड़ने का प्रलोभन चाहे जितना हो, उसका औचित्य सन्दिग्ध है। मलार्मे की खोज व्यक्तित्व के भी घेरे को तोड़कर शुद्ध अस्तित्व के स्तर पर काव्यानुभूति के रहस्य का सन्धान करना चाहती है। जबकि शमशेर की कविता व्यक्तित्व के सीमान्त तक जाकर लौट आती है। अस्तित्व के बीहड़ में नहीं झाँकती। वैसी किसी दार्शनिक चरम आध्यात्मिक बेचैनी से, सम्पूर्ण नकार की भयावहता से वे

सर्जनात्मक स्तर पर संघर्षित नहीं जान पड़ते। उनकी कविताओं की संरचना अपने सूक्ष्म से सूक्ष्म रूपों में भी रागात्मक ही रही आती है। इस कविता को ही लें। क्या इसका समापन हमें कवि के सुपरिचित स्वभाव-रंग में ही नहीं लौटा लाता? "अगिन व्यथा भर सहसा। कौन भाव बिखर गया इस सब पर।"

शमशेर की रागात्मकता जटिल है। उनकी सौन्दर्यानुभूति भी अनवरत परिष्कार का प्रमाण देती है। किन्तु वह आधुनिक मानस की बौद्धिकता से संघर्षित नहीं है। इस कलात्मक परिष्कार की प्रक्रिया में भी उनके यहाँ एक दोहरापन है। एक स्तर अधिक संगीत-धर्मी, अधिक सर्जनात्मक है, दूसरा जुमले तराशने के स्तर पर। अन्ततः उनके स्वभाव और कवित्व के विकास-क्रम में ये दोनों ही प्रासंगिक जान पड़ते हैं किन्तु कभी-कभी यह अनावश्यक विक्षेप पैदा करता है : यह दोहरा आग्रह एक दोहरी मानसिकता को झलकाता है। एक ओर—

वह मौन टंकार
जो क्षितिज-भौंह में कँपती-सी है
दहला-दहला देती मेरा हृदय...

जैसी अभिव्यक्तियाँ हैं जो व्यक्ति-राग से आगे की कला है और जिसके सामने "झंझा झकोर गर्जन था, बिजली थी नीरदमाला/पाकर इस शून्य हृदय को, सबने था डेरा डाला" जैसी साफ और सुनिश्चित व्यंजनाएँ भी फीकी लग उठती हैं (ऐसा लगता है शमशेर की पंक्तियों में शब्द और अर्थ अधिक सम्पृक्त हैं, प्रसाद की अपेक्षा। और वे उसी कथ्य को, बल्कि उससे भी ज्यादा मार्मिक कथ्य को प्रसाद की अपेक्षा अधिक बारीकी, अधिक एकाग्र संक्षिप्ति के साथ अभिव्यक्त कर रहे हैं) मगर दूसरी ओर उसी कविता में—

ओ शौक के परवानो
जरा ठहरो :
यह शमा नहीं है
यह दाग है सिर्फ
यादों की शाम है मेरे चिलमन में
जरा ठहरो

जैसी विस्फारित पक्तियाँ भी हैं जो शब्द की स्वतन्त्रता को नहीं, बल्कि एक अभ्यस्त काव्यरूढ़ि की सुलभता को उकसाती हैं।

शमशेर की वे कविताएँ उनकी सर्जनात्मकता का ज्यादा सूक्ष्म और सफल उपयोग करती हैं जहाँ वे इस शिल्प-रागाशक्ति के ऊपर उठकर सूक्ष्मतर अनूभूतियों में डूबे हैं : उनका एकाग्र पीछा कर सके हैं। उनमें वस्तु के संवेदन को निश्चित यथातथ्य एकाग्रता में उभारने की जबर्दस्त क्षमता है जैसे उनकी 'सुबह', 'सागरतट' और 'दूब' शीर्षक कविताओं को ही लें। ऐसी छोटी कविताओं में उनकी तराशवाली

क्षमता का सही उपयोग होता है। विषय-वस्तु उसे पूरी तरह अपने में खपा लेती है, उसे आमन्त्रित करती है और प्रभावान्विति बनी रहती है। पर इससे अधिक गहरी सर्जनात्मकता उन कविताओं में देखी जा सकती है जहाँ सौन्दर्यानुभूति इस रूप-कल्प को भी भेदकर उसके हार्द में प्रवेश कर जाती है। एक आत्यन्तिक सूक्ष्मता, संगीतात्मकता के साथ। तब वह एक ऐसी स्वयंपर्याप्त सार्थकता प्राप्त कर लेती है जो अन्यत्र दुर्लभ है। इस दृष्टि से देखने पर मुझे ऐसा लगता है कि 'एक नीला आईना बेठोस' या 'एक पीली शाम' जैसी कविता 'सावन' या 'टूटी हुई, बिखरी हुई' जैसी कविताओं की तुलना में अधिक सूक्ष्म और सान्द्र संरचना को उपलब्ध करती है। क्योंकि 'टूटी हुई बिखरी हुई' में उस स्तर को कवि छूने-छूने को हो जाता है और फिर भी नहीं छू पाता—इस एकाग्रता को प्राप्त नहीं होता...अपनी आशक्ति और मुक्तिकामना को 'मैजिकल क्रिएटिव फ्रेज' के स्तर पर परिभाषित करके भी ("मुझे प्यास के पहाड़ों पर लिटा दो जहाँ मैं एक झरने की तरह तड़प रहा हूँ...") उस मुक्ति को डायरी से आगे ले जाकर वस्तुतः कविता में चरितार्थ नहीं कर पाता। जबकि 'एक नीला आईना बेठोस' में वह 'साधे गहरी साँस सहज ही' के अपने आदर्श को प्राप्त कर लेता है। सौन्दर्यानुभूति में ही जैसे व्यक्तित्व का उन्मोचन पा लेता है। और हमारी—पाठक की—अनुभूति भी, प्रसाद के शब्दों में कहें तो, "उस माया की छाया में, कुछ सच्चा स्वयं बना है" की कोटि की हो जाती है।

एक ओर इस कवि में अपनी अभिव्यक्ति को, अपनी अनुभूति को भी तराशने का आग्रह अति की सीमा तक दिखाई पड़ता है तो दूसरी ओर उसमें अनुभूति के संकेन्द्रण की वह ऊँची कलात्मक क्षमता भी विद्यमान है। एक ओर उसमें "ट्रैड साफ्टली बिकॉज़ यू ट्रेड ऑन माइ ड्रीम्स" जैसी अनुभूति और अभिव्यक्ति को भी तराशने की उत्सुकता और आकांक्षा है—

पलकों पर हौले-हौले
तुम्हारे फूल-से पाँव
मानो भूलकर पड़ते
हृदय के सपनों पर मेरे!

तो दूसरी ओर उसमें ऐसी कौशल-निरपेक्ष, अनुभूति-संकेन्द्रित चरम तन्मयता है कि वह 'आत्मा है अखिल की हठ-सी' जैसी अद्‌भुत और अविस्मरणीय शब्द-संगतियाँ आविष्कृत कर डालता है जिनके प्रति पाठक की प्रतिक्रिया निराला के शब्द उधार लेते हुए कहें तो कुछ ऐसी होती है कि..."रचना रहित वचन-चयनों में, चकित सकल श्रुतिधर।" पूरी कविता यहाँ उद्धृत करने का लोभ संवरण नहीं हो पाएगा। शायद इस सारे विश्लेषण का यह एक सटीक समापन भी हो—

"एक नीला आईना
बेठोस-सी यह चाँदनी

और अन्दर चल रहा हूँ मैं
उसी के महातल के मौन में
मौन में इतिहास का
कन-किरन जीवित, एक, बस।
एक पल के ओट में है कुल जहान।
आत्मा है
अखिल ही हठ-सी।
चाँदनी में घुल गये हैं
बहुत-से तारे बहुत कुछ
घुल गया हूँ मैं
बहुत कुछ अब
यह गया-सा एक सीधा बिम्ब
चल रहा है जो
शान्त इंगित-सा
न जाने किधर।"

समूची कविता ही एक शान्त इंगित है। शब्द भी जैसे अपने शब्दकोशीय शरीर-बन्धन से छूटकर उसी शान्त इंगित का अनुसरण करते जान पड़ते है : 'बेठोस' और 'जहान' की विजातीयता न केवल बिल्कुल नहीं खटकती, बल्कि अनिवार्य लगती है। 'उसी के महातल के मौन में'...। महातल की व्यंजना में जरा डूबकर देखिए : दीर्घ ध्वनि का कैसा सर्जनात्मक उपयोग है! इसी तरह 'ओट' की उपयुक्तता और अर्थवत्ता पर ध्यान दीजिए। यह कविता में हमें एक ओर तो "अब गिरा अब गिरा वह अटका हुआ आँसू/सान्ध्य-तारक-सा अतल में..." की याद दिलाती है और दूसरी ओर 'लेकर सीधा नारा' की...इन पंक्तियों की—"मैं समाज तो नहीं; न मैं कुल जीवन। कण-समूह में हूँ मैं केवल। एक कण...!"

किन्तु इस कविता में न केवल उन दोनों कविताओं की प्रतीतियाँ एक जगह, एक ही बिन्दु पर सिमट आयी हैं, बल्कि स्वयं में एक विकास का, एक सूक्ष्म रासायनिक परिवर्तन का आभास भी कराती हैं। यह क्या शमशेर के कवि-व्यक्तित्व के विकास को, उसकी अधिक गहरी, अधिक एकाग्र सृजनशीलता को सूचित नहीं करता?

'एक पीली शाम' का 'अटका हुआ आँसू' भी 'सान्ध्य तारक-सा अतल' में गिर रहा है। यहाँ गिरना नहीं, चलना है; अतल नहीं, 'महातल' के मौन में, अन्दर चलना। 'लेकर सीधा नारा' में जो कवि अपने को कण-समूह में केवल एक 'कण' समझ रहा है, यहाँ आकर, इस कविता में भी उतना ही नम्र और निरीह है। किन्तु इस नम्रता में एक साक्षात्कार आ जुड़ा है; उसमें एक ऐसे स्वीकार की ध्वनि है जो पहले वाली

नम्रता से भिन्न है और अधिक सम्पन्न है।..."मौन में इतिहास का कन-किरन जीवित एक बस"...। वहाँ का 'कण केवल कण' यहाँ आते-आते 'कन-किरन जीवित एक' हो गया है। क्या यह संवेदना के सूक्ष्म विकास की ओर, एक अधिक गहरी, अधिक एकाग्र सर्जनात्मकता की ओर इंगित नहीं करता?

वह एकाग्रता उनकी अद्यतन कविताओं से गुजरते हुए सर्वाधिक मार्मिक रूप में उनकी 'बैल' शीर्षक कविता में दिखाई देती है। इसमें कुछ ऐसी बात भी बोलती है, जो उनकी कविता के अभ्यस्त कानों के लिए नयी यानी अपूर्वानुमेय भी है।

कविकर्म और भाषा : निराला को फिर से पढ़ते हुए

प्रत्येक संस्कृति के प्रवर्तन, संरक्षण और संवर्धन में कविकर्म की अनिवार्य और महत्त्वपूर्ण भूमिका रही है। इसलिए कि कविकर्म में भाषा की शक्तियाँ अपने सर्वोच्च रूप में उजागर होती हैं। काव्य के जो भी गुण बताये जाते हैं, अन्ततः भाषा के ही गुण हैं। यथार्थ की पहचान हमको भाषा के प्रसाद से ही मिलती है; मूल्य-सृष्टि का सामर्थ्य भी और अपने आप की पहचान भी। हम में से बहुतों को यह अनुभव हुआ होगा कि हम क्या कहना चाहते हैं, यह हमारे निकट तभी स्पष्ट होता है जब हम उसे कह डालते हैं। दूसरी ओर, यह भी होता है, कि हम पाते हैं हम जो कहना चाह रहे हैं उसे विरासत में मिली हुई अपनी भाषा द्वारा अभिव्यक्त नहीं कर पा रहे हैं। कविकर्म इसी कठिनाई से जूझने का दूसरा नाम है। कवि अज्ञेय ने इसी सिलसिले में अपने अनुभव का हवाला देते हुए इसी 'जूझने' की मूल्यवत्ता को एक बहुत अच्छी तरह रेखांकित किया है। उन्हीं के शब्दों में–"प्रत्येक अधीर संघर्ष भाषा की निधि में से कवि के लिए क्या कुछ आविष्कृत करता है। नया कुछ, समर्थ कुछ, सुन्दर कुछ, ऐसा कुछ, जो उसके विकास और स्वास्थ्य के लिए गहरा अभिप्राय रखता है। उसको जो सर्वोत्तम बना सकता है, उसकी भाषा उसे वही बना दे, इसके लिए आवश्यक है कि उसकी भाषा जो हो सकती है, उसे निरन्तार वह बनाता रहे। इसी से कवि की अस्मिता को एक निरन्तरता, एक सातत्य मिलता है। युवतर पीढ़ी ने अपनी भाषा के साथ वैसा सम्बन्ध नहीं बनाया और उसे अखंडित अस्मिता की उपलब्धि भी नहीं हुई।"

यहाँ दो बातें विशेष रूप से ध्यान देने योग्य हैं। एक तो भाषा को मात्र उपकरण, मात्र माध्यम के रूप में न देखते हुए एक ऐसी निधि के रूप में अनुभव करने की बात है जिसमें से भाषा का सेवक कवि अपने लिए नया कुछ खोजता और पाता है, और दूसरे, उसके साथ सार्थक फलप्रद सम्बन्ध बनाने की। अंग्रेजी के आधुनिक कवि ऑडेन की एक मजेदार बात यहाँ मुझे याद आ रही है। वह कहता है–"जब कोई कवियशःप्रार्थी मुझे बताता है कि वह कविता इसलिए करना चाहता है कि उसके पास कुछ बड़ी जोरदार बातें हैं जिन्हें कविता के लिए प्रभावशाली ढंग से व्यक्त किया जा सकता है, तो मैं समझ जाता हूँ कि वह और चाहे जो कुछ बन जाय, कवि तो

नहीं बन सकता; हाँ, अगर वह यह कहे कि मेरे पास कुछ शब्द आते हैं जो मुझे उनका पीछा करने को और कान लगाकर उनकी बात सुनने को प्रेरित करते हैं, तो मुझे भरोसा होने लगता है कि यह लड़का जरूर कवि बनेगा।"...ऑडेन की बात को परिहासपूर्वक ही नहीं, परमार्थपूर्वक भी समझें तो इसका अर्थ यही हुआ कि भाषा अपने आप में विचारों, अनुभूतियों, संवेदनाओं का कोष, बल्कि कैसेट है। हाइडेगर की तो स्थापना ही है कि—"स्वयं भाषा ही बीज रूप में कविता है—पूर्वप्रक्षिप्त अर्थों का ऐसा आकर जो हमारे वस्तु-जगत् को प्रकाशित और निर्मित करता है और जिसके आधार पर कवि और चिन्तक, सर्जना और जिज्ञासा के मार्गों को खोलते बनाते हैं।" कहना न होगा कि इस अर्थ में प्रत्येक भाषिक-संस्कृति की आदिम वाङ्निधि उसे अपने विशिष्ट ऐतिहासिक पथ पर प्रेरित और निर्धारित करती है और नित्य-नूतन सृजन को भी सम्भव बनाती है।" 'कहा जो न, कहो'—निराला की एक कविता की पंक्ति यहाँ अनायास स्मरण में कौंध जाती है : "कहा जो न, कहो/नित्य नूतन प्राण अपने/गान रच-रच दो/...मुक्ति हूँ मैं, मृत्यु में/आयी हुई, न डरो...।"

हम अपना जीवन अपनी एक खास परम्परागत बोलचाल की भाषा में जीते हैं। हमारी इस भाषा और हमारे संसार के बीच जो जीता-जागता सम्बन्ध है, वही हमारे जीवन को अर्थ देता है। संस्कृति का उत्कर्ष इसी भाषा में संचित शब्द-राशि पर निर्भर है, जो उस संस्कृति के कवियों और चिन्तकों की देन है। किन्तु शब्दों के इस संसार की जड़ें हैं तो अन्ततः मानव-जीवन में ही। इसलिए कवि या चिन्तक की कृति पलट कर स्वयं जीवन की जड़ों को सींचने वाली होती है। यहाँ तक, कि दार्शनिक परम्परा की उपलब्धियाँ भी अपनी शास्त्रीयता के बावजूद हमारी भाषिक चेतना पर—बोलचाल की भाषा पर—भी अपनी छाप छोड़ जाती है। हमारे यहाँ वाणी का अन्तर्गत स्वरूप वैदिक परम्परा के स्रोत पर ही वाग्देवी के इस सूक्त में प्रकट हुआ है—"मेरे ही द्वारा मनुष्य भोक्ता बनता है। वह जो देखता है, जो भी हरकत करता है, जिस भी कहे हुए को सुनता है, मेरे ही कारण। जो मुझे नहीं जानते, वे भी मुझीपर अवलम्बित हैं।" वाणी का यही अन्तर्गत स्वरूप जब बहिर्गत हो कर हमारे मर्त्य संसार का अंग बन जाता है, तब वह उस भाषा में परिणत हो जाता है जिसमें हम जन्म लेते हैं, जिसे हम सीखते हैं, जो हमसे पूर्व ही विद्यमान है अपने विशिष्ट व्याकरण और ढाँचे समेत। देखा जाय तो कविता वाणी के इस बहिर्गत रूप को ही उसके अन्तर्गत स्वरूप में जोड़ने का काम करती है। "जिस कलिका में कवि रहा बन्द वह आज उसी में खुली मन्द"...निराला की लम्बी कविता 'तुलसीदास' की यह पंक्ति यहाँ अकस्मात् ही क्यों याद आ गयी होगी? शायद इसलिए कि इसमें मानो तुलसीदास की ही नहीं, तुलसीदास को अपने आदर्श आराध्य कवि की तरह साक्षात् करना चाह रहे निराला की ही नहीं, बल्कि कवि-मात्र की मुक्ति का, स्वयं भाषा की मुक्ति का भी अनुभव रचा हुआ है। ध्यान देने की बात है कि इस कविता

में अपने पूर्वसूरि के साथ निराला के कवित्व का तादात्म्य कितने स्तरों पर एक साथ मूर्त हुआ है। यह मात्र जीवनीगत उलझाव नहीं है। यह दो कवि-व्यक्तियों का ही नहीं, उन्हें गढ़ने वाले देश-काल और युग-परिवेशों का भी तादात्म्य है। और उससे भी आगे बढ़ कर स्वयं सर्जनात्मक प्रेरणाओं का तादात्म्य है–

देश-काल के शर से बिंध कर
यह जागा कवि अशेष छविधर
इसका स्वर भर भारती मुखर होएगी।

देश-काल के शर से बिंध कर समूची जातीय-सांस्कृतिक चेतना को झंकृत कर देने वाले कवित्व का यह जागरण तुलसीदास का ही नहीं, निराला का भी है। यह मात्र औपचारिक स्मरण ही नहीं अपने अग्रज कवि का; बल्कि उसका पुनर्मूल्यांकन और पुनर्नवीकरण भी है–अपने युग-सन्दर्भ और अपने कविकर्म की शब्दावली में। इस बीच रचना की भाषा बदल चुकी है किन्तु, पूर्वकवि का कवित्व निराला को अब जिस भाषा में कविकर्म करना है, उसमें गहरे में अन्तःसलिल हो चुका है। और उस अपने आदर्श कवि और 'कल्चर हीरो' का यह प्रेरणादीप्त आह्वान है ही इसलिए कि उस अन्तःसलिल तक उसकी सीधी पहुँच हो सके।

निराला का स्मरण 'कविकर्म और भाषा' की चर्चा के प्रसंग में सहज-स्वाभाविक इसलिए भी है कि आधुनिक हिन्दी खड़ी बोली में काव्यभाषा के निर्माण-विकास की प्रक्रिया में सबसे समर्थ योगदान निराला का ही दीखता है। उनके प्रयोगों का महत्त्व महज ऐतिहासिक न हो कर दूरगामी है। डॉ. रामस्वरूप चतुर्वेदी ने समकालीन कविता में बोलचाल और सम्प्रेषण की स्थिति की चर्चा करते हुए लिखा है कि–"नयी कविता की कुछ महत्त्वपूर्ण प्रवृत्तियों का बीज रूप निराला में मिलता है। क्लासिक, रोमांटिक, नयी कविता, आधुनिक कविता की धारा जैसे भाषा और संवेदन दोनों स्तरों पर सम्पूर्णतया उनके व्यक्तित्व में से प्रवाहमान हुई हो।" यह बात सही है और यह भी, कि 'तुलसीदास' जैसी कविता में खड़ी बोली हिन्दी ने अपने उस अन्तर्निहित 'द्वैत' के बावजूद जिसे स्वयं रामस्वरूप जी ने 'हिन्दी क्षेत्र की एक बहुत बड़ी शक्ति' के रूप में स्वीकार किया है (व्यावहारिक कठिनाइयों के चलते भी)–अपनी एक विलक्षण क्षमता को चरितार्थ होते देखा था : संस्कृत के संगीत को खड़ी बोली हिन्दी की सात्विक कठोरता में घुलाने और पचाने की क्षमता को। भाषा की काव्यमुक्ति जैसे मुहावरे का यदि कोई अर्थ है, तो वह हमें निराला से सीखने को मिलता है, यह भी इस प्रसंग में निराला के उल्लेख का एक औचित्य है। प्रसंगवश यहाँ यह भी उल्लेख आवश्यक है कि आधुनिक हिन्दी काव्य में इस दृष्टि से निराला और प्रसाद के बाद की अगली महत्त्वपूर्ण कड़ी अज्ञेय का कृतित्व है। जैसाकि रामस्वरूप जी ने स्वयं लक्ष्य किया है, "अज्ञेय में उन्मुखता क्रमशः तद्भव-देशज की ओर बढ़ती है, पर संस्कृतनिष्ठ, संस्कारी भाषा आधार-रूप में बनी रहती है।" सच पूछा जाए तो निराला

के परवर्ती काव्य पर भी यही बात लागू होती है। दो-एक उदाहरण पर्याप्त होंगे—

वर्जन के जो वज्र द्वार हैं
क्या खुलने के भी किंवार हैं
प्राण के पवन के आर-पार हैं
जैसे दिनकर निष्कर; निश्शर
× × × ×
तपन से घन, मन शयन से
प्रात-जीवन निशि नयन से
प्रमद आलस से मिला है
किरण से जलरुद किला है
रूप शंका से सुघरतर
अदर्शित हो कर खिला है

यह है निराला का कविकर्म, जिसमें छायावाद के आगे की कविता भी करवट लेती दिखाई पड़ती है। गीति के वह मर्मज्ञ हैं किन्तु उनके अधिकांश गीत तथाकथित गीत के तर्क से नहीं, ठेठ आधुनिक कविता के तर्क से—व्यंग्य-विपर्यय और विरोधाभास के—विरुद्धों के सामंजस्य के तर्क से—घनीभूत रचनाएँ हैं। हिन्दी कविता का कोई भी सजग अध्येता देख सकता है कि भाषा की काव्यमुक्ति की दिशा में—छन्द के बन्ध को लचीला बनाने की दिशा में जो पहल प्रसाद ने की थी, उसका सबसे फलप्रद विकास निराला के हाथों हुआ। उन्होंने भाषा की सतह पर भी प्रयोग किये हैं और गहराई में भी। स्वयं भाषा के प्रति वह पर्युत्सुकता और जिज्ञासा जो कवि के कवि होने की सबसे प्राथमिक पहचान है, निराला में जितने स्तरों पर और जिस निरन्तरता के साथ सक्रिय दीखती है, उतनी कदाचित् और किसी कवि में नहीं। यों जहाँ तक कविकर्म की एकाग्रता-सघनता का प्रश्न है, वह प्रसाद में निराला से कम नहीं; किन्तु कम कवि ऐसे होंगे जो प्रसाद से सचमुच सबक ले सकें। जबकि निराला कई किस्म के कवियों के काम के हैं। उनकी श्रेष्ठ कविताओं की तो बात ही क्या, जहाँ वे मात्र काव्याभ्यास करते प्रतीत होते हैं, वहाँ भी वे अपने 'रचना-रहित वचन-चयनों' से हमें चकित कर दे सकते हैं। भाषा को इस तरह मुक्त करने का सामर्थ्य विरले ही कवियों में प्रकट होता है। कारण, वे भाषा के—भाषा के बहुत बड़े क्षेत्रफल के किसान हैं। उनके लिए कोई धरती परती नहीं। हर 'खेत' में उनके 'भाव की जड़' गड़ जाती है। यह अकारण नहीं कि निराला की कविता के बारे में बात करते हुए हम उन्हीं की शब्दावली का उपयोग करने को अन्तर्विवश से हो जाते हैं : "स्पर्श तुम्हारा मिलने पर क्या, महाभार यह झिल न सकेगा?...."

यह एक बड़ी विचित्र-सी बात लग सकती है किन्तु कहने का मन होता है कि निराला की अनेक कविताएँ एक विशेष और विलक्षण अर्थ में भाषानुभूति और

छन्दानुभूति की भी कविताएँ हैं। मानो वह अपनी मातृभाषा के व्यंजना सामर्थ्य से– उसकी सम्भावनाओं से इस कदर अभिभूत हों, कि कह रहे हों–"देखो, यह है हिन्दी की शक्ति और महिमा! मैं कौन हूँ कविता करने वाला! कवि तो असली यह भाषा खुद है।" साथ ही, चूँकि वे यह मानने को तैयार नहीं कि कुछ खूबियाँ ऐसी भी हो सकती हैं कि जो हिन्दी खड़ी बोली के स्वभाव में ही नहीं हैं, वे लगातार एक चुनौती-सी महसूस करते जान पड़ते है–इस क्षति की पूर्ति कर डालने की। उनकी कुछ कविताएँ इसी चुनौती के प्रत्युत्तर में गढ़ी गयी लगती हैं और जाहिर है कि ऐसे कवि की असफलताएँ भी उतनी ही रोचक और शिक्षाप्रद होंगी, जितनी कि वे सफलताएँ, जो उसके विशिष्ट वेदन-तन्त्र और उसकी सुदीर्घ शब्द-साधना के अनुभव परिपक्व संयोग से उपजी हैं। मसलन, 'अर्चना' की भूमिका में निराला कहते हैं–"खड़ी बोली की गाड़ी के और चलते रहने की आवश्यकता है; ये गीत जैसे उसकी पूर्ति करते हैं।" हमें उनकी 'गीतिका' की भूमिका की याद आती है–"मुझे ऐसा मालूम देने लगा कि खड़ी बोली की संस्कृति जब तक संसार की ऊँची से ऊँची सौन्दर्य भावनाओं से युक्त न होगी, वह समर्थ न होगी। मैंने पद्य के अपर अंगों में जो थोड़ा-सा काम किया है, वह खड़ी बोली के अनुरूप-प्रतिरूप जैसा भी हो, उसके अलावा कुछ गीत भी मैंने लिखे हैं।" 'खड़ी बोली के अनुरूप-प्रतिरूप' का व्यंग्य देखिए। निराला अच्छी तरह जानते हैं, कि वे ऐसी छूटें भी भाषा के साथ ले चुके हैं जैसी उनके अलावा और किसी ने नहीं ली। परन्तु उन्हें यह भी भरोसा है कि उन्होंने वैसी छूट लेने का अधिकार भी अर्जित किया है। 'बेला' की भूमिका में–अकारण नहीं कि–निराला अपनी कविताओं द्वारा पाठक को रस-लाभ कराने का दावा करने की बजाय उसे 'हिन्दी सिखाने' की बात करते हैं। इसलिए कि उनमें स्वयं भाषा के प्रति एक भक्त का जैसा, उत्सुक-अधीर किन्तु विनम्र शिष्य जैसा सीखने का भाव था। आहत अभिमान और बुनियादी नम्रता का एक अनूठा ही संयोग हमें निराला के कविकर्म में दिखाई पड़ता है।..."अपने लिए घोर उत्पीड़न/किन्तु क्रीड़नक था औरों के लिए/पक्षी का-सा जीवन/हँसमुख, किन्तु ममत्वहीन निर्दय बालों के लिए...।" जीवनी को कविता में परिणत करने की प्रक्रिया क्या होती है, यह कोई निराला से सीखे। निराला ने एक ओर भाषा को मुक्त किया और दूसरी ओर कवि-व्यक्तित्व को। क्या प्रयोगवादी कवि इसे पचा सके? देर से ही सही, नयी कविता में जो नया खमीर पैदा हुआ उसके पीछे अज्ञेय की वह संस्कारी प्रयोगशीलता और तत्सम-तद्भव की टकराहट वाली शब्द-साधना तो है ही, जो रामस्वरूप जी की दृष्टि में भी निराला की ही परम्परा में है; पर साथ ही परिनिष्ठित भाषा और बोल-चाल की अन्तःक्रिया का वह प्रतिफलन भी है, जिसका भी थोड़ा-बहुत स्वाद हिन्दी ने निराला के साथ ही चख लिया था। 'वनबेला' की ये पंक्तियाँ ही पढ़ देखिए–

पैसे में दस राष्ट्रीय गीत रच कर उन पर

कुछ लोग बेचते गा-गा गर्दभ-मर्दन स्वर
हिन्दी सम्मेलन भी न कभी पीछे को पग
रखता कि अटल साहित्य कहीं यह हो डगमग

निराला की संवेदना जितनी विस्तृत और समावेशी है, उनकी भाषिक चेतना भी, उतनी ही समावेशी है। वह अपने कवित्व को हिन्दी के समूचे ऊबड़-खाबड़ फैलाव में धड़कते महसूस करना चाहते हैं। यही उनकी महत्त्वाकांक्षा है : एक ओर तुसलीदास की अवधी से और दूसरी ओर रवीन्द्रनाथ की बंगला से टक्कर लेने की। वह संस्कृत के नाद-सौन्दर्य से अभिभूत हैं और उसकी सफल अवतारणा उन्होंने 'तुलसीदास' और 'राम की शक्ति पूजा' में की ही है। मगर जहाँ वे पन्त से दस कदम आगे बढ़ कर अपनी कविता में संस्कृत शब्दों की भरती करेंगे, वहाँ भी वे उन्हें चलना हिन्दी के ही मोहल्ले में, हिन्दी की चाल से ही सिखाएँगे। एक ही छूट थी जो नहीं ली गयी थी शायद तब तक : ह्रस्व को दीर्घ और दीर्घ को ह्रस्व करने की। निराला ने 'कुकुरमुत्ता' में और दूसरी बातों के साथ वह छूट भी दे डाली और हिन्दी पद्य में कुछ-कुछ उस किस्म की चीज पैदा कर डाली, जिसे अंग्रेजी में 'स्प्रिंग रिद्म' कहा जाता है। मगर यह ध्यान देने की बात है कि निराला यहाँ भी किसी आविष्कार का, 'इनोवेशन' का दावा नहीं करते। सिर्फ इतना ही कहते हैं कि "...लिखने वालों के लिए भाषा और भावों के संस्कार से सुविधा कर दी गयी है। कविता के एक आधुनिक अंग की भाषा की लीक पकड़ सकेंगे। कविता पढ़कर ज्ञान प्राप्त करना विज्ञप्ति पढ़ने से अच्छा है। अस्तु।"

यह आकस्मिक नहीं है कि शमशेर, अज्ञेय और मुक्तिबोध जैसे काफी अलग-अलग स्वभावों के कवियों ने भी निराला के कविकर्म से प्रेरणा ग्रहण की। यह विडम्बना ही कही जाएगी कि इनसे कहीं अधिक निराला की दुहाई देने वाली परवर्ती कवियों की पीढ़ी में न तो शब्द-साधना के स्तर पर वैसा अध्यवसाय परिलक्षित होता है, न संवेदना के स्तर पर वैसी लोच और सतत परिष्कार। गद्य-भाषा और काव्य-भाषा के भेद को स्पष्ट करते हुए अज्ञेय ने एक बड़ी मार्के की बात कही थी जो स्वयं उनके कविकर्म से प्रमाणपुष्ट होती है। वह यह कि "काव्य में स्वर-मात्रा का नियन्त्रण अधिक महत्त्व रखता है। स्वर-मात्रा का नियन्त्रण काव्य-भाषा की गति को धीमा करता है। गद्य की भाषा में जो भाव असंयत जान पड़ते हैं, काव्यभाषा में इस गम्भीरतर अनुशासन के कारण संयत हो जाते हैं।" इस दृष्टि से यह देखा जाय तो आज लिखी जा रही अधिसंख्य कविताएँ इस 'गम्भीरतर अनुशासन' का परिचय देती नहीं लगतीं। बोलचाल के मुहावरे की निकटता साध लेने भर से कविकर्म की समस्याएँ हल नहीं हो जातीं। अप्रत्याशित-अपूर्वानमेय अर्थोन्मेष की क्षमता इसीलिए आज की कविता में बहुत सिकुड़ गयी है कि वह काव्यभाषा की बजाय गद्य-भाषा की शर्तों पर की गयी कविताई है। इस सिलसिले में भाषा और संवेदना के सम्बन्ध

के विशेषज्ञ आलोचक डॉ. रामस्वरूप चतुर्वेदी का मन्तव्य उद्धृत करना अप्रासंगिक न होगा। एक जगह वह कहते हैं—

"...समकालीन कविता में रघुवीर सहाय के बाद भाषा के सरलीकरण में बयान या वक्तव्य केन्द्र में हो गया। सपाटबयानी का रचनात्मक प्रयोग, यानी कि बोलचाल के सीधे-सरल मुहावरे को बिम्ब की झलक देना प्रायः समाप्त हो गया। संचार-माध्यमों में आज शब्द की आवृति है सम्प्रेषण की कीमत पर। बोलचाल का रचनात्मक प्रयोग सम्प्रेषण के लिए काव्यभाषा को पुनर्नवीकृत करता है। एक रोग है तो दूसरा उपचार। उपचार स्वयं दूषित न हो जाये इसकी चिन्ता हर संवेदनशील कवि और प्रबुद्ध पाठक को होगी।"

यहीं पर प्रश्न उठता है कि आज के कवि के सामने किस तरह की चुनौतियाँ हैं और अपने संस्कारगत अस्तित्व और परिवेशगत यथार्थ के परिप्रेक्ष्य में वह उन चुनौतियों का किस तरह सामना कर रहा है? जिसे हम आधुनिक भाव-बोध कहते हैं, उसकी खोजों का क्षेत्र स्वयं भाषा और मनुष्य का वेदन-तन्त्र भी है। वाक् और अर्थ के सम्बन्ध भी इन खोजों से प्रभावित हुए हैं, ऐसा माना जाता है और इस घटना को 'सैमेन्टिक डिस्टरबैंस' का नाम भी दिया गया है। जैसा कि नयी कविता के वैज्ञानिक कवि विपिन अग्रवाल ने लिखा है—"यथार्थ की नकल करने की बजाय यथार्थ प्रकट कैसे होता है, यह आधुनिक भाव-बोध का असली सरोकार और खोज का विषय है।" निश्चय ही साहित्य हमारे संवेदन का विस्तार करता है। वह नया संवेदन और परिस्थिति, जिसे हम स्वायत्त नहीं कर पाते, हमें अकुलाता और घोंटता है, अपनी अजनबियत से त्रस्त करता है। आधुनिक कवि या उपन्यासकार हमारी चेतना के सीमान्तों पर घटित होने वाली इस उथल-पुथल को अपने अग्रगामी संवेदन द्वारा स्वायत्त करता है और उसे हमारे सामर्थ्य की पहुँच के भीतर ला देता है : भाषा के अभिव्यक्ति सामर्थ्य की एक नयी सम्भावना को उद्घाटित करते हुए। इसलिए कि समकालीन यथार्थ से उसकी संसक्ति अस्तित्वसिद्ध और संश्लिष्ट होती है : भाव-ऊर्जा, बुद्धि-ऊर्जा और स्वाभाविक-ऊर्जा की घनिष्ठ एकाग्रता के कारण। निश्चय ही, जिस युग में सबसे तेज-तर्रार लोग विज्ञान, यान्त्रिकी या बिजनेस मैनेजमेंट को अपना कार्यक्षेत्र बना रहे हों, उस युग में कविता केवल पीछे छूटे रह गये लोगों का सरोकार भर बनी रह कर अपना काम नहीं कर सकती। अपने युग की बौद्धिकता से सम्बन्ध टूट जाने पर कविता के लिए अपनी साख ही खो बैठने का खतरा पैदा हो जाता है। गलत हो या नहीं, आखिर क्यों हमारे यहाँ प्राचीनकाल से ही कवि का बहुश्रुत होना आवश्यक समझा गया? क्यों काव्य की गणना कलाओं में न की जा कर विद्याओं में की गयी और कला को उपविद्या की तरह देखा गया? इसमें सन्देह नहीं—आधुनिक बुद्धि की यह मान्यता भी अपनी जगह ठीक है कि चीजों के सम्बन्ध गहरे और जटिल होते हैं और वास्तविक महत्त्व संरचना का है; दावों या

पूर्वानुमानों का नहीं। परन्तु इससे यह कहाँ निकलता है कि काव्य की कला या विद्या हमारे भाव-संवेदनात्मक अन्तर्जीवन से निरपेक्ष हो जा सकती है? वैज्ञानिक बुद्धि की 'कैल्कुलेटिव थिंकिंग' की भी—अपनी जगह स्वीकार करते हुए हमें यह सावधानी तो रखनी होगी कि कहीं हम साहित्य को विज्ञानों का गरीब रिश्तेदार तो नहीं बनाए दे रहे हैं, उसे किसी विचार-दर्शन का अधीनस्थ मान कर तो नहीं चल रहे हैं। आनन्द कुमारस्वामी ने कहीं लिखा है कि "सच्ची कला जगत् की अप्राप्य पूर्णता से स्पर्द्धा करने नहीं जाती। अपने स्वयं के तर्क और प्रतिमानों पर ही निर्भर रहती है।" अगर यह सही है तो काव्य की कला के भी अपने स्वायत्त तर्क और प्रतिमान होने चाहिएँ जो सैद्धान्तिक भौतिक विज्ञान या अमूर्त चित्रकला के पड़ौसी होते हुए भी अपनी निजी सत्ता बनाए रख सकें। आखिर इस युग के भाव-बोध की बौद्धिक प्रवृत्ति के बावजूद काव्य की—और उस तरह साहित्य मात्र की चालक शक्ति तो मनुष्य की भाव-ऊर्जा ही है। बुद्धि-ऊर्जा भी कविता में आखिर भाव-ऊर्जा के बल पर ही तो सार्थक रूपाकारों या संरचनाओं की खोज कर पाती है।

नयी कविता की परवर्त्ती युवा कविता का विश्लेषण करते हुए विपिन अग्रवाल इस नतीजे पर पहुँचते हैं कि इसमें आधुनिक भाव-बोध के लक्षण अनुपस्थित हैं, क्योंकि, "इसमें चुनाव के लिए नयी राहें खोलने की क्षमता नहीं है।" उनके मतानुसार, "युवा कवि अपने संसार की सच्चाई और अनुभवमयता को पाठक के सामने आदर्श के रूप में रखना चाहता है और उसे इस आदर्श को स्वीकारने के लिए उकसाता है। चुनांचे वह नयी आधुनिक कविता की उपलब्धियों को आगे बढ़ाने की बजाय लोक साहित्य और विज्ञापन का मेल करा के रह जाता है।" समकालीन कविता के मूल्यांकन का एक दृष्टिकोण तो यह है। दूसरा दृष्टिकोण वह है जो अज्ञेय की इस टिप्पणी में झलकता है कि "युवा कवि की असली समस्या जानकारियों के अभाव की नहीं, संवेदन की अपर्याप्तता या दुर्बलता की है।" संवेदन की इस अपर्याप्तता या दुर्बलता का निश्चित सम्बन्ध अज्ञेय की दृष्टि में—भाषा के साथ उस कमोबेश बाँझ रिश्ते के कारण है, जिसका उल्लेख हम पहले ही कर चुके हैं : कविकर्म की अज्ञेय की अपनी समझ के सिलसिले में। इन दोनों दृष्टिकोणों को मिला कर देखें तो समकालीन कविकर्म को लेकर शायद कुछ काम की बात निकल सके।

जिसे हम समकालीन यथार्थ कहते हैं, वह दरअसल एक बहुत बड़ा जाल है जिसकी बनावट में न केवल बीसवीं सदी के विज्ञान, राजनीति और दर्शन की परिवर्तमान अवस्थाएँ हैं बल्कि जिसे हम भाषिक सम्प्रेषण कहते हैं, स्वयं उसकी भी बहुविध उलझनें हैं, जिनमें वास्तविकता को बखानने का दावा करने वाले अनुशासनों की अपनी-अपनी स्वयंपर्याप्त और दीक्षागम्य भाषाएँ विकसित हो जाने से लगा कर स्वयं भाषा के अवमूल्यन तक की स्थितियाँ शामिल हैं। एक ओर अगर यह सच है कि पूरे संसार की नियति से हम जुड़ गये हैं और हर समय चारों दिशाओं से आने वाले बन्धन और मुक्ति के सम्मिलित प्रभावों में जीना ही आज के मनुष्य की विवशता है,

तो दूसरी ओर यह भी लगता है कि इन सम्मिलित प्रभावों को रचनात्मक मुक्ति के पक्ष में घटित करना ही उसके सामने सबसे बड़ी चुनौती है। इस चुनौती के सामने आधुनिक मनुष्य का पुरुषार्थ जिस तरह अन्तर्विभक्त और अपनी अपर्याप्तता के तीखे अहसास से त्रस्त दिखाई देता है, वह अपने आप में विरोधाभास है। ऐसा होना अनिवार्य भी है क्योंकि साहित्य–विशेषकर काव्य में शब्द और अर्थ का सम्बन्ध जिस धरातल पर घटित होता है, वह उस धरातल से बहुत भिन्न है जिस पर दूसरे अनुशासनों में–मसलन, विज्ञान और राजनीति में वह सम्बन्ध घटित होता है। चेतना की जो स्वरूपगत सांकेतिक शक्ति है–अर्थग्रहण करने की, तथा अपने को अभिव्यक्त करने की, उसी को तो हमारे यहाँ वाक्-शक्ति का नाम दिया गया। शब्द और अर्थ के जिस औत्पत्तिक (नित्य) सम्बन्ध की बात मीमांसादर्शन में की गयी है, क्या सारा कविकर्म–आधुनिक कविकर्म भी–जाने-अनजाने उसी से प्रेरित और उसी को चरितार्थ करने का उपक्रम नहीं? और क्या काव्य की इसी प्रकृति, इसी विशेषता में उसकी विशिष्ट मूल्यवत्ता भी निहित नहीं? शब्द और अर्थ के नित्य सम्बन्ध की कल्पना निरी कल्पना ही है, या वास्तविकता? क्या मानवीय ज्ञान के शताब्दियों के विकास-क्रम ने उस प्राचीन विवेक को पिछड़ा और अनावश्यक बना दिया है? या कि नये सिरे से प्रासंगिक? आधुनिक अनुभव और चिन्तन से उसकी कोई संगति बैठती दीखती है? क्या स्वयं आधुनिक अनुभव और चिन्तन अपनी एक परिणति तक पहुँचने के बाद स्वयं अपने को अतिक्रान्त करने की स्थिति में नहीं आ गया है?

मनुष्य न तो पूरी तरह बन्धनों में जकड़ा हुआ है, और न सार्त्रीय अर्थ में पूरी तरह आजाद। निस्सन्देह हम एक सामाजिक परिस्थिति में ही जन्म लेते हैं : मार्क्सवादियों का यह कहना ठीक ही है कि सामाजिक जीवों के रूप में हमारी जो अवस्थिति है, वह बहुत दूर तक हमारे कर्म को निर्धारित करती है और हम अपने इस इतिहास-नियन्त्रित 'स्व' को उतार फेंकने के लिए पूरी तरह स्वतन्त्र नहीं हैं। किन्तु दूसरी ओर, क्या यह भी सच नहीं है कि हमारी कर्म-प्रेरणाएँ पूरी तरह हमारी सामाजिक परिस्थिति से निर्धारित नहीं होतीं? अपने चारों ओर के वस्तु-जगत् के तयशुदा अर्थों से रोज ही हमारी मुठभेड़ होती है। पर वे तयशुदा अर्थ अनिवार्यतः हमारी चेतना की स्वरूपगत सांकेतिक शक्ति पर, स्वतन्त्र अभिप्राय-ग्रहण और अभिव्यक्ति की हमारी क्षमता पर–हावी नहीं हो पाते। देखा जाय तो स्वयं हमें मिली हुई यह भाषा–हमारे और हमारे जगत् के द्वन्द्वात्मक सम्बन्धों का सर्वोत्तम उदाहरण है। यों तो यह प्रदत्त भाषा पूरी तरह वैयाकरणों और कोशकारों द्वारा स्थिर किये गये नियमों और अर्थों से बँधी हुई होती है : हम मनमाने ढंग से शब्दों का इस्तेमाल नहीं कर सकते। परन्तु क्या हम इसी नियमबद्ध भाषा में अपनी सर्वथा निजी और नयी अभिव्यक्ति-शैली विकसित करने को स्वतन्त्र नहीं हैं? क्या हर काव्यकृति और उस तरह हर सृजनात्मक कृति ऐसा ही नहीं करती आयी है?

विनयपत्रिका का मर्म

'इसी चाबी से शेक्सपियर ने अपने हृदय के गोपन रहस्य उघाड़े' किसी प्रसिद्ध लेखक ने शेक्सपियर के सॉनेटों के बारे में यह मन्तव्य प्रकट किया है। तात्पर्य यह, कि ये सॉनेट शेक्सपियर ने यदि न लिखे होते तो हम यह कभी न जान पाते कि वह व्यक्ति कौन था, कैसा था उसका खुद का अन्तर्जीवन। अर्थात् वह व्यक्ति के रूप में हमारी आँखों से ओझल ही रहा आता। हैमलेट, औथेलो, मैकबेथ, जूलियस सीजर, फाल्टस्टॉफ, पॉस्पेरो, इनमें से कौन है जिसमें हम शेक्सपियर की छवि देखें? कोई भी तो नहीं। एक-दूसरे से इतने भिन्न चरित्रों का सिरजनहार इनमें से किसी एक जैसा हो ही कैसे सकता है? ईश्वर की तरह अगणित नाम-रूपों की सृष्टि रचकर जो उनके पीछे स्वयं अन्तर्धान हो गया है, उसे रचने वाले के अपने मन की अपनी व्यक्तिगत कथा को हम कैसे जानें? कुतूहल होना तो सहज स्वाभाविक है कि कैसा रहा होगा वह व्यक्ति अपने-आप में? तो मानो अपनी इस निर्वैयक्तिक, सर्वथा अदृश्य अगोचर जादूगर जैसी प्रतिभा रो आतंकित और चमत्कृत लोगों पर तरस खाते हुए, उनके सहज कुतूहल का शमन करने को ही मानो, शेक्सपियर ने नाटकों से सर्वथा अलग ये डेढ़ सौ सॉनेट लिखे, जिनमें उसने अपने नितान्त सहज साधारण मोहासक्त, हर्ष-विषाद-निराशा-प्रवंचना से पटे उस व्यक्तिगत जीवन को भी यथावत् उघाड़ के दुनिया के सामने रख दिया जिसे अमूमन, आदमी दूसरों से ही नहीं, खुद अपने-आप से भी छुपाता है।

तुलसीदास की 'विनयपत्रिका' में इस अन्तरंग हृदय-संवाद और आत्मीय अभिव्यक्ति का एक दूसरा ही आयाम उद्घाटित हुआ है। फिर भी, पूछा जा सकता है, कि यह कैसी जरूरत है, कैसी गहरी लाचारी है जो एक महाकवि को ऐसी सीधी आत्माभिव्यक्ति के लिए उकसाती है? यह ठीक है कि तुलसी ने नाटक नहीं लिखे, महाकाव्य रचा और वह महाकाव्य अपनी सारी निर्वैयक्तिक विराट्ता और उदारता के बावजादू कहीं—कहीं बीच-बीच में अपने रचयिता के वैयक्तिक अन्तर्मन के भीतर भी हमें झाँकने देता है, उसे खुद अपनी आवाज़ में भी बोलने देता है। परन्तु...शायद इसी कारण हमारी उसके और समीप आने की उत्सुकता और प्रत्याशा बढ़ जाती है। निश्चय ही यह उस तरह का कुतूहल नहीं है जो एक पाश्चात्य

रचनाकार अपने बारे में हममें जगाता है। भारत को जानने के लिए शायद भारत के इतिहास का सिलसिलेवार ब्यौरा उतना जरूरी नहीं, जितना यूरोप के मर्म के पहचानने के लिए यूरोपीय इतिहास का ज्ञान अनिवार्य है। शायद यह इन दो संस्कृतियों के बीच जो काफी बड़ा लगभग बुनियादी-सा अन्तर है, उसके कारण है। कौन जाने, शायद उसी तर्क से भारतीय कवि और रचनाकार भी हममें अपने व्यक्तिगत जीवनी के प्रति वैसा कुतूहल नहीं जगाता जिस तरह का कुतूहल हममें कोई नया अथवा पुराना पश्चिमी साहित्यकार जगाता है। अक्सर ये व्यक्तिगत जीवनी के ब्यौरे उसके कृतित्व को समझने में मदद भी करते जान पड़ते हैं। दान्ते और मिल्टन और ग्योएटे और बर्डस्वर्थ इसके जीते-जागते उदाहरण हैं। और वहाँ उस तरह की सामग्री भी आसानी से सुलभ हो जाती है। हम लोग तो खामखाह अतीतजीवी कहलाते हैं। असल अतीत प्रेम तो पश्चिम में दिखाई पड़ता है जो अतीत को उद्घाटित करने वाली चीजें इतने जतन से, इतने करीने से सँजोकर रखता आया है। उसकी तुलना में हम तो इतिहास-विमुख ही कहे जाएँगे। इतिहास विमुख...और हाँ, आत्मकथा विमुख भी। किन्तु हममें एक दूसरा गुण है...हमारा अवस्थिति-बोध, जो उक्त इतिहास बोध की कमी को काफी दूर तक भर देता है और जो हमारे साहित्य को भी उसका वह अनूठा वैशिष्ट्य प्रदान करता है जो उस तरह और कहीं भी नहीं दिखाई पड़ता। हमारे महाकवियों का महाकवित्व अन्यान्य गुणों के साथ-साथ इस विलक्षण अवस्थिति-बोध और उसकी अभिव्यक्ति में भी निहित है। तुलसीदास ऐसे ही महाकवि हैं और इस मानी में उनकी 'विनयपत्रिका' भी उतनी ही मार्मिक एवं महत्त्वपूर्ण है जितना कि उनका 'रामचरितमानस'।

बल्कि, 'विनयपत्रिका' में यह अवस्थिति-बोध यानी संसार में मानवजीवन की विलक्षण अवस्थिति का बोध और भी तात्कालिक और तीखे, और भी सघन, संवेदन के साथ चरितार्थ हुआ है। शेक्सपियर के सॉनेटों में लौकिक प्रेम-प्रसंगों की उत्कट व्यंजना हुई है, तो वैसी ही उत्कट अभिव्यंजना 'विनयपत्रिका' के पदों में अलौकिक प्रेम की हुई है। किन्तु विलक्षण बात यह है कि तुलसी के इस काव्य में अलौकिक भी लौकिक की ही तरह प्रत्यक्षसंवेद्य हो गया है। यहाँ जो उच्चतम और दिव्यतम सत्ता है, वह तुच्छतम के साथ एकात्म होकर ही अपनी चराचरव्यापी दिव्यता और पावनता को चरितार्थ कर रही है। यही उसकी मार्मिकता का रहस्य है।

'दिस इज माई लेटर टु द वर्ल्ड' प्रख्यात अमरीकी कवयित्री एमिली डिकिंसन अपनी एक कविता में कहती है। एक तरह से, अपनी समस्त कविताओं की अपने जीवन व्यापी कविकर्म की व्याख्या या भूमिका प्रस्तुत करते हुए।...''मेरी कविता दुनिया के नाम मेरे प्रेम की पाती है—उस दुनिया के नाम, जो मुझे मालूम है, कभी पलटकर मुझे पत्रोत्तर नहीं देने वाली है—जिससे प्रत्युत्तर पाने की किसी प्रकार की प्रत्याशा भी मैं नहीं पालती।'' उसने लिखा है।...सचमुच कविता इसके सिवा और है

भी क्या? अहेतुक आत्मनिवेदन और आत्मदान के सिवा? किन्तु काव्य तो महाकाव्य के रूप में, नाटक के रूप में भी प्रकट होता है--जहाँ कविता सीधे अपनी प्रथम पुरुष वाली आवाज में नहीं बोलती। जहाँ अन्य पुरुष वाली तीसरी आवाज ही छायी रहती है और कवि का अपना व्यक्तित्व, अपना स्वर उसी में ओझल हो जाता है। 'रामचरितमानस', 'पैराडाइज लॉस्ट', 'डिवाइन कॉमेडी' ऐसी ही कृतियाँ हैं। यह भी कहा जाता है और ठीक ही कहा जाता है कि इतने विराट् और निर्वैयक्तिक फलक पर रचनात्मक उन्मोचन पा चुकने के बाद कवि पूरी तरह अपनी जीवनानुभूति से उबर आता है। क्योकि असली आत्माभिव्यक्ति अथवा उन्मोचन तो यही है--किसी और के मुख से, कोई और होकर बोलना। अर्थात् निर्वैयक्तिक अभिव्यक्ति।

तब फिर वह कौन-सी प्रेरणा, कौन-सी जरूरत है जो इन महाकवियों को सीधे प्रथम पुरुष में भी बोलने को प्रेरित करती है? मिल्टन और शेक्सपियर को सॉनेट लिखने की ज़रूरत क्यों पड़ी? तुसलीदास को 'विनयपत्रिका' क्यों लिखनी पड़ी? दान्ते को भी अलग से अपनी आत्मकथा को—अपनी भावाविष्ट मन-स्थितियों और प्रसंगों को क्यों एक अपेक्षाकृत अपरोक्ष और तात्कालिक अभिव्यक्ति देनी पड़ी?

पश्चिमी कवि और उसके भारतीय समानधर्मा के बीच फिर भी इस माने में भी काफी बड़ा अन्तर है। निश्चय ही 'विनयपत्रिका' का स्वर 'लिरिकल' आत्माभिव्यक्ति का ही, यानी प्रथम पुरुष का ही, वैयक्तिक स्वर है। किन्तु जीवनीमूलक वह फिर भी नहीं है। शेक्सपियर, मिल्टन या दान्ते की छोटी कविताएँ हमें कवि के व्यक्तित्व के बारे में, उसकी व्यक्तिगत जीवनी के बारे में भी बहुत कुछ बताती हैं। शायद उन कविताओं के प्रति हमारे कुतूहल, हमारी रीझ-बूझ का एक महत्त्वपूर्ण पक्ष यह भी है। 'विनयपत्रिका' का स्वर उस अर्थ में लौकिक और जीवनीमूलक स्वर नहीं है। उसका सम्बोध्य नर नहीं, नारायण है। उसकी विषयवस्तु भी लौकिक रागबन्ध, लौकिक सम्बन्धों की तीव्रता-विह्वलता न होकर इस सबसे छुटकारा पाने की उत्कण्ठा ही है।

'यद्यपि मेरे अवगुणों का कोई अन्त नहीं, निपट संसारी जीव हूँ मैं और संसार के योग्य ही हूँ, संसार से मुक्ति पाना मेरे बस की बात कदापि नहीं है'—कवि कहता है।..."परन्तु तुम तो करुणानिधान हो, कम से कम अपने गुणों का तो खयाल करो। मुक्ति के योग्य मैं न सही, पर क्या तुम्हारी दया के योग्य भी नहीं ठहरता मैं?"

जद्यपि मम अवगुण अपार संसार-जोग्य रघुराया।
तुलसीदास निज गुन बिचारि करुनानिधान करु दाया।

'विनयपत्रिका' के कवि की दृष्टि में यह करुणा, यह भगवत्कृपा ही सबसे बड़ा मूल्य है। कवि इसी पर भरोसा करना चाहता है। अपनी सामर्थ्य, अपनी प्रतिभा या तपस्या पर नहीं। बारम्बार स्थायीभाव की तरह यही बात दुहरायी गयी है। फिर भी हर एक बार वह एक नयी विकलता के साथ प्रकट होती है। कितनी लम्बी चिट्ठी है यह—भगवान् को, अपने आराध्यदेव को लिखी गयी चिट्ठी जिसमें एक ही रट है,

एक ही छटपटाहट है, यहाँ तक कि आराध्य को उलाहना देने-झगड़ने का ढंग भी वही रहता है। फिर भी जिस तरह हमारी दैनिक प्यास रोज वही रहते हुए भी हर बार नयी हो जाती है और वैसी ही विकलता उपजाती है, उसी प्रकार यह अलौकिक की प्यास भी कभी पुरानी नहीं पड़ी, पढ़ने-सुनने में भी बासी या एक रस नहीं लगती—इसका क्या कारण है? कोई और विषय वस्तु होती, तो ऐसा कदापि सम्भव नहीं था। इससे भी बड़ा चमत्कार यह, कि हम कलिकाल के—अर्थात् अनास्था, घोर मूल्यमूढ़ता और घोर संशय के युग के—प्राणी हैं। हममें से अधिकतर के लिए भक्ति उस तरह हमारी अपनी अनुभूति का विषय भी नहीं है—उनके लिए भी नहीं, जो उस तरह नास्तिक नहीं हैं, परम्परागत विश्वासों से किसी तरह हिलगे हुए हैं। तथापि, आखिर क्या कारण है कि यह काव्य फिर भी हमारे मर्म को छूता है, हममें एक ऐसी व्याकुलता जगाता है, जो और कोई साहित्य, और कोई अनुभव नहीं जगाता? हममें से जो लोग आधुनिक भाव-बोध में पले हुए हैं, पारम्परिक श्रद्धा- विश्वास का सम्बल अपनी प्रश्नाकुल बौद्धिकता और तर्कशीलता के चलते लगभग पूरी तरह खो चुके हैं, किन्तु साहित्य के (आधुनिक साहित्य के भी) मानवीय मर्म से संवेदित हैं वे 'विनयपत्रिका' के सामने पहले तो अटक जाते हैं, उसमें उस तरह रम नहीं पाते—जिस तरह, कि वे शरत्, रवीन्द्र या निराला की रची दुनिया में तुरन्त रम जाते हैं। इसलिए, कि वह तो फिर भी हमारी जानी-पहचानी लौकिक, अनुभूतियों की दुनिया लगती है। किन्तु भक्ति की, वैराग्य की, अलौकिक भाव की बातें उस तरह आज हमारे चित्त को या बुद्धि को नहीं व्यापती। युगधर्म के प्रतिकूल लगता है हमें यह सब। पुराण की वे गाथाएँ और दृष्टान्त भी, जिनका कवि ने पग-पग पर उपयोग किया है—वे कभी हमारे लिए उस तरह निकट और सहजसंवेद्य नहीं रहे। तब फिर इस जबर्दस्त बाधा के बावजूद—आखिर क्या बात है कि हम इस प्रारम्भिक अटक के बाद धीरे-धीरे इस पारलौकिक, नॉन सेकुलर, पारम्परिक श्रद्धा और विश्वास से प्रेरित रचना के जगत् में अपने को सहज अनुभव करने लगते हैं, हमें यह श्रद्धा बुद्धिविरोधी नहीं, बुद्धिसम्मत लगने लगती है, भक्ति के अवलम्बन अवतारी इष्टदेव राम और वेदान्तियों के परम बौद्धिक ब्रह्म के बीच हमें एक गहरा पाताली सम्बन्ध प्रतीत होने लगता है। माया, अज्ञान, भगवत्कृपा आदि की बड़ी सुदूर और किताबी-सी प्रतीत होने वाली बातें भी हमारी वास्तविक जीवनानुभूतियों से गहरे और गहरे जुड़ती चली जाती हैं। अनचाहे-अनजाने ही हम पाते हैं कि कवि यदि एक स्तर पर हमसे दूर है तो दूसरे स्तर पर हमारा समकालीन समानधर्मा भी बन गया है, उसकी आवाज हमें अपने भी भीतर से आती हुई प्रतीत होने लगती है।

स्वांग सूधो साधु को, कुचालि कालि तें अधिक,
परलोक-फीकी मति, लोक-रंग-दई।
बड़े कुसमाज राज आजु लौं, जो पाये दिन,
महाराज! केहू भाँति नाम-ओट लई

यह कौन बोल रहा है? किसकी आवाज है यह?...'मेरा स्वांग तो सीधे-सादे साधु जैसा है। पर समय जितना टेढ़ा चल रहा है, उससे भी ज्यादा टेढ़ा मैं चल सका हूँ।' ...हिन्दुस्तानी दिमाग काल-गति के यथार्थ को स्वीकारता है। परन्तु उसका मतलब यह नहीं कि सारी जिम्मेदारी समय के मत्थे मढ़कर हम खुद उससे बरी हो जाएँ। नहीं! मनुष्य इस तरह अपनी जिम्मेदारी से नहीं भाग सकता। दुर्योधन ने 'केनापि देवेन हृदिस्थितेन यथानियुक्तोस्मि तथा करोमि' की बात की थी। धर्म-अधर्म का विवेक रखते हुए भी, विवेकी आचरण की योग्यता रखते हुए भी मनुष्य कुकर्म में क्यों पड़ता है? यह एक बड़ा टेढ़ा सवाल है। जिसने सभी देशों के और सभी कालों के मनुष्य को मथा है। यह प्रश्न वैज्ञानिक, समाजशास्त्री, मनोविज्ञानी और राजनीतिज्ञ की सामर्थ्य के बाहर का प्रश्न है। परन्तु वर्तमान युग की बिडम्बना ही यह है कि मनुष्य का बौद्धिक अहंकार सारी सीमाएँ लाँघ चुका है। चूँकि आज की अभूतपूर्व भौतिक प्रगति इसी बुद्धि के बूते सम्भव हुई है, इसलिए यह अहंकार स्वाभाविक-सा लगता है; पर है नहीं। कड़ुवा यथार्थ यही है कि आज अपनी तर्क-बुद्धि के पराक्रम से हमने पृथ्वी की पावनता को और देवताओं को भी उजाड़ डाला है, तो हम कैसे इस बहाने की आड़ ले सकते हैं कि यह केवल कलियुग का प्रभाव है। यथार्थ यही है कि यदि कलियुग मुझे प्रभावित कर रहा है तो इस कलियुग को लाने में मेरा भी खासा हाथ है। इतना ही नहीं, चूँकि हमारी आधुनिक बुद्धि ने हजार साल में होने वाली प्रगति को पचास साल में सम्भव करके दिखा दिया है, इसलिए अब कलियुग की बात ही कहाँ रही? युग-निर्माता तो काल नहीं, यह मनुष्य ही हो गया। तभी तो वह यह दावा करता है कि नये मनुष्य का निर्माण हो रहा है, मनुष्य की प्रगति-सामर्थ्य असीम है, पृथ्वी पर स्वर्ग का राज्य स्थापित हो जायेगा। इसके लिए किसी ईश्वर की जरूरत नहीं इत्यादि...इत्यादि। तभी तो वह ईश्वर की, मृत्यु की, परलोक की असम्भवता की बात करता है और इहलोक की एकमात्रता का दावा करता है, डंके की चोट पर। तभी तो वह ईश्वर की जगह मनुष्य को दाँव पर लगाकर मानव-नियति का जुआ खेलता है।

सचमुच-सचमुच ही, 'मैं कलि से अधिक कुचाली हूँ'—इस कड़वे सच से पीछा छुड़ाना मुश्किल है। 'विनयपत्रिका' के कवि ने इसकी गुंजाइश ही नहीं छोड़ी है। फिर यह कौन है, जिसकी बुद्धि 'परलोक-फीकी' हैं, अर्थात् जिसकी बुद्धि को परलोक सम्बन्धी बातें, दिव्यता की बातें एकदम निस्सार और फीकी लगती है—जो इस कदर सेकुलर हो चुकी है, इकलोक को ही एकमात्र सत्य मानकर उसी के रंग में रंगी हुई है। यह तुसलीदास अपनी या अपने युग की बात कर रहे हैं या कि हमारी? यानी, इस बीसवीं सदी की आखिरी सीढ़ी पर बैठे हुए हिन्दुस्तानी बुद्धिजीवी की? निश्चय ही यह समकालीन यथार्थ ही है, समकालीन मनुष्यता ही है। यह कौन? यह आदमी, जो ईश्वर से इस तरह तू-तड़ाक करके बात कर रहा है, सीधे नाम लेकर, और साफ कह रहा है कि तुमको नाराज़ करने लायक तो करोड़ों कुकर्म मैंने

किये। मगर तुमको रिझाने लायक गुण तो मुझमें एक ही है—यह मेरी निर्लज्जता। यानी यह मेरी ज़िद, मेरा विश्वास है कि अगर मैं तुम्हारे नाम की रट लगाकर तुम्हें पुकारता रहूँगा, तुम्हें उलाहना देता रहूँगा तो तुम्हें मुझे अपनाना ही पड़ेगा—मुझसे मुँह नहीं मोड़ सकोगे तुम। यह जो ईश्वर से सीधा सम्बन्ध स्थापित करने की परम तत्त्व को—अरूप, अनाम और अलख निरंजन को— नाम लेकर पुकारने और प्रत्यक्ष अनुभव करने की जिद है, यह क्या आज से पहले कभी सम्भव थी? परमसत्ता से, अलौकिक शक्ति से और अब किस तरह सम्बन्ध जोड़ा जाना सम्भव रह गया है! केवल मात्र यह नाम, यह शब्द ही तो मेरे बस में हैं। मेरे अनुभव का विस्तार, उसकी पहुँच इसके अलावा और है क्या? जिस युग में आत्मा और परमात्मा की बात ही करना असम्भव हो गया हो, सृष्टि पूरी तरह रहस्यरिक्त होकर महज नापने-तोलने की चीज बन गयी हो, सब कुछ मात्र विषय बन चुका हो यहाँ तक कि आत्म तत्त्व भी एक 'विषय' के रूप में ही सिकुड़-सिमट चुका हो, उस बुद्धिवादी युग में और रास्ता ही क्या बचता है, दिव्यता और पावनता के साथ सम्बन्ध बनाने का—उसे महसूस तक कर पाने का? सिवा उसे अपनी ही व्याकुलता के भीतर से नाम देकर रचने के। क्योंकि सच्चाई तो यही है कि 'अपनेहि धाम नाम सुरतरु तजि विषय बबूर बाग मन लायो'। क्या यह आध्यात्मिक शब्दावली में हमारी आज की जीवनानुभूति का ही यथातथ्य चित्रण नहीं लग उठता?

आखिर क्यों इस नाम के सिवा और दूसरे किसी साधन पर कवि को भरोसा नहीं है? बात यह है कि वेदों में जिन कर्मों की महिमा पायी गयी है—उन्हें कलियुग सफल होने ही नहीं देगा। काल की गति ने ही उन्हें निष्प्रभाव कर दिया। 'यद्यदाचरति श्रेष्ठस्तत्तदेवेतरोजनः' गीता ने क्या साफ ही चेतावनी नहीं दी है? श्रेष्ठजन समाज में जैसा आचरण करेंगे, इतरजन उसी का अनुकरण करेंगे। अब श्रेष्ठजनों का इस युग में क्या हाल है! यह तो युग के महाकवि विलियम बटलर येट्स के ही मुख से सुनने लायक है : कहते हैं— 'दि बैस्ट लैक ऑल कन्विन्शन एण्ड दि वर्स्ट आर फुल ऑव पैशनेट इंटेंसिटी...'। अर्थात् जो सबसे अधिक बुद्धिमान, सज्जन और संवेदनशील हैं, उन्हें अपने ऊपर या किसी भी मूल्य पर विश्वास नहीं रह गया है, वे पूरी तरह संशयात्मा हो चुके हैं। और जो सबसे दुरात्मा हैं, उनके आत्मविश्वास की, उद्दण्ड आत्मविश्वास की कोई हद ही नहीं रह गयी है। यह है वस्तुस्थिति आज के मानव समाज की, आज के संसार की। तुलसीदास का समय निश्चय ही आज से अलग था। पर इतना अलग भी नहीं था।

काम क्रोध मद मोह लोभ मिलि ग्यान विराग हरो सो।
विचरत मन संन्यास लेत जल नावत आम धरो सो।।
बहुमत मुनि बहु पन्थ पुराननि जहाँ-तहाँ झगरो सो।।
गुरु कह्यो राम-भजन नीको, मोहि लगत राज-डगरो सो।।

नाम के साथ कवि का सम्बन्ध तो जैसा कि मैंने अन्यत्र भी दुहराया है—रचना-प्रक्रिया का सम्बन्ध है जिससे अधिक आत्मीय, अधिक गहरे और आस्तित्विक सम्बन्ध की कल्पना भी नहीं की जा सकती। मगर क्या यह हमारे अस्तित्व की ही कटुतम सच्चाई नहीं है कि हम अपने अन्तर्यामी और घट-घट व्यापी से ही अपने पाप छिपाते फिरते हैं? इसका और कौन-सा इलाज हो सकता है सिवा उस अन्तर्यामी और घट-घट वासी को ही अपना सब कुछ निवेदित करने के? सिवा इस आधारभूत अनुभव को ही सदा अपनी आँखों के सामने रखने के, कि—

कीरति कुल, करतूति, भूमि भलि सील सरूप सलोने।
तुलसी प्रभु-अनुराग रहित जस लागत साग अलोने।।

'यू आर दि सॉल्ट ऑव दि अर्थ'—बाइबिल का वचन याद आता है : तुम इस धरती के नमक हो, और यदि नमक ही अपना खारापन खो देगा तो बताओ, किस चीज में कौन-सा स्वाद बचा रहेगा?...'इफ द सॉल्ट लूजेज इट्स फ्लैवर, व्हेरविद शैल्ट इट बी सॉल्टेड'। वहाँ मनुष्य ही इस धरती का नमक है। पर यहाँ, तुलसी के रचना-संसार में, स्वयं मनुष्य की मनुष्यता का अर्थ और मूल्य दिव्यसत्ता के साथ उसके रागबन्ध में है। प्रभु-अनुराग के बिना सब कुछ अलोना है, निरर्थक है।

यह नाम इतना बड़ा, इतना अशरणशरण कैसे हो गया कि यज्ञ, योग और तप से भी आगे निकल गया? कलियुग में, जहाँ ऊँचे से ऊँचे साधन की कीमत सिफर हो गयी, आत्म-ज्ञान की जगह विषय-ज्ञान प्रतिष्ठित हो गया, ईश्वर के मृत्यु की और 'सुपरमैन' अथवा 'सर्वहारा' के अधिनायकत्व की घोषणा एक ही सुर में की जाने लगी, वहाँ रामनाम भवसागर पार करने की एकमात्र सुदृढ़ नौका की तरह क्यों दिखने लगा? जहाँ हॉपकिन्स सरीखा परम धार्मिक और प्रतिभासम्पन्न कवि भी अपने सम्प्रदाय की कठोर आचार-संहिता की बलि-बेदी पर अपने कवित्व की आहुति देने को बाध्य हो जाए, और इस आत्महनन सरीखे त्याग के बावजूद (या; फलस्वरूप) एक अतलान्त आत्मावसाद और बाँझपन का शिकार हो जाए; तो ऐसे मरुस्थल में श्रद्धा कैसे पनपे? दिव्य और पावन का पुनर्वास किस तरह हो? समय तो हर तरह प्रतिकूल है। कवि अज्ञेय के शब्दों में—

छिछली उथली घनी चौंध से अन्ध
भटकते फिरे निरन्तर
हम अपने ही रचे हुए
मायावी उजियाले में...

हाँ, यह 'मानव का रचा हुआ सूरज' ही तो था जो हिरोशिमा में मनुष्य को ही भाप बनाकर सोख गया था। प्रश्न यह है कि इससे मनुष्य का उद्धार कौन करेगा? आशा का आधार कहाँ है? कई आधुनिक मनीषियों की दृष्टि में आशा कदाचित् स्वयं भाषा में तुलसीदास के रचे हुए मुहावरे का आश्रय लेकर कहें तो—'नाम

निरूपण, नाम जतन' में है। अब, मनुष्य इस नाम-निरूपण, नाम-जतन की शक्ति की, अर्थात् भाषा की शक्ति का सृष्टा न सही, आविष्कर्ता तो है ही। और यह पहचान अगर बची रहती है—'नाम-निरूपण, नाम-जतन' के धनी तुलसीदास सरीखे कवियों की बदौलत, तो फिर उम्मीद तो बँधती ही है कि मनुष्य अपने को इसी बूते बचा लेगा। और अगर यह पहचान मनुष्य में नहीं है तो फिर मनुष्य में ही ऐसा क्या है जिसके लिए हम उसी को बचाने की चिन्ता करें? कौन-सा वह मायाबी उजियाला है जो अपनी छिछली उथली घनी चौंध से अन्धा कर देता है? यह वह उसका रचा हुआ परमाणविक सूरज, जो हमीं को भाप बनाकर सोख लेता है? 'व्हाट इज मैन दैट दाउ शुड केअर फॉर हिम?' बाइबिल के सन्त ने पूछा था अपने परमपिता से। हमारा भक्त कवि क्या कहता है, तनिक ध्यानपूर्वक सुनें—

परगुन सुनत दाह, पर-दूषन सुनत हरख बहुतेरो।
आप पाप को नगर बसावत, सहि न सकत पर खेरो।।
साधन-फल, श्रुति-सार नाम तब, भव-सरिता कहँ बेरो।
सो पर-कर काँकिनी लागि उठ, बेंचि होत हठि चेरो।।

मनुष्य की आत्म-प्रवंचना की सामर्थ्य भी असीम है। इस बारे में तुलसीदास को कोई भ्रम नहीं है। सैकड़ों निहायत घरेलू बिम्बों, दृष्टान्तों द्वारा उन्होंने इस यथार्थ को प्रत्यक्ष किया है। हाँ, यह मनुष्य राम-नाम को भी कौड़ी मोल बेच खा सकता है। अपनी अतलान्त गुलामी और विषयाशक्ति को ही अपनी आजादी और अपनी महिमा समझकर इतराता रह सकता है। मानव-जीव की इस दशा से कवि ने स्वयं ही सहानुभूतिपूर्ण तादात्म्य स्थापित करके, उस अनुभव-भोग की त्रासदायी वस्तुस्थितियों को यथावत् देखने-दिखाने के बाद ही मुक्ति के पथ की झलक पायी है। इसी कारण उसका ज्ञान भक्ति के रूप में प्रकट हुआ है। यह दैन्य-भाव और यह भक्ति कोरी भावुकता से कोसों दूर है। शायद ही किसी अन्य कवि ने ज्ञान और भक्ति को 'इंटेलैक्ट' और 'इमोशन' को इस तरह अपनी कविता में जोड़ा होगा। 'रामचरितमानस' में इनका जो रासायनिक संयोग घटित हुआ है—वह 'विनयपत्रिका' में और भी निकट तात्कालिक और आत्मीय अनुभव की तरह उद्घाटित होता है—यह भी इस आत्म निवेदन के काव्य की खास अपनी विशेषता है। अद्वैत के जटिल और गूढ़ दार्शनिक प्रत्यय यहाँ कवि की भाव-ऊर्जा में ढलकर नितान्त घरेलू तथ्यों की तरह भासित होने लगते हैं—यह इस काव्य का ही चमत्कार है। दूसरा चमत्कार स्वयं नर और नारायण के इस प्रगाढ़ आत्मीय सम्बन्ध की मार्मिक अभिव्यक्ति का है। परमहंस रामकृष्ण को हम 'चरितामृत' के पृष्ठों में जिस तरह महाकाली से प्रत्यक्ष संवाद करते सुनते हैं—रोते, खींझते, झगड़ते, उलाहना देते ठीक उसी तरह 'विनयपत्रिका' के कवि को भी। अद्वैत का इससे अधिक प्रत्यक्ष पाठ और क्या होगा?

कह तुलसीदास सुनु रामा। लूटहिं तसकर तब धामा।।
चिन्ता यह मोहिं अपारा। अपजस नहिं होय तुम्हारा।।

'विनयपत्रिका' में प्रयुक्त बिम्बों का एकाग्र अध्यात्म इस काव्य के मर्म में पैठने में सहायक है। उदाहरणार्थ, धृत से भरी कड़ाही और चन्द्रमा की परछाई, साँप का बिल, करील, चन्दन और बाँस, द्वैत का अन्धकूप, मरीचिका की चौंध और मगर, सूनी दीवाल का माया-चित्र...व्याकुलता के इन स्वानुभूत ब्यौरों-बिम्बों के बिना 'भगति' और 'ज्ञान' का पाताली रिश्ता कैसे प्रकट होता? मात्र इस एक पद के केन्द्रीय बिम्ब पर ही तनिक आँख गड़ाकर देखें तो कवि के संवेदनात्मक ज्ञान की गहराई ही नहीं, ज्ञानात्मक संवेदन की तीव्रता और प्रामाणिकता भी चित्त में अच्छी तरह बैठ जाएगी।

केशव! कहि न जाइ का कहिये।
देखत तब रचना विचित्र हरि। समुझि मनहि मन रहिये।।
सून्य भीति पर चित्र, रंग नहिं, तनु बिनु लिखा चितेरे।
धोये मिटे न मरई भीति दुःख पाइअ एहि तनु हेरे।।

यह आकस्मिक नहीं, कि काव्य का जो सबसे घनीभूत और तीव्र भाव-संवेग है, वही इसका सबसे बौद्धिक तर्क भी है। कवि की आस और विश्वास का आलम्बन भी स्वभावतः वही है। आदि से अन्त तक जो बात बार-बार धूम-फिरकर दुहराई जाती है यहाँ स्थायी भाव की तरह, वह स्थायी भाव है राम का 'गरीबनिवाज बिरुद'। वही इस नाम को उसका विलक्षण माहात्म्य और चराचरव्यापी विराट् स्वरूप प्रदान करता है। वही उसे एक ओर मात्र दर्शन का नहीं, प्रत्युत काव्य का तीव्रतम सघनतम गीति काव्य का विषय भी बनाता है और दूसरी ओर महाकाव्य का भी।

ऐसी हरि करत दास पर प्रीति।
निज प्रभुता विसारि जन के बस, होत सदा यह रीति।।

विमल बतकही और अचूक मात्रा-ज्ञान के धनी : कथाकार श्रीलाल शुक्ल

व्यंग्य के नाम पर, या सच तो यह है कि किसी भी विद्या के नाम पर पत्र-पत्रिकाओं के लिए जल्दबाजी में आँय-बाँय-शाँय लिखने का जो चलन है, उसके अन्तर्गत कुछ दिन पहले मैंने एक निबन्ध लिखा था। वह एक पाक्षिक पत्रिका में 'हास्य-व्यंग्य' के स्तम्भ के लिए था। हल्केपन के बावजूद उसे लिखते-लिखते मैं गम्भीर हो गया था (बकौल फिराक, 'जब पी चुके शराब तो संजीदा हो गये') यानी, इस निबन्ध से 'शाँय' गायब हो गयी थी, सिर्फ 'आँय-बाँय' बची थी।

(इस उम्र में : श्रीलाल शुक्ल)

उपर्युक्त गद्यांश से अगर नाम-पता ग़ायब कर दिया जाये तो क्या कोई अच्छा खासा अनुभवी पाठक भी कभी सोच सकता है, कि यह एक कहानी की शुरुआत होने जा रही है? यह तो हुआ पहला पैराग्राफ; मगर आगे भी पाँच-छः पैराग्राफ इसी रौ में चलते हैं। यह बताते हुए कि 'आँय-बाँय' की प्रेरणा शहर के एक बहुत बड़े दार्शनिक और लेखक की सड़क-दुर्घटना में हुई मौत ने दी थी, और सूचना के अभाव में गिने-चुने आठ-दस लोग मिलकर उनका दाह-संस्कार कर आये थे, कथा का सूत्रधार लेखक आगे कहता है—"स्थिति अवसादपूर्ण थी, पर मुझ जैसे लेखक को, जो अपने यथार्थ-बोध और भावुकता-विरोध के लिए विख्यात है, इससे क्या लेना-देना? मुझे 'आँय-बाँय' यानी हास्य-व्यंग्य के लिए यह बहुत वाजिब विषय जान पड़ा और मैंने...टिप्पणी लिख डाली।" टिप्पणी 'भविष्य में मरने वालों को सम्बोधित' है और उसमें 'अपनी शवयात्रा में भीड़ जुटाने के नुस्खे' सुझाये गये हैं। तब फिर यह लेखक ही बताता है कि लिखने के बाद "एक बड़े लेखक के साथ जैसाकि होना चाहिए, मैं अपने से कुछ असन्तुष्ट और साथ ही कुछ हद तक आत्ममुग्ध होकर छत पर टहलता रहा।"

इस तरह लगभग दो पृष्ठ लिखे जा चुके हैं और अभी तक 'कहानी' की कोई आहट नहीं। मगर अब अकस्मात् यह बतकहिया पार्श्व-संगीत थम जाता है और 'परोक्ष' की जगह एक 'प्रत्यक्ष' घटना इस नैरेटर लेखक के आँख के सामने घटित हो जाती है : 'एक बूढ़ा आदमी किसी तेज रफ्तार टैम्पो की चपेट में आ गया था'...।

असली कहानी अब इसके उपरान्त ही शुरू होती है। चरितनायक और सूत्रधार अब भी यही, हास्य-व्यंग्यकार लेखक ही रहने वाला है; मगर अब उसका साबका एक ऐसी अपूर्वानुमेय परिस्थिति से और एक ऐसे सगुण-साकार मानवजीव से पड़ जाता है जो उससे तुरतबुद्धि और सकर्मक हस्तक्षेप की माँग करते हैं, यही नहीं, संवेदना और समझ के स्तर पर भी एक अप्रत्याशित चुनौती इस लेखक-चरित्र के सामने उठ खड़ी हुई है। न तो अब यहाँ 'धीरोदात्त आचरण' की गुंजाइश है, न व्यंग्य-लेखन को सामाजिक कर्म का स्थानापन्न मानकर चलने की सुविधा। "...मैंने देखा कि कुछ लोगों ने इसी बीच बहुत सँभालकर बूढ़े को अपने हाथों में ले लिया है और जब मैं उम्मीद कर रहा था कि वे किसी गाड़ी में बिठाकर अस्पताल ले जाएँगे, वे उसे उठाकर मेरे फाटक के सामने लाये; उसके बाद उन्होंने उसे बड़ी कोमलता से फाटक के ठीक आगे लिटा दिया। यह देखकर नीचे से मेरे नौकर ने और छत से मैंने विरोध की आवाज उठायी और मैं बड़ी तेजी से फाटक के पास पहुँच गया। तब तक वे लोग बूढ़े को फाटक के पास छोड़कर ग़ायब हो गये थे।"

यहाँ ध्यान देने की बात है कि ये 'ग़ायब हो जाने वाले लोग' हमारे चरितनायक (लेखक खुद) की तुलना में कहीं अधिक सकर्मक मानवीय सहानुभूति से सम्पन्न लोग हैं। यह हम कैसे जानते हैं? स्वयं लेखक की रिपोर्टिंग में अनायास दर्ज हो गये 'बहुत सँभालकर', 'बड़ी कोमलता से' जैसे ब्यौरों के बूते ही न? आगे देखिए ''आप लोग यहाँ रुकें, मैं पुलिस को फोन करके आता हूँ" कहते हुए लेखक जब 'अपने सुपरिचित बैठकखाने' में आ जाता है, तभी उसे 'कुछ सुकून' मिलता है, और जब पुलिस आ जाती है तो उसे 'दोहरी खुशी' होती है; "एक तो यह कि बूढ़े के बारे में मेरी जिम्मेदारी ख़त्म हुई, दूसरे इसलिए कि बची-खुची भीड़ और मुहल्ले वालों की नज़र में निश्चय ही मेरी साख बढ़ी।"...यह भी लेखक ही हमें बताता है कि "पुलिस की मौजूदगी का असर देखिए कि जो उसे मेरे फाटक के पास छोड़ गये थे, उनके खिलाफ़ मेरे मन में अब पहले जैसी कड़ुवाहट नहीं बची थी। बूढ़े के लिए चिन्ता जरूर थी पर यह चिन्ता भी शायद इस एहसास की उपज थी कि पूरे घटना-चक्र में मुझे अब एक महत्त्व की भूमिका निभानी है।"

यहाँ किस तरह, किस खूबी के साथ लेखक के साक्षीभाव की लपेट में वह खुद ही नहीं, उसके बहाने एक बहुत बड़ा 'सोशल कन्सर्न' का दावेदार लेखक वर्ग ही नहीं, बल्कि समूची सुविधाभोगी मध्यमवर्गीय मानसिकता भी आ गयी है। अपने अचूक मात्रा-ज्ञान से यह खुद अपने साक्षीभाव का, खुद अपनी स्वचेतना का भी साक्षी लेखक जानता है कि कब, किसे, कितना 'स्पेस' देना है; ताकि कहीं कुछ भी अतिरिक्त और अनर्गल न हो जाय। लेखक का यह मात्रा-ज्ञान जितना भीतर की ओर उन्मुख है, उतना ही बाहर के दृश्य-श्रव्य पर एकाग्र भी। वही एकाग्रता अब कहानी में नाटकीयता का समुचित विनिवेश करती है जिससे पुलिस का चरित्र भी,

एकदम यथातथ्य ब्यौरों में उजागर हो आता है और अपने लोगों की अधिक वंचना विडम्बना भी।

सिपाहियों ने अभ्यस्त मुद्रा से भीड़ में खड़े दो रिक्शावालों को चुना, उनसे कहा, 'इसे उठाकर जीप पर रखो...सीट पर नहीं, नीचे...अबे नीचे, फर्श पर...।'

जैसे वे अपने गाँव का घर, बटायी पर लिया खेत, खलिहान, नीम का पेड़ छोड़कर शहर में यही सुनने, यही करने आये थे; उन्होंने यह सुना, यही किया।

यह तो हुआ इस पहले अंक का पटाक्षेप। अब अगले अंक की शुरुआत देखें : नित्य-क्रियाओं से निवृत्त होने के बाद हमारे इस परिचित कथानायक लेखक के 'असली कर्म' की शुरुआत होती थी : "मरणहीन गद्य की रचना, साहित्य-साधना।" पर...'मन में कुछ कुरेद रहा था।'...इस कुरेद के चलते ही वह अस्पताल जाता है और इस तरह, पुलिस की दुनिया के बाद अब अस्पताल की दुनिया से पाठक का साक्षात्कार कराता है जहाँ 'सारे डॉक्टर हड़ताल पर हैं।' नर्स की मनाही के बावजूद पुलिसवाले उस बूढ़े को कैसे इमरजेंसी वार्ड में पटक गये हैं—यह नर्स से ही लेखक को पता चलता है। और यह भी कि "आधी रात कभी उठकर बूढ़े ने चाय माँगी थी, सो गया था और बहुत सबेरे देखा, उसकी चारपाई खाली थी, वह जा चुका था।"

दृश्य बदलता है। कैमरा अब धीरे-धीरे असली कथानायक यानी उस 'बूढ़े' पर फोकस होने जा रहा है। मगर...इतनी जल्दी नहीं। आखिर यह सब जो देख रहा है, उसे भी तो देखने वाला कोई होना चाहिए। और, यह वही है जिससे कहानी की शुरुआत में ही हमारी भेंट हुई थी। अर्थात् लेखक-सूत्रधार से। पर आखिर वह भी तो एक समाज का, लेखक बिरादरी का ही अंग है। उसे भी तो हिसाब में लेना होगा। तभी न कहानी का लेखक परिभाषित होगा! तो लीजिए सुनिए और गुनिए इस विचित्र विषयान्तर की प्रासंगिकता को—

श्रेष्ठता की कसौटी को लेकर हमारे साहित्य में रचनाकारों और आलोचकों के दो-तीन बड़े मजबूत और सुपरिचित खेमे हैं ; इनकी मान्यताएँ अत्यन्त सुपरिभाषित हैं और अपने को एक-दूसरे से भिन्न मानने में ही उनकी सैद्धान्तिक सार्थकता समझी जाती है; पर एक मामले में दोनों खेमों के सदस्य एक जैसे हैं। वे एक ओर भावुकता विरोध को स्वतः मूल्य मानते हैं और दूसरी ओर अकेले में वे सभी भावुक होने की अपार क्षमता दिखा सकते हैं। उन्हीं अधिकांश में एक मैं भी हूँ।

इस 'मैं' का मन व्याकुल है—उस दुर्घनाग्रस्त बूढ़े की अपनी आँखों देखी हुई छवियाँ उसकी भावुकता को तीन दिन तक उलझाए रहती हैं। चौथे दिन 'भावुकता चुक जाती है', जिन्दगी की सहजता' यानी एक यान्त्रिक रूटीन में बिला जाती है। मगर, पाँचवें दिन जब वह अपने फाटक पर खड़े-खड़े जग का मुजरा ले रहा है, वही बूढ़ा अचानक उसे उसके सामने से निकलता दिखाई दे जाता है। चारों तरफ के अराजक यातायात से बेखबर वह ऐसे चल रहा है, मानो उसे ललकार रहा हो

कि ''आओ मैं तुम्हारे सामने निहत्था खड़ा हूँ, मुझे कुचलो। जिन्दगी के कुचक्र से मुझे निजात दिला दो।'' तुरन्त ही लेखक की सजग दोहरी चेतना उसे टोकती है :

इतनी कल्पना कर चुकने पर मैं आत्मनिरीक्षण करने लगा : इस आदमी में ऐसा क्या है जो यह मुझे अप्रासंगिक दिखने लगा है, उसके बारे में बिना कुछ जाने-समझे उसे मैं आत्म-ध्वंस की ओर मन ही मन ठेल रहा हूँ, उसके लिए 'जिन्दगी के कुचक्र' जैसे चुस्त शब्दों का आविष्कार कर रहा हूँ।

कहना न होगा, कि 'चुस्त' शब्द ईजाद करके तात्कालिक राहत पायी जा सकती है, अपनी परदुखकातरता और 'ह्यूमन कंसर्न' को लेकर कवि-सुलभ सन्तुष्टि भी वसूल की जा सकती है, श्रीलाल शुक्ल इस बात को बखूबी पहचानते हैं। यह भी, कि इस तरह का मानसिक राहत-कार्य जीते-जागते, सगुण-साकार मनुष्य की अवहेलना में ही भागीदार होता है; भावनात्मक शोषण ही है यह एक तरह से उसका। श्रीलाल शुक्ल बेशक मिलान कुदेरा नहीं हैं; किन्तु उनकी आत्म सजगता, उनकी निर्भ्रान्त बुद्धिमत्ता, जिसके बिना कैसी भी संवेदनशीलता, कैसे भी हास्य-व्यंग्य क्षमता का हमारे लिए उदासीन या भोंथरे बड़बोले परिवेश में कोई मतलब नहीं बनता, हमें बरबस मिलान कुन्देरा की याद दिलाती है। यही चीज उन्हें अन्यान्य व्यंग्य लेखकों से बिल्कुल पृथक् पहचान देती है।

कदाचित् इसलिए अब पाठक को भी लगने लगता है कि सगुण-साकार मनुष्य ('ये तेरे प्रतिरूप') से सचमुच मिले और टकराए बिना लेखक की सद्गति नहीं है। इसीलिए पाठक की अपेक्षा के अनुरूप ही...''अगली बार जब बहू सड़क पर दिखाई दिया, मैंने कहा—'सुनिए।'....पता चलता है कि उस दुर्घटना वाले दिन बूढ़े का चश्मा खो गया था, जिस कारण वह अपनी एकमात्र याद—उस चाय पिलाने वाली नर्स का चेहरा-मोहरा भी ठीक-ठीक याद नहीं कर पाता। चश्मे को तो मिलना ही है। पर उसका फ्रेम भर साबुत है, शीशे नदारद हैं। बूढ़े को अपनी गाड़ी में बिठाकर लेखक उसके घर के सामने ले आया है। पर यह कैसा घर है, जिसके अन्दर दाखिल होने की बजाय बूढ़ा पार्क की तरफ मुड़ जाता है । लेखक के पूछने पर बूढ़ा फाटक पर खुदी इबारत की ओर इशारा करता है : 'कुत्ते से सावधान'। लेखक हैरत से पूछता है "आप यहीं रहते हैं, फिर भी घर का कुत्ता आपको नहीं पहचानता?" "नहीं"—बूढ़ा कहता है—"पर मैं उसे अच्छी तरह पहचानता हूँ।" लेखक कमजोर आवाज़ में पूछता है—"फिर भी? यहाँ आपका बेटा है, बहू है।'' बूढ़े का उत्तर "फाटक के पास कुत्ता ही होगा, वे नहीं।'' लेखक को जता देता है कि वह किसी अनपढ़ से बात नहीं कर रहा; यह भी कि ''विडम्बना के विषय में उसका दिमाग काफी सजग है।"

विडम्बना के विषय में श्रीलाल शुक्ल नामक लेखक का दिमाग भी कितना सजग है—यह तो मेरे जैसे पाठक को पचास बरस पहले 'निकस' में छपी उसकी पहली ही रचना 'स्वर्णग्राम में वर्षा' से ही पता चल गया था। उसी पर से, उसी विशेषता

के कारण तो यह अन्य हास्य-व्यंग्य लेखकों से कुछ अलग खड़ा प्रतीत हुआ था। वह ऐसा हास्य-व्यंग्य था जो छूटते ही अपनी स्वायत्तता की घोषणा नहीं करता; जो जीवन की कुल बनावट में अपनी सही-सही जगह जानता है; जो इसीलिए सर्वांगीण जीवन की समकक्ष और समतुल्य कथा–'रचना' में विन्यस्त होकर ही अपनी सार्थकता पा सकता है और इस तरह अपनी जरूरी सामाजिक भूमिका भी निभा सकता है। दरअसल विडम्बना एवं विसंगति का दोष ही तो उस चीज का प्राणतत्त्व है जिसे 'ह्यूमर' कहा जाता है। और बिना अचूक मात्रा-ज्ञान के वह सम्भव नहीं। सैटायर भी इस ह्यूमर, इस विडम्बना, इस विसंगति-जन्य विवेक से प्रेरित और अनुशासित होकर ही अपनी वाजिब भूमिका निभा सकता है। अन्यथा, वह एक निरंकुश सिद्धि की तरह सिर-चढ़कर लगुआं-भगुओं को चमत्कृत करता रहेगा और अपनी अन-पची अतिरिक्तता से जानकार सुधी लेखकों और पाठकों को बिदकाता रहेगा।

टूटा चश्मा फिर से बनवाना एक अनिवार्य जरूरत है। किन्तु इस बारे में बूढ़े की उदासीनता लेखक में हैरानी उपजाती है। वह झुँझला कर टोकता है बूढ़े को–"आप बार-बार 'इस उम्र में' क्यों रटे जा रहे हैं? इस उम्र में आप बहुत कुछ कर सकते हैं। पूरे समाज के लिए अपने को उपयोगी बना सकते हैं।" बूढ़ा, जो इससे पूर्व लेखक के लेखकीय अहं के गुब्बारे को बुरीतरह पिचका चुका है–लेखन-कर्म को अपनी जीवन-कापी 'क्लर्की' से पूरी तरह समीकृत करके–अब लेखक के मुँह पर ही सीधा प्रतिप्रश्न जड़ता है–"आपने खुद अपने आपको उपयोगी बनाया है?"...लेखक इस पर सकपका जाता है। "...परेशान करने वाली बात यह थी कि उसकी आवाज में अभियोग की छाया तक न थी, वह एक दीर्घ सिसकी जैसी थी।"...बूढ़ा चश्मे का फ्रेम अब भी हाथ में लिये है। 'उसे एक बार फिर उसकी जेब में रख के लेखक उठकर चला आया।' कहानी इसी वाक्य से समाप्त होती है।

पर कहाँ? अभी तो पूरा एक पृष्ठ बाकी है। क्या होगा इस पृष्ठ पर? बूढ़े की कहानी तो समाप्त हो गयी; मगर वह तो पूरे दो पृष्ठों के बाद आरम्भ हुई थी। उससे पहले कौन था मंच पर? बूढ़े की कहानी का साक्षी (और किंचित सहभोक्ता) यह लेखक नाम का चरित्र ही न? तो, महज उसके बूढ़े के पास से उठकर चले आने से ही समूचे नाटक पर पटाक्षेप कैसे हो जाएगा? कहानी के उस अजीबोगरीब आरम्भ ने ही क्या हमें नहीं बता दिया था कि यह लेखक स्वयं भी इस कहानी का एक पात्र है और खासी महत्त्व की जगह घेरने वाला पात्र है। यह बतकही भी यूँ ही नहीं है और जो सुर यहाँ उठाया गया है, उसका पर्याप्त प्रत्युत्तर चाहिए; तभी कहानी सम पर आयेगी और अपना उपयुक्त उपसंहार पाएगी; उससे पहले नहीं। स्वर्गारोहण पर्व के बिना समापन कैसा? आखिर यह किसी एक बूढ़े और किसी एक दर्शक की कहानी तो है नहीं। अब तक जो कुछ घटित हुआ है वह क्या पर्याप्त नहीं यह दर्शाने

के लिए, कि यह पूरे समाज और पूरी-समूची लेखक-बिरादरी के अन्तस्सम्बन्धों को उजागर करने वाली कहानी होनी चाहिए? द्वि-पक्षीय कहानी,—जिसका एक पक्ष, तो चलिए, माना, निबट गया। पर, दूसरा पक्ष-लेखक का पक्ष—हास्य-व्यंग्य लेखक का भी पक्ष (हालाँकि, इस तरह उसे 'रिड्यस' करते हुए यह लेखक कैसा अटपटापन महसूस कर रहा है, यह उसके खास व्यंग्यास्त्र 'आइरनी' के इस्तेमाल के ढंग से ही इस आरम्भ में भी झलक ही आया है) —वह क्या हुआ? जैसा हमने उसे कहानी की शुरुआत में देखा-पाया था, क्या वह अब भी वैसा का वैसा ही नीरन्ध्र और सपाट है? इस 'एनकाउंटर' के बाद भी? यह जो अपने ही एक और प्रतिरूप से उसका सामना हुआ या कराया गया, उससे क्या उसकी अभ्यस्त खुशफहमी या आत्मतुष्टि में कोई दरार नहीं पड़ी? अभी-अभी जो संवाद दोनों के बीच घटित हुआ, वह तो कुछ और ही कथा कह रहा था।

तो,...उपसंहार और क्या होगा इस कहानी का ऐसे प्रत्यक्ष वस्तु-पाठ के बाद? सिवा इसके, कि कथा-सूत्र के सिरे जुड़ जायें आपस में—एक वृत की-सी गोलाई रखते हुए; और अपनी अनिवार्यता से हमें आश्वस्त करते हुए। 'कुछ देर के लिए' ही सही, "बची हुई जिन्दगी का हर एक पल सचमुच कीमती बन गया जिसके शीघ्र और सही उपयोग की जरूरत मैंने तीव्रता से महसूस की"—लेखक कहता है। यह भी, कि "अपनी शवयात्रा में भीड़ जुटाने के नुस्खे नामक लेख, जिसे मैंने बहुत हास्यपूर्ण समझा था, अब बड़ा हास्यास्पद—लगभग दयनीय लग रहा था।..."

सचमुच, हास्यपूर्ण और हास्यास्पद के बीच की दीवार कितनी झीनी होती है—हमारे अपने परिवेश की सच्चाइयों का सचमुच साक्षात् कर सकने वाले लेखक के लिए और लेखक के ही प्रतिरूप पाठक के लिए—यह देख पाना अब कठिन नहीं होना चाहिए। पर उसे कठिन बना दिया गया है स्वयं उन कलम और कुर्सी और भीड़ के नियोजकों-प्रायोजकों द्वारा, जो इस गूँगे परिवेश के सर्वाधिक मुखर और ताकतवर मसीहा और प्रवक्ता बने बैठे हैं। यह मिलीभगत चेतना का संस्कार या पुनर्नवीकरण नहीं चाहती; वह मानवीय चेतना को भी उसी मशीनीकरण का हिस्सा बना डालने पर उतारू है, जिसके जरिये, जिसके बूते इस गूँगे परिवेश में अपनी धाक बिठाते हुए निर्णायक हैसियत कबाड़ी है। यह लेखक और इस प्रतिष्ठादायी मशीनरी के बीच की मिलीभगत ही तो है जो लेखक के भीतर जब-तब सिर उठाने वाली अन्तरात्मा ('कांशेंस') की रोक-टोक को पूरी तौर पर नज़रअन्दाज करते हुए वटा रहा हुआ संवाद दोहराती है जिसे सुनते रहने के चस्के के अच्छे खासे लेखकों के कान भी इतने अभ्यस्त हो जाते हैं कि उंनकी अन्तरात्मा गाय की तरह अवध्य हो जाती है।

लेकिन,...हम जरा आगे निकल आये। अपने प्रतिरूप के साथ उस अपनी सामान्यता में ही असामान्य बन गयी मुठभेड़ के बाद कहानी के इस पहले चरितनायक (लेखक) के घर में तो हमने झाँका ही नहीं। क्या गुजर रहा है उस घर में—कहानी

को कहानी बनाने वाली घटना के घट जाने के बाद—पहले यह तो सुनें। तो यह रही स्वयं लेखक की स्वगतोक्ति—

कैसी विडम्बना है कि दूसरों की आलोचना करते हुए भी, खुद अपने जीवन के क्षणों को किसी श्रेष्ठतर उद्देश्य के लिए समर्पित करने की जरूरत मुझे आज तक नहीं अखरी। इसके बजाय-मजाक में ही सही—मैं दूसरों को सलाह दे रहा हूँ कि विराट् सम्भावना वाले इस जीवन के बचे-खुचे समय को निकृष्टता की दलदल में धँस जाने दो, उन्हें अपनी भावी शवयात्रा की तैयारी में खपा दो।

ऊपर अब खुला नीला आकाश था, पर मुझे लगा कि मैं किसी कोठरी में बन्द हूँ, वहाँ बरसों से, शताब्दियों से बन्द हूँ और कोठरी की छत अब धीरे-धीरे नीची होती जा रही है।

मैंने सम्पादक से 'अपनी शवयात्रा में भीड़ जुटाने के नुस्खे' तुरन्त वापस करने का अनुरोध किया।

परन्तु, सम्पादक उस 'अहोरूपं अहोध्वनिः' वाली यन्त्रचलित बिरादरी से कहाँ अलग है जो 'चालू अलोचना के चालू शब्दों' से परहेज कर सके! वह तो रटा-रटाया संवाद ही बोल सकता है, बोलता है—"मौत जैसी भयावह स्थिति तक को सामाजिक यथार्थ के शीशे में उतारकर परिहास के आवरण में आपने जो संवेदनशीलता दिखाई है और जीवन के जिन सरोकारों से मुठभेड़ की है...। प्लीज ऐसी ही रचना दो सप्ताह में...।" क्या यह आवाज हम लेखकों की बहुत पहचानी हुई नहीं? और, क्या इसीलिए वह हमें अपनी यथातथ्यता से ही सहमाती और डराती नहीं?

निश्चय ही, उक्त व्यंग्य की नोक सिर्फ हास्य-व्यंग्य लेखकों को ही नहीं, लेखकों की बृहत्तर बिरादरी को भी चुभने वाली है। किन्तु चुभेगी ही, इसका भरोसा खुद लेखक को नहीं है। उसके उन पाठकों को हो, तो हो, जो जानते हैं कि आज लिखे जा रहे अधिकांश साहित्य में क्या संवेदनशीलता, क्या परिहास और क्या सामाजिक यथार्थ, तीनों का यही स्तर हो गया है। आप उसे पालने-पोसने वाले माँग और पूर्ति के यान्त्रिक नियम के सिर पर फोन पटक सकते हैं। किन्तु आपके कानों में जो 'सैकड़ों ध्वनि विस्तारकों का निरर्थक शोर' अब भी गूँज रहा है, उसके साथ आप क्या करेंगे? कहानी की पूर्णाहुति इसी प्रश्न के साथ हो सकती थी और हुई भी है।

अब आप पूरी कहानी को फिर से पढ डालिए छिद्रान्वेसी दृष्टि से। कहीं भी एक वाक्य, एक शब्द भी आपको फालतू नहीं लगेगा। हर ब्यौरा अपनी जगह सटीक और कहानी के पूरेपन में अपना योग देता हुआ मिलेगा। यही श्रीलाल शुक्ल के कथाकार का—व्यंग्यकार का भी—विलक्षण और समानशीलों के लिए भी स्पृहणीय कर्म-कौशल है; उनका अचूक मात्रा-ज्ञान। यह तब और भी स्पृहणीय लग उठता है, जब हम पाते हैं कि कहानी की संरचना में कई बार लेखकीय उपस्थिति भी दर्ज

होती है और खासी मुखरता के साथ। पर वह कहानी की संरचना को तनिक भी नहीं गड़बड़ाती; उसका अनिवार्य हिस्सा बनी रहती है। यह विमल बतकही भी उसी मात्रा-ज्ञान से जुड़कर सार्थक होती है। इसे आप 'सुखान्त' शीर्षक कहानी में भी पाएँगे, शुरुआती कथा-रचना 'दि ग्रैंड मोटर ड्राइविंग स्कूल' में भी। जिन कहानियों में वह नहीं है और जो निस्सन्देह 'जीवन की आलोचना' के हिसाब से, और कहानी विधा के रूपतान्त्रिक सौष्ठव की दृष्टि से भी एकदम खरी और सफल कहानियाँ कहलाएँगी, जैसे 'सँपोला', 'यह घर मेरा नहीं', 'छुट्टियाँ', 'दंगा', 'शिष्टाचार' और 'सुरक्षा' जैसी कहानियाँ—उनमें भी हमें वह चौकन्ना और खासा आत्मज्ञान-सम्पन्न साक्षी नेपथ्य में काम करता महसूस होता है। यह लेखक साक्षी अपने पाठक में विश्वास जगाता है कि ये चरित्र, ये स्थितियाँ, यह वर्ग चेतना, यह संवाद-विवाद पूरी तरह लेखक के काबू में है; उसके पास इन्हें सत्यापित करने वाला अनुभव का अन्तःप्रमाण मौजूद है। यहाँ इस तथ्य पर ध्यान जाये बिना नहीं रहता कि हिन्दी के मौजूदा परिदृश्य में अफसर लेखकों की तादाद और हैसियत पिछले दिनों अजीब चिन्ताजनक ढंग से बढ़ी है। पहले वे इक्के-दुक्के हुआ करते थे और अपनी लेखनीय वैधता के लिए अपनी हैसियत पर आश्रित भी नहीं हुआ करते थे। वे दोनों कार्य-क्षेत्रों को एक-दूसरे से अलग रख सकने के बूते ही लेखक-बिरादरी में शामिल होते थे। आज वे सामाजिक-राजनीतिक सरोकारों के विशेषज्ञ लेखक की नहीं, लेखकों के संरक्षक हाने की भी हैसियत पा गये हैं और मजे की बात यह, कि यह हैसियत उन्हें स्वयं उनके समानशीलों ने ही बख्श दी है। कोई भी तन्त्र भ्रष्टाचार की दलदल में कितना गहरे धँसा हुआ है, या किस तरह जनता का शोषण-प्रवंचन कर रहा है, यह अब हमें स्वयं उस तन्त्र के शिखरस्थ आला अफसर ही बताएँगे। उन्हीं कविता या कहानी, उपन्यास पढ़के या उनका अन्तरंग बनके ही राज और समाज के रिश्तों का पता चल सकता है, यह मानो सार्वजनिक रूप से स्वीकार कर लिया गया है। प्रामाणिकता की यह एक अघोषित कसौटी बना चाहती है। कोई नहीं पूछता उनसे, कि हे आई.ए.एस. या आई.पी.एस. तुम्हें इस दलदल में स्वेच्छा से धँसे रहने की ऐसी अन्तरात्मिक लाचारी क्यों हुई? याकि तुम थोड़ा जोखिम उठा के उससे बाहर क्यों नहीं निकल आये? याकि भीतर के भेदिये बनने का यह पुण्य कार्य तुम्हारे पेशे की नैतिकता या दायित्व बोध से कैसे तालमेल बिठाता रहा?

श्रीलाल शुक्ल के बारे में सभी जानते हैं वे कई प्रशासनिक पदों पर रहे और पूरी निष्ठा से अपना दायित्व निभाते भी रहे। यह भी, कि उनकी रचनाओं में उनकी कल्पना शक्ति के पीछे कार्यरत अनुभव का अन्तःप्रमाण भी बोलता है। किन्तु, व्यवस्था का या अफसर वर्ग का उनका चित्रण यह बात 'रागदरबारी' पर ही नहीं उनकी कहानियों पर भी लागू होती है। हमें अपनी ठण्डी यथातथ्यता से ही सहमा देता है। उसमें कोई अतिरिक्तता नहीं होती। इसलिए उसका असर होता है कि

उसमें लेखक का 'प्वाइण्ट ऑव व्यू' सुरक्षा की आड़ के भीतर या अवसर को भुना लेने की अनर्जित पुण्यात्मापन हासिल कर लेने की चतुराई से निर्दिष्ट न होकर उस सपाट खुलेपन में अवस्थित होता है जिसे कोई भी संवेदनशील और सजग पाठक अपना सकता है। घर का भेदिया होने की व्यवस्थित-प्रायोजित बाग्वीरता और आत्म-विज्ञापन के सन्देह को लेखक की यह खुली भाषा ही निरस्त कर देती है। वहाँ बचने के लिए कोई आड़ नही है। हास्य-व्यंग्य तक की नहीं। आप 'राग दरबारी' पढ़ें चाहे 'सुरक्षा' या 'सँपोला' या 'शिष्टाचार' सरीखी कहानियाँ स्वातन्त्र्योत्तर भारतीय संस्कृति के इस कूबड़ से कहीं कोई निजात नहीं मिल सकती। क्योंकि वह हमें हमारी अपनी पीठ पर उगा भोजन देता है। उससे निजात उसी सीमा तथा मिलती है, जहाँ तक हम अपने को यह विश्वास दिला सकें कि बुरा हमेशा 'कोई दूसरा' ही होता है। श्रीलाल शुक्ल का लेखन इस सुविधाजनक दुविधा को नहीं ओढ़ता। सिनिकल साफगोई की कगार तक हमें ले जाकर वह खुद सिनिकल होने से उबार आता है और हमें भी उतार लाता है। यही उनके लिखे की सार्थकता है, सीख है, अगर कोई सीख लेना चाहे तो।

उपन्यास की बुद्धिमत्ता : 'गोरा' और टैगोर

'बीसवीं' शती के आरम्भ में एक हिन्दू बुद्धिजीवी की आत्म-अस्मिता का संघर्ष कितना गहरा और यातनामय था, इसका जीवन्त सन्दर्भ हमें जितना रवीन्द्रनाथ ठाकुर के उपन्यास 'गोरा' में मिलता है, उतना किसी तत्कालीन इतिहास-ग्रन्थ में नहीं।

–निर्मल वर्मा, इतिहास स्मृति और आकांक्षा, पृ. 11

पल भर में ही गोरा का सारा जीवन उसके लिए बड़ा अद्‌भुत सपना-सा हो गया। शैशव से इतने बरसों तक उसका जीवन जिस भित्ति पर खड़ा रहा था वह एकाएक विलीन हो गयी। वह क्या है, कहाँ है, मानो वह कुछ भी न समझ सका। मानो उसके पीछे अतीत नाम की कोई चीज़ ही नहीं रही और उसके सामने भी इतने दिनों से जो स्पष्ट भविष्य उसका एकान्त लक्ष्य रहा था, वह भी एकाएक ग़ायब हो गया। मानो वह इसी एक क्षण की कमल की पंखुड़ी में ओस की बूँद-सा काँप रहा हो। उसकी न माँ है, न बाप है, न देश है, न जाति है, न नाम, न गोत्र, न देवता—वह मानो एक सम्पूर्ण नकार है।

–गोरा, पृ. 450

किसी कृति का पुनर्पाठ अथवा पुनर्मूल्यांकन हमें क्यों ज़रूरी लगता है? यह जरूरत हमें सभी कृतियों के साथ क्यों नहीं महसूस होती? वह क्या बात है, कौन-सी ऐसी विशेषता है जो हमें सौ बरस पहले लिखी गयी किसी औपन्यासिक कृति को फिर से पढ़ने, फिर से उसका मनन करने को उकसाती है? हर कृति एक काल विशेष से जुड़ी होती है : उसकी समस्याओं या चुनौतियों का रचनात्मक प्रत्युत्तर भी होती है; तब फिर वह तात्कालिक प्रेरणा और प्रयोजन तो तभी पूरा हो गया : पूरी एक सदी गुज़र जाने के बाद एकदम बदले हुए समय और सर्वथा नयी चुनौतियों के सन्दर्भ में हम उस कृति को क्यों याद करते हैं, क्यों उसे लेकर माथापच्ची करते हैं? स्पष्ट ही, यह केवल साहित्य के तात्कालिक सन्दर्भ का अतिक्रमण करने वाले टिकाऊ या शाश्वत मूल्य जिसे कहते हैं, कालजयी तत्त्व जिसे कहते हैं, केवल उसी की बात नहीं है, कुछ और बात भी है। क्या है वह बात?

इस प्रश्न का उत्तर खोजने के सिलसिले में ही शायद हमें शुरुआत में ही उपर्युक्त दो उद्धरणों को आमने-सामने टाँक लेने की ज़रूरत महसूस हुई। गोरा

बीसवीं सदी के आरम्भ में रची गयी औपन्यासिक कृति है : और यह पहला उद्धरण जो हमने टाँका है, वह बीसवीं सदी के अन्त में उसे पढ़कर एक महत्त्वपूर्ण आधुनिक हिन्दी लेखक की जो प्रतिक्रिया हुई, उसे रेखांकित करता है; ऐसे महत्त्वपूर्ण आधुनिक लेखक की प्रतिक्रिया, जो उच्च कोटि का कथा सर्जक होने के साथ ही अपने वैचारिक निबन्धों में उस अतिरिक्त और विरल विशेषता या गुणवत्ता को भी झलकाता है जिसकी हम एक भारतीय बुद्धिजीवी से—बल्कि निर्मल वर्मा के ही शब्दों में कहें तो 'हिन्दू बुद्धिजीवी' से—अपेक्षा करते हैं। क्या हम गोरा उपन्यास को दुबारा अथवा पहली बार ही पढ़े हुए पाठकगण—निर्मल वर्मा की इस टिप्पणी से सहमत हैं? यदि हाँ, तो कुछ प्रश्न तुरन्त उठते हैं। पहला तो यही, कि 'एक हिन्दू बुद्धिजीवी की आत्म-अस्मिता के जिस गहरे संघर्ष' की बात यहाँ की गयी है, उसका हमारे आज के सन्दर्भ में क्या कोई अर्थ या प्रयोजन है? याकि वह प्रयोजन केवल उसी कथा-काल तक सीमित था?—क्या जीवन्त सन्दर्भ परिस्थिति के बदल जाने से, यानी तब से अब तक के समयान्तराल के फलस्वरूप अपनी जीवन्तता खो चुका? आज के सन्दर्भ में क्या वह आत्म-अस्मिता का संघर्ष नितान्त-अप्रासंगिक और अर्थहीन हो चुका है? यदि ऐसा ही है, तो फिर तो यह कृति समयातीत हो चुकी—हम काहे को इसमें सिर खपाएँ?—अगर यह कहानी और इसके पात्र हमसे इतनी दूर जा छिटके हैं कि हमारे उनके बीच किसी तरह का कोई संवाद ही सम्भव नहीं, तो हम ज्यादा से ज्यादा लेखक के कहानी कहने के सलीके पर, या कहानी के भीतर ही अत्यन्त विचारोत्तेजक वाद-विवाद-संवाद को खपा ले जाने की क्षमता पर रीझ सकते हैं, उसके औपन्यासिक कर्मकौशल को सराह सकते हैं। पर वह तो कभी का और दसियों बार किया जा चुका होगा। कृति के पुनर्पाठ की प्रेरणा वह तो नहीं हो सकती। तब फिर वह क्या है?

दूसरा सवाल जो उठता है, वह खुद इस उपन्यास के घटना-क्रम से—उसके उस विस्फोटक उपसंहार से उठता है जिसे उक्त दूसरा उद्धरण प्रकट करता है। गोरा इस उपन्यास का नायक है, समूची कथा का स्नायु-केन्द्र है। जिस गहरे यातनामय संघर्ष का उल्लेख निर्मल वर्मा ने किया है, वह संघर्ष काफ़ी कुछ इसी चरित्र के माध्यम से अभिव्यक्त होता है : वही है निर्मलजी का 'हिन्दू बुद्धिजीवी' और उपन्यासकार रवीन्द्रनाथ ठाकुर का भी। पर, उपन्यास में इस संघर्ष की परिणति क्या है, नियति क्या है? क्या यही उसकी आत्म-अस्मिता की खोज की परिणति है? —'न माँ, न बाप, न देश, न जाति, न नाम, न गोत्र, न देवता—मानो एक सम्पूर्ण नकार'? आखिर अपने चरितनायक को जिसके माध्यम से देश, काल, जाति, धर्म, संस्कृति को लेकर इतना गहरा मन्थन किया गया है, जो लेखक के—तद्विषयक भावों-विचारों-शंकाओं-अन्तर्द्वन्द्वों को भी इतनी तीखी रोशनी में उघाड़ने का निमित्त बना है, उसी को ऐसी परिस्थिति और नियति का आखेट बनाने की बात लेखक

को आखिर क्यों सूझी? क्या यह एक दूरारूढ़ संयोग के इस्तेमाल की युक्ति उस सारी डिबेट को, अस्मिता की खोज के उस सारे संघर्ष को एकबारगी 'ऐब्सर्ड' और अर्थहीन नहीं बना देती? इतनी बुद्धि-ऊर्जा और भाव-ऊर्जा को महज़ एक संयोग से बाँध देने का कुछ तो रचनात्मक तर्क या औचित्य होना चाहिए। वह क्या है? नायिका सुचरिता भी तो लगभग अनाथ है, और वह एक ब्रह्मसमाजी घर में पली है। और, वही क्यों? गोरा का घनिष्ठ मित्र विनय जो इस उपन्यास का दूसरा महत्त्वपूर्ण चरित्र है, वह भी तो अनाथ की तरह ही दूसरों के आश्रय में पला है। गोरा को भी कुछ वैसे ही सामान्य संयोग से जोड़ा जा सकता था। मात्र उसके लिए लेखक को इतनी दूर की कौड़ी-'म्यूटिनी' और 'आइरिशमैन' वग़ैरह को ला बिठाने की ऐसी क्या लाचारी आ पड़ी?

उक्त दूसरे उद्धरण से लगेगा जैसे यह उपन्यास दुःखान्त नाटक हो। इससे ज्यादा त्रासद विडम्बना किसी चरित्र की भला और क्या हो सकती है! किन्तु...नहीं! जहाँ नायिका से नायक का ऐसा मधुर मिलन घटित हो गया, वहाँ नाटक दुःखान्त कैसे हुआ? और फिर उपन्यास के परिशिष्ट की जैसी गूँज हमारे भीतर छूट जाती है, उसे भी गुनें, तो यह महज़ 'मधुरेण समापयेत्' वाली बात भर तो नहीं है। लगभग 'शान्त रस' वाली बात है। खैर, चलिए, हम उपन्यास को ही बोलने दें; खुद क्यों बोलें? मिलान कुन्देरा जिसे उपन्यास विधा की अपनी बुद्धिमत्ता, अपना विवेक कहता है, उसी का आन्तरिक साक्ष्य इस 'पुनर्पाठ' का प्रेरक होना चाहिए; न कि तमाम जीवनीमूलक या ऐतिहासिक जानकारियों के घटाटोप का प्रत्यारोपण। तो सुनें—अपने मूल के बारे में यह मर्मान्तिक उद्घाटन झेल चुकने के बाद गोरा कहाँ पहुँचता है—कैसे आत्म-ज्ञान या आत्म-साक्षात्कार में परिणत हुआ है उसका वह जीवन-व्यापी ख़ब्त और आत्म-संघर्ष! सुनिए यह आख़िरी निर्णायक संवाद परेश बाबू के साथ गोरा का—

गोरा बोल उठा—परेश बाबू मुझ पर कोई बन्धन नहीं है।

परेश बाबू ने अचरज में आकर कहा—कैसा बन्धन?

गोरा ने कहा—मैं हिन्दू नहीं हूँ।...आज ही मुझे पता लगा है, मैं म्यूटिनी के समय पाया गया था, मेरा बाप आइरिशमैन था। आज भारतवर्ष के उत्तर से दक्षिण तक सब देव-मन्दिरों के द्वार मेरे लिए बन्द हो गये हैं। ...परेश बाबू इतने दिन से भारतवर्ष को पाने के लिए प्राण लगाकर साधना करता रहा, कहीं न कहीं बाधा होती रही, मैं उस बाधा के साथ अपनी श्रद्धा का समझौता कराने के लिए जीवन भर दिन-रात कोशिश ही करता रहा। इसलिए वास्तविक भारतवर्ष से आँखें मिलाकर उसकी सच्ची सेवा करने से मैं बराबर डरकर लौटता रहा हूँ। मैंने एक निष्कंटक निर्विकार भारतवर्ष गढ़कर उसके अभेद्य दुर्ग के भीतर अपनी भक्ति को सुरक्षित कर लेने के लिए अब तक क्या-क्या लड़ाइयाँ नहीं लड़ीं! लेकिन वह दुर्ग उड़ गया है। मैं

एकाएक छुटकारा पाकर एक बहुत बड़े सत्य के बीच आ गिरा हूँ। समूचे भारत वर्ष का अच्छा-बुरा, ज्ञान-अज्ञान सब बिल्कुल मेरे हृदय के पास पहुँच गया है। आज मैं सचमुच सेवा का अधिकारी हुआ हूँ, मेरा सच्चा कर्मक्षेत्र मेरे सामने आ गया है—वह मेरी कल्पना का क्षेत्र नहीं है, यह पच्चीस करोड़ जनता के सच्चे कल्याण का क्षेत्र है।

इतना ही नहीं, गोरा परेश बाबू से आगे यह भी कहता है, कि--

कल रात मैंने ईश्वर से प्रार्थना की थी कि आज सबेरे मुझे नया जीवन प्राप्त हो—बचपन से अब तक जो कुछ झूठ मुझे घेरे रहा हो, आज वह सब नष्ट हो जाए और मुझे नया जीवन मिले। मैंने जो कल्पना करके प्रार्थना की थी उसकी ओर ईश्वर ने ध्यान नहीं दिया—उन्होंने एकाएक अपना ही सत्य सहसा मेरे हाथ में देकर मुझे चौंका दिया है। वह यों एकाएक मेरी सारी अपवित्रता को समूल मिटा देंगे, यह मैं स्वप्न में भी नहीं जानता था।...परेश बाबू, आज सबेरे ही बिल्कुल खुले मन से मैं ठीक भारतवर्ष की गोद में आ बैठा हूँ—माँ की गोद किसे कहते हैं यह आज इतने वर्षों बाद पूरी तरह अनुभव कर रहा हूँ।

पाठक यहाँ याद कर सकते हैं कि गोरा पहले केशवचन्द्र सेन के व्याख्यानों से प्रभावित होकर ब्रह्मसमाज के प्रति आकर्षित हुआ था। पंडितों से खूब तर्क करता था। फिर एक वेदान्ती पंडित हरचन्द विद्यावागीश के अद्वैत-ज्ञान का लोहा उसे मानना पड़ा था। तो क्या गोरा को इसी जीवन्त अद्वैतानुभूति की मर्मान्तक पराकाष्ठा तक पहुँचाने के लिए—उसके मुख से यही अन्तिम सत्य कहलवाने के लिए ही टैगोर ने अपने चरितनायक और उसकी—जन्म-कथा कहने के लिए यह युक्ति—ऐतिहासिक संयोग की युक्ति अपनायी होगी? लगता तो ऐसा ही है। यह यूँ ही नहीं है कि परेश बाबू को गोरा के इस हृदय परिवर्तन और बुद्धि परिवर्तन का प्रथम साक्षी बनाकर लेखक ने उनके मुख से तत्काल यह प्रतिक्रिया करवायी है : "गौर, अपनी माँ की गोद में तुम्हें जो अधिकार मिला है, उसमें हमें भी शामिल कर लो।" क्या अर्थ हुआ इसका? यही न, कि भारत जिस प्रकाश का खोजी होने के कारण भारत है, उसका सत्य ब्रह्म और सनातनी इत्यादि में विभाजित नहीं किया जा सकता। वह दोनों से बृहत्तर है : सर्व-समावेशी। विश्व-धर्म अक्षरशः। जिस पर फिर गोरा कहता है कि 'सबसे पहले मैं आपके ही पास इसलिए आया हूँ कि आपके पास ही इस मुक्ति का मन्त्र है। इसीलिए आज आपको किसी समाज में स्थान नहीं मिल रहा है।" क्या मतलब हुआ इसका? परेश बाबू तो ब्रह्म समाज के अत्यन्त प्रतिष्ठित महत्त्वपूर्ण सदस्य हैं—दीक्षा देने के अधिकारी भी। तब फिर गोरा ऐसा क्यों कह रहा है? उपन्यास का अब तक का घटना क्रम याद करिये, चरित्रों के घात-प्रतिघात पर बारीक़ी से निग़ाह दौड़ाइए—क्या नज़र आता है? उपन्यास में दो घर आमने-सामने हैं जो एक ओर हिन्दू समाज और दूसरी ओर ब्रह्म-समाज का प्रतिनिधित्व करते हैं। गोरा और विनय की इस दूसरे घर में आवाजाही के जरिये दोनों घरों के बीच

मेल-टकराहट, आकर्षण-विकर्षण के खासे घटना-बहुल और क्रमशः गहराते द्वन्द्व का नाटक अभिनीत हुआ है। दोनों जगह एक ओर सहानुभूति उपजाने वाले और दूसरी ओर तीव्र-विकर्षण उपजाने वाले चरित्र हैं। इधर उदार और खुली दृष्टि वाले परेश बाबू हैं तो उधर गोरा के पालक-अभिभावक पिता कृष्णदयाल हैं जो 'एक समय पलटनिया गोरों के साथ घुल-मिलकर मांस-मदिरा सब कुछ खाते रहे'–जो उन दिनों 'देश के पुजारी-पुरोहित, वैष्णव-संन्यासी लोगों का अपमान करने को पौरुष समझते थे।' सिपाही-विद्रोह में कौशल के साथ दो-एक ऊँचे अंग्रेज अफसरों की जान बचाकर जागीर पाली तो नौकरी छोड़ के कलकत्ता आ गये।

अब वे नौ सौ चूहे खाकर हज करने चले हैं। कट्टर आचार और आत्म-पीड़क धर्माडम्बरों में खुद को जकड़ के बैठ गये हैं। टैगोर ने उनके चित्रण में अपनी व्यंग्य वृत्ति की पूरी बैटरी खर्च कर दी है। परेश जितने बुद्धिमान् दर्शाये गये हैं, कृष्णदयाल उतने ही मतिमन्द।..."कर्मफल और भगवान की इच्छा, सोऽहंवाद और भक्ति–कृष्णदयाल सभी कुछ समान भाव से ग्रहण करते हैं। इनमें परस्पर संगति-समन्वय बिठाने की ज़रूरत है–इसका उन्हें कभी अनुभव नहीं होता।"–यह मारक टिप्पणी उन्हीं पर जड़ी गयी है। क्या इस व्यंग्य के आलम्बन ऐसे बीसियों नमूने–हमसे प्रायः नहीं टकराते हैं?

तो क्या, आचरणगत हिन्दुत्व के अन्तर्विरोधमय आल-जाल के विरुद्ध ब्रह्म मत का सपाट सरलीकृत समाधान ही टैगोर का बौद्धिक पक्ष है? ऐसा लगता तो नहीं। टैगोर की कवि-मनीषा वैदिक ब्रह्म-ज्ञान से ही नहीं, लोकचित्त में बसी भक्ति के रस से भी अभिषिक्त थी। मैक्समूलर ने एक जगह कहीं कहा है कि "हम ईसाइयत के प्रति राममोहन के भावनात्मक आकर्षण की अनुकूल परिस्थिति का लाभ नहीं उठा सके; उन्हें उनकी अडिग अद्वैत-निष्ठा से डिगाने में विफल रहे और इस तरह हिन्दुस्तान की उपजाऊ मिट्टी में ईसाइयत का बिरवा रोप देने का अमूल्य अवसर हमारे हाथ से जाता रहा।"* यही राममोहन राय ब्रह्म समाज के संस्थापक थे। केशवचन्द्र सेन बाद में उसके प्रवक्ता बने–जिन्होंने दयानन्द सरस्वती को हिन्दी में बोलने को प्रेरित किया। महर्षि देवेन्द्रनाथ टैगोर–रवीन्द्रनाथ टैगोर के पिता–की भी कम प्रतिष्ठा नहीं इसी सिलसिले में। कहा जाता है कि परेश बाबू के चरित्र की परिकल्पना के पीछे या तो केशवचन्द्र सेन का उदाहरण हो सकता है या फिर अपने पिता की मानस मूर्ति।

---

*In Raja Ram Mohan Ray's translation of the upnishads, we can clearly see that in his view of the Diety and of the relation between the human and the Divine, he had never yielded an inch of his old hindu conviction though his practical religion was saturated with christian sentiments. The same mixture of Hindu thought and Christian sentiments can be seen in all the reformers. they could not surrender that inevadicable belief in the substantial identity of the eternal element in God and in Man....My conviction is that great opportunities of planting Christianity on the old and fertile soil of India were thus lost. [M. Mueller, I Point To iIndia, n.3, p. 89]

आर्यसमाज और ब्रह्मसमाज दोनों एक ऐतिहासिक ज़रूरत में से उपजे। क्या टैगोर का इतिहास बोध इस तथ्य को नहीं जानता था? ज़रूर जानता था। और, जैसा कि गोरा के चरित्र और संवादों से साफ़ झलकता है टैगोर की जो समझ थी—भारतीय (या, हिन्दू) धर्म-चेतना को लेकर, वह ब्रह्मसमाज और आर्यसमाज दोनों से कहीं अधिक व्यापक और गहरी थी।

यूँ भी एक उपन्यासकार की जीवन-दृष्टि एवं विश्वदृष्टि को किसी बौद्धिक पक्षाग्रह में घटाकर देखने की हड़बड़ी न्यायसंगत न होगी। ध्यान देने की बात यह है कि दोनों पक्षों का प्रतिनिधित्व करने वाले पात्रों के कथोपकथन और आचरण क्या दर्शाते हैं। कन्ट्रास्ट केवल परेशबाबू और कृष्णदयाल के बीच ही नहीं उभारा गया। और भी तो जोड़े हैं इस उपन्यास में। मसलन, इधर वरदासुन्दरी है तो उधर सुचरिता की मौसी हरिमोहिनी है। ब्रह्मसमाज का असली आचरणगत प्रतिनिधित्व परेशबाबू नहीं, हारान बाबू (या पानू बाबू) कर रहे हैं जिनसे अधिक विकर्षक, दम्भी और निर्लज्ज आत्मविश्वास से भरा खलनायक सरीखा चरित्र इस उपन्यास में दूसरा नहीं। गौण पात्र अविनाश भर हो, तो हो—जो हिन्दू-पक्ष में उतना ही दिखावटी, सतही और मूर्खतापूर्ण उत्साह से भरा हुआ चित्रित किया गया है।

देखने की बात यह है कि स्वयं उपन्यास यानी उपन्यास का विवेक—क्या जतलाता है? उसके जरिये, टैगोर का पक्ष ही अगर देखना चाहें तो स्पष्ट ही वह जीवन के समग्र स्वीकार का पक्ष है, उसकी असली ऊर्जा, प्रेम-ऊर्जा का पक्ष है—वह प्रेम ऊर्जा, जिसमें मानवता का जाँत-पाँत या मोमिन-काफिर में बँटवारा पूरी तरह अनर्गल और अ-सत्य है। वह प्रेम की ऊर्जा, जो नायिका सुचरिता को अपनी सामाजिक परिस्थिति (यानी हारान बाबू की जगज़ाहिर बाग्दत्ता सरीखी हैसियत) को पूरी तरह ठुकराकर, उससे मौलिक प्रतिशोध लेते हुए—गोरा का वरण करने को प्रेरित करती है। तनिक सोचकर देखिए—यह क्या मात्र भावुकता या रहस्यवादी घालमेल है या कि सच्चा वरण-स्वातन्त्र्य?

हमें यह भी देखना होगा कि कौन-सा चरित्र लेखक की सर्वाधिक सहानुभूति का पात्र है? यानी, ऐसा चरित्र, जो स्वयं अपने चरित्र बल और उपन्यास में अपनी सचमुच निभायी गयी, सचमुच चरितार्थ की गयी भूमिका के बल-बूते ही लेखक को अभिलषित और स्वयं उपन्यास की संरचना के तर्क से सर्वाधिक स्पृहणीय जीवन मूल्यों का अधिष्ठान सिद्ध होता है। और, ऐसा सिद्ध होते हुए ही नायक गोरा और उनके मित्र विनय के लिए भी सर्वाधिक प्रभावशाली साबित होता है? यह कौन है, जो विनय और गोरा सरीखे घनिष्ठ विरुद्धों के सामंजस्य को अपनी चेतना और अपनी कर्मण्य भूमिका दोनों में धारण करता है, दोनों को 'एक' करता है—दोनों के प्रति अपने समान लगाव और हित-चिन्ता से प्रेरित होकर। सहज और अनायास।

कौन है वह चरित्र, जिसके लिए उपन्यास के आरम्भ में ही विनय के मुख से

यह उद्‌गार प्रकट होता है, "इसी चेहरे की स्नेह-दीप्ति मेरे मन की सारी उलझन से मेरी रक्षा करे...यही चेहरा मेरी मातृभूमि की प्रेरणा हो जाए, मुझे कर्त्तव्य की प्रेरणा दे और कर्त्तव्य पथ पर दृढ़ रखे।..." वह कौन है, जिससे हमारी भेंट उपन्यास के अतिसंक्षिप्त किन्तु निर्णायक एपिलॉग (परिशिष्ट) में करवायी गयी है : उसी दुर्निवार्य संरचनात्मक तर्क की प्रेरणा से?–विनय वाले उपर्युक्त स्वगत की ही पुष्टि और पुनरावृत्ति मानो स्वयं उपन्यास के नायक गोरा के अन्तःकरण की आवाज़ से–

गोरा ने कहा, "माँ, तुम्हीं माँ हो। जिस माँ को मैं खोजता फिर रहा था वह तो यहीं मेरे कमरे में बैठी हुई थी। तुम्हारी जात नहीं है, तुम ऊँच-नीच का विचार नहीं करतीं, घृणा नहीं करतीं–तुम केवल कल्याण की प्रतिमा हो। तुम्हीं मेरा भारतवर्ष हो।"

इसी आनन्दमयी से जब सुचरिता कहती है, "ललिता का मन मैं जानती हूँ लेकिन विनय बाबू क्या उसके लिए अपना समाज छोड़ देने को राज़ी होंगे?" तो इस पर, देखिए, आनन्दमयी क्या कहती हैं। वह कहती हैं, "समाज हो सकता है कि उसे छोड़ दे; लेकिन वह क्यों खामखाह आगे बढ़कर समाज को छोड़ने जाएगा? उसकी क्या ज़रूरत है?"...सुचरिता इस पर बड़ी उलझन में पड़ जाती है, "तब फिर यह विवाह कैसे होगा, मेरी समझ में नहीं आता।"...इस पर आनन्दमयी जो कहती हैं, उसे समूचा उद्धृत किये बिना चलेगा नहीं। क्योंकि उससे इस चरित्र की दृढ़ता ही नहीं, प्रेम और सामाजिक संवेदना दोनों के जीवन्त ऐक्य को लेकर जैसी प्रौढ़-परिपक्व समझदारी और संवेदना प्रकट होती है, वैसी कहीं और नहीं। यहाँ आनन्दमयी परेशबाबू से कहीं ज्यादा गहरी संवेदना और समझ की अधिष्ठान बन जाती है। हाँ, वही आनन्दमयी, जो कह चुकी है कि 'मेरे सात जन्मों के हिन्दू संस्कार इस घर ने ही मिटा दिये।' उसी घर, उसी समाज के प्रति कैसी निर्मल-उत्तरदायी दृष्टि रखती है यह आनन्दमयी–ज़रा इस पर गौर करें–

आनन्दमयी ने कहा–मुझे तो यह बिल्कुल सीधी बात जान पड़ती है बेटी! देखो मेरे ही घर में जो नियम चलता है, उस नियम से मैं नही चल सकती, इसीलिए बहुत से लोग मुझे खिस्तान कहते हैं।...गोरा तक मेरे कमरे में पानी नहीं पीता। लेकिन इसीलिए, मैं क्यों यह कहने जाऊँगी कि 'यह घर मेरा घर नहीं है, यह समाज मेरा समाज नहीं है।' मैं तो ऐसा कह ही नहीं सकती। सबकी गालियाँ सिर-माथे लेकर भी मैं इस घर को अपनाये हुए हूँ।...अन्त तक जो मेरा है, उसको अपना ही कहूँगी। वही मुझे स्वीकार न करे तो वह जाने।

अन्तःकरण की इतनी विशालता और व्यापकता ही आनन्दमयी को इस उपन्यास की मानवीय मूल्य-चिन्ता और दायित्व-भावना के उस शिखर पर ला बिठाती है जहाँ सम्भवतः परेशबाबू तक की पहुँच मुश्किल से हो पाती। उपन्यास की 'विज्डम' के अनुसार यही असली भारतीयता है और यही असली हिन्दुत्व है। आखिर, विनय के ललिता के साथ विवाह करने के लिए ब्रह्मसमाज में दीक्षा लेने को पहले तो परेश

बाबू ने भी आवश्यक माना था। हाँ, बाद में अवश्य वे विनय से कर रहे हैं कि जिस दीक्षा से मेरे घर के लोग कुछ लाभ की आशा कर सकते हैं, वैसी दीक्षा मैं नहीं दे सकूँगा। तुम्हें ब्रह्मसमाज में ही आवेदन करना होगा। आनन्दमयी से जब विनय पूछता है, "अगर ललिता के घर के लोग मेरे ब्रह्म बनने पर जोर देंगे तो क्या करूँगा?"—तो आनन्दमयी स्पष्ट कहती हैं, "नहीं, इस जगह जोर नहीं चलेगा।" जबकि वरदासुन्दरी जब कहती है कि विनय को दीक्षा लेनी होगी, तो परेश बाबू उससे सहमत होते हैं। कहते हैं, "वह तो लेनी ही होगी।"

यह आनन्दमयी ही वह ज़बर्दस्त सवाल (जिसका जवाब उसी में निहित है) उठा सकती थी कि 'मनुष्यों का असली मेल क्या मतवाद में ही है?' वह सुचरिता से सीधे पूछती है, "तुम्हारा ब्रह्मसमाज भी क्या मनुष्य से मनुष्य को नहीं मिलने देगा? ईश्वर ने भीतर से जिनको एक बनाया है, तुम्हारा समाज बाहर से उन्हें अलग कर सकेगा? जो समाज छोटे अनमेल नहीं मानता, बड़े मेल में सभी को मिला देता है, वह समाज क्या दुनिया में कहीं नहीं है? ईश्वर के साथ मनुष्य क्या ऐसे झगड़ा ही करता रहेगा? समाज नाम की चीज क्या केवल इसलिए बनी है? (पुष्ठ 300)" ये बुनियादी सवाल क्या सिर्फ आनन्दमयी उठा रही है? उसका स्रष्टा भी नहीं उठा रहा है अपनी सृष्टि के माध्यम से?

आनन्दमयी का चरित्र केवल इन सद्विचारों के कारण ही महत्त्वपूर्ण नहीं है, उनकी 'कर्मज्ञ' भूमिका भी उनके विचारों की समकक्ष है। बल्कि, कहना चाहिए, वे विचार से ज्यादा अपनी कर्मज्ञ-कर्मकुशल-संवेदनशीलता-समझदारी के लिए महत्त्वपूर्ण बन गयी हैं। विचार की उदारता से ब्रह्मसमाज की अन्तरात्मा की तरह प्रतिष्ठित परेश बाबू में भी कम नहीं। पर वे आनन्दमयी जितने स्वभाव-मुक्त नहीं हैं; उन्हें अपने-आप से बहुत तर्क करना पड़ता है। इतना अवश्य है कि उनमें सच्चाई को देर-सबेर सचमुच मन से स्वीकार करने का साहस है : भले ही इसकी प्रेरणा उन्हें अपने से छोटों से ही क्यों न मिले। तभी तो सुचरिता के साथ अपनी बातचीत (पृष्ठ 285) में वे कहते हैं, "सम्प्रदाय लोगों को इतनी सीधी-सी बात भी भुलवा देता है कि इंसान-इंसान है। मैं भी अब तक इसी झूठ के भँवर में फँसा हुआ था।" यह परेश बाबू का आत्मस्वीकार क्या कुछ अर्थ नहीं रखता? क्या अब भी कोई कहेगा कि टैगोर का पक्ष समग्र भारतीय परम्परा के विरुद्ध ब्रह्ममत या ब्रह्मसमाज का पक्ष है?

यह भी यूँ ही, महज़ आकस्मिक संयोग की बात नहीं है कि आनन्दमयी जिस तरह विनय और ललिता को सबसे बड़ा सहारा देने वाली साबित हुई, उसी तरह, उनकी भूमिका गोरा और सुचरिता के बीच पनपे उत्कट आत्मविस्मरणकारी प्रेम को भी सबसे पहले भाँपने, पहचानने और उसे वास्तव में चरितार्थ करने में भी सर्वाधिक महत्त्वपूर्ण है। विनय के मामले में सुचरिता की 'ब्रह्मसमाजी' अटक को अनुभव करके उन्हें क्लेश होता है। वह सोचती है, 'मेरा मन जो समाज के सारे संस्कार काट सका,

वह तो केवल उसी गोरा के स्नेह के कारण। तब क्या सुचरिता का मन गोरा के प्रति आकृष्ट नहीं है? होता तो इतनी छोटी-सी बात उसको इतनी बड़ी क्यों लगती?'

पाठक को यह भी स्पष्ट अनुभव होता है कि आनन्दमयी में अपनी वास्तविक गृहस्थ जीवन की अग्नि-परीक्षा में तपी हुई अनुभव परिपक्वता और प्रेम-शक्ति के कारण ही दूसरों के अन्तर्मन की भी थाह पा लेने और उनके लिए जो हितकारी ही नहीं, श्रेयस्कर भी हो सकता है, उस तक उन्हें पहुँचाने में भी कार्य-साधक बनने की क्षमता है। यह यों ही नहीं है कि सुचरिता जिस तरह परेश बाबू की निकटता हासिल करती है, उसी तरह वह आनन्दमयी के हृदय में भी अपना विशेष स्थान बना लेती है। इसमें आनन्दमयी की भूमिका भी कम महत्त्वपूर्ण नहीं। गोरा के जेल से छूटकर आने के बाद सुचरिता से पहली भेंट का संकोच दूर करने में और...अनन्तर भी, आनन्दमयी की भूमिका कितनी महत्त्वपूर्ण है!

स्त्री-शक्ति के जागरण को भारत की आत्म-प्रत्यभिज्ञा और आत्म-चरितार्थन की अनिवार्य शर्त की तरह देखना भी इस उपन्यास की एक उल्लेखनीय उपलब्धि और सार्थकता है। इस सन्दर्भ में आनन्दमयी के चरित्र का महत्त्व तो, जैसा हमने देखा, उजागर ही है; गोरा सुचरिता के सम्बन्ध का मार्मिक आख्यान भी उतना ही ध्यानाकर्षक और केन्द्रीय महत्त्व रखने वाला है। उपन्यासकार ने सबसे नाजुक और निर्णायक बिन्दु पर सुचरिता को आनन्दमयी के साथ रखा है, इससे गोरा को मिली अनुभूति का मर्म और अधिक उजागर हो आता है। जेल से लौटने के बाद सुचरिता से हुई वह भेंट उसके लिए एक इलहाम सरीखी साबित होती है–

"सुचरिता के रूप में नारी-प्रकृति ही उसके सामने प्रकट हो रही थी। जो लक्ष्मी तुच्छ को भी प्रेम का गौरव देती है–जिसने दुःख और दुर्गति में भी हममें से दीनतम का भी परित्याग नहीं किया...उसी लक्ष्मी की एक प्रतिच्छबि को गोरा अपनी माँ के पास प्रत्यक्ष बैठी देखकर आनन्दविभोर हो उठा।....उसे जान पड़ा देश का मतलब यही है, सारे भारत के मर्मस्थान पर....यही मूर्ति बैठी है...देश की दुर्गति में इसी का अपमान है। इस अपमान के प्रति हम लोग उदासीन रहे हैं, इसलिए हमारा पौरुष आज लज्जित है।"

अपने ही विचारों पर गोरा स्वयं चकित हो गया। जब तक भारतवर्ष की नारी उसे अनुभव-गोचर नहीं हुई थी तब तक उसकी भारतवर्ष की उपलब्धि कितनी अधूरी थी, यह वह इसके पहले नहीं जानता था।...मानो शक्ति थी किन्तु उसमें प्राण नहीं थे, पेशियाँ थीं, किन्तु स्नायु तन्तु नहीं थे।"

इस भेंट के दौरान सुचरिता को भी गोरा "ऐसी उद्दीप्त आग की शुद्ध अग्निशिखा-सा प्रकाशमान देखता है जिसमें धुआँ या लकड़ी कुछ भी नहीं दीख रही हो।" किन्तु यह करुणा मिश्रित भक्ति मात्र भावुकता नहीं है, यह इससे अगली

मुलाक़ात में ही स्पष्ट हो जाता है। विनय ललिता के विवाह की समस्या को लेकर दोनों के बीच जो बातचीत होती है, (पृष्ठ 340-348) वह इस मानी में खास ध्यान देने योग्य है कि वह गोरा के माध्यम से लेखक के हिन्दुत्व-विमर्श और सुचरिता के माध्यम से उसके 'स्त्री-विमर्श' को भी बड़ी एकाग्र और धारदार अभिव्यक्ति प्रदान करती है। प्रेमानुभूति और अत्यन्त उत्कट प्रेमानुभूति बेशक अपनी जगह है : किन्तु उससे वैचारिक दूरी अर्थात् विचार की स्वाधीन तेजस्विता उड़ नहीं जाती। उसे अपनी जगह खुलकर उजागर होने का अवकाश मिले, तभी उस दूरी को समाप्त करने वाली अनुभूति भी विश्वसनीय और सार्थक होती है। सुचरिता से गोरा जब कहता है कि "आप किसी एक दल की सदस्या भर नहीं है", तो सुचरिता इस कॉम्लीमेंट से खुश होके बहक या बदल जाने की बजाय 'अपने मन की सारी शक्ति बटोर कर' सजग-सावधान हो जाती है और सीधे प्रत्याक्रमण की मुद्रा अपनाती हुई उतनी ही अप्रत्याशित प्रतिप्रश्न गोरा के मुँह पर उछाल देती है : "आप भी क्या किसी दल के व्यक्ति नहीं हैं?" इस पर...और आगे भी, लेखक गोरा के मुख से जो कहलवाता है, वह हिन्दुत्व विमर्श के हिसाब से भी इतना उत्तेजक है कि बाद के घटना क्रम से स्वयं इस नायक के भीतर आये भूकम्पीय उथल-पुथल से भी वह उत्तेजना पूरी तरह कटती नहीं—अपनी जगह अपनी प्रखरता और तार्किक तेजस्विता को कहीं-न-कहीं अप्रतिहत बनाये रहती है। इसे क्या कहें—रवीन्द्रनाथ ठाकुर की तात्त्विक अन्तर्दृष्टि? याकि स्वयं इस उपन्यास विधा की अपनी प्रतिभा, अपनी ख़ूबी, अपनी विवेकमत्ता, जो विरोधी के प्रति भी न्याय किये बिना—नहीं रह सकती। जरा एक बार फिर से पढ़ देखिए इस बातचीत को : (प्रसंगवश, यह क्या सुखद अचरज का विषय नहीं, कि टैगोर जो मूलतः कवि हैं, अपने निबन्धों के अलावा अपने कथा साहित्य में भी कितने विचारोत्तेजक हैं—कितनी जबर्दस्त 'डिबेट' किस खूबी और सहजता के साथ उनके उपन्यासों में तिन्यस्त हो पाती है। सहमति-असहमति के परे यह रागाविष्ट वैचारिकता उनकी ऐसी है कि हमें अपनी लपेट में खींच ही लेती है। इतनी भाव-समृद्धि और इतनी रहस्योन्मुखी रुझान के साथ इतनी प्रखर और इतनी 'एंगेज्ड' बौद्धिकता-तर्कशीलता का संगम क्या आधुनिक भारतीय साहित्य में विरल और फिर भी उसकी केन्द्रीय भाव-धारा के मेल में ही नहीं?) तो...तनिक ध्यान दें इस बाचचीत पर—

गोरा ने कहा, "मैं हिन्दू हूँ। हिन्दू तो कोई दल नहीं हुआ, हिन्दू तो एक जाति है। यह जाति इतनी बड़ी है कि उसका जातित्व किसमें है, यह किसी परिभाषा में नहीं बाँधा जा सकता।"

सुचरिता ने कहा—"हिन्दू अगर दल नहीं है तो उसमें इतनी दलबन्दी क्यों होती है?"

गोरा ने कहा—"किसी आदमी को मारने जाएँ तो वह अपना बचाव क्यों करता है? उसमें प्राण है, इसीलिए तो।"

सुचरिता—"मैं जिसे धर्म कहकर जानती हूँ उसे अगर हिन्दू आक्रमण करना समझें तो ऐसी अवस्था में आप मुझे क्या करने को कहेंगे?"

गोरा—"सभी मनुष्य एक जैसे नहीं होते। कितनी तरह की प्रकृतियाँ होती हैं, कितनी तरह की प्रवृत्तियाँ और ज़रूरतें। आप केवल अपने दल के नियमों को सभी पर लागू करना चाहती हैं। मान लेती हैं कि मनुष्यों के बीच कोई वैचित्र्य नहीं है कि सभी ने केवल ब्रह्मसमाज की बही में अपना नाम लिखाने के लिए ही संसार में जन्म लिया है। तब फिर जो दस्यु जातियाँ दुनिया की सभी जातियों को जीतकर अपना एकछत्र साम्राज्य फैलाने में ही दुनिया का कल्याण समझती हैं जो अपनी ताक़त के घमण्ड में यह मानने को ही तैयार नहीं कि दूसरी जातियों की विशेषताएँ भी विश्व के हित में मूल्यवान् हैं, उनमें और आपमें फ़र्क ही क्या रह गया?"

एक समूची सभ्यता, एक-समूचे सार्वभौम विश्व-धर्म की ग्लानि की पीड़ा से उपजा इससे कड़वा और कर्कश प्रत्युत्तर भला और क्या होगा? किन्तु...सुचरिता पर इसका कैसा-क्या प्रभाव पड़ा, यह देखिए और सोचिए कि क्या यह केवल एक विलक्षण व्यक्तित्व के प्रति उपजे दुर्निवार्य आकर्षण के कारण है या कि गोरा की बात में जो अपने देश और उसके लोक-चित्त के प्रति सच्चे प्रेम की पीड़ा बोलती है, वह भी इस प्रभाव का कारक है? क्या यह महज़ तर्क के लिए तर्क है या कि उसके पीछे सच्चा दर्द है और सच्ची एकात्म-निष्ठा का बल है?

"थोड़ी देर के लिए सुचरिता सब बहस और दलीलें भूल गयी। गोरा के गम्भीर स्वर की आश्चर्यजनक प्रबलता ने उसके सारे अन्तःकरण को झनझना दिया। गोरा किसी एक बात को लेकर बहस करता रहा है, यह मानो वह भूल ही गयी। उसके सामने केवल इतना ही सत्य रह गया कि गोरा बोल रहा है।"

गोरा की वाग्धारा और भी प्रबल हो उठती है। सुचरिता ही क्यों, किसी को भी बहा ले जाए अपने साथ, ऐसी वाग्धारा जिसमें उत्कट देशभक्ति का आवेग ही नहीं, और भी बहुत कुछ है तो श्रोता के मन में कोई तर्क-वितर्क नहीं उकसाता, बल्कि उसकी जातीय स्मृति को, उसकी जातीय अन्तरात्मा को ही झिंझोड़ देता है। मानो सुचरिता में गोरा ब्रह्मसमाज की नहीं, स्वयं अपनी माँ आनन्दमयी की प्रतिच्छवि देख रहा हो; उसके आनन्दमयी बन सकने की सम्भावना को ही जगाना-सम्बोधित करना चाह रहा हो। फिर सुचरिता उससे कैसे प्रभावित न हो? वह सुचरिता, जिसे गोरा स्वाभाविक उदार शक्ति होने का श्रेय भी लगातार देता जा रहा है। सुचरिता तो ऐसी जाग्रत संवेदना के सम्मुख केवल अपना वही वाक्य फिर से दुहरा सकती है, "आप मुझे क्या करने को कहते हैं?" तब, गोरा जो आख़िर में कहता है, वह क्या सिर्फ़ तत्कालीन वाद-विवाद की ही एक छाया-अनुकृति अथवा आलंकारिक रटन्त भर है? या कि वह आज सौ साल बाद भी हमारे अन्तःकरण में कोई प्रतिध्वनि उठाती है? हमारे बावजूद, हमारे सिर पर चढ़के बोलने लगती है?

गोरा ने कहा, "आपको यह सोचकर देखना चाहिए कि हिन्दू धर्म माँ की तरह अनेक मत-मतान्तरों के लोगों को अपनी गोद में लेने का यत्न करता रहा है, अर्थात् दुनिया में केवल हिन्दू धर्म ने मनुष्यों को मनुष्य कहकर जाना है, केवल दल का व्यक्ति नहीं समझा। हिन्दू धर्म मूढ़ को भी मानता है, ज्ञानी को भी मानता है—और ज्ञान की भी केवल एक मूर्ति को नहीं मानता, उसके अनेक प्रकार के विकास को मानता है। ख्रिस्तान वैचित्र्य को स्वीकार करना नहीं चाहते; वे कहते हैं, एक तरफ ख्रिस्तान धर्म है और दूसरी तरफ अनन्त विनाश, और इनके बीच कोई विचित्रता नहीं है। हम लोगों ने ऐसे ही ख्रिस्तान से शिक्षा पायी है, इसलिए हिन्दू धर्म की विचित्रता पर हम लज्जित होते हैं। इसी विचित्रता के भीतर से ही हिन्दू धर्म एकता को देखने की साधना करता है, यह हम देख नहीं पाते। मन के चारों ओर से इसी ख्रिस्तानी शिक्षा का फन्दा काटकर निकले बिना हम किसी हिन्दू धर्म का सच्चा परिचय पाने के गौरव के अधिकारी नहीं होंगे।"

यह उद्‌गार उस गोरा का है, जो अभी तक स्वयं अपने जन्म की हकीकत से अनजान है; जो अभी कुछ ही दिनों बाद 'एक बहुत बड़े सत्य के बीच आ गिरने' वाला है जो परेश बाबू से यानी ब्रह्मसमाज के ही सबसे आदर्श प्रतिनिधि और सुचरिता के पालक-अभिभावक परेश बाबू से कहने वाला है कि "आज सबेरे ही बिल्कुल खुले मन से मैं ठीक भारतवर्ष की गोद में आ बैठा हूँ—माँ की गोद किसे कहते हैं, यह पूरी तरह अनुभव कर सका हूँ।" तो क्या सुचरिता के सामने निकले उस उद्‌गार में और उपन्यास के अन्त में—अपने जन्म का बेहद कड़ुवा और असहनीय सच जान लेने के बाद के इस कथन के बीच कोई सम्बन्ध नहीं? क्या उस उद्‌गार की सच्चाई इस नये आत्म-ज्ञान से कट जाती है, निरर्थक हो जाती है? क्यों तब गोरा परेश बाबू से कह उठता है कि "आज मुक्ति पाकर मैं सबसे पहले आपके पास इसलिए आया हूँ कि आपके पास ही इस मुक्ति का मन्त्र है।" पाठक यहाँ चक्कर में पड़ सकता है कि यह क्या बात हुई। गोरा ने जब मुक्ति पाली तो फिर अलग से मुक्ति का मन्त्र माँगने की क्या ज़रूरत है? जरूरत शायद इसलिए है, कि परेश बाबू भी इसी बीच अपने समाज से प्रताड़ित-उत्पीड़ित होने के अनुभव से गुजर चुकने के बाद एकान्तवास के लिए निकलने की ठान चुके हैं और सुचरिता उनके साथ जाने का निश्चय कर चुकी है।...गोरा को अब जो मुक्ति-मन्त्र चाहिए वह स्वयं सुचरिता भी है, जिसका 'पाणिग्रहण' परेश बाबू के आशीर्वाद के बिना फलीभूत नहीं हो सकता।

ज़रा परेश बाबू के उस वाक्य पर ध्यान दें। गोरा के मुख से यह सुनने के बाद कि "माँ की गोद किसे कहते हैं यह आज मैं पूरी तरह अनुभव कर सकता हूँ", परेश बाबू उससे यह क्यों कहते हैं कि ''गौर! माँ की गोद में तुम्हें जो अधिकार मिला है, उसमें हमें भी शामिल कर लो।" यह वाक्य गोरा के सामने बोलकर क्या परेश बाबू पहले ही प्रच्छन्न रूप से गोरा-सुचरिता के मिलन के लिए अपनी तैयारी नहीं जता चुके थे?

किन्तु गोरा के द्वारा परेश बाबू से कही गयी बात का अभिप्राय पूरी तरह आगे 'परिशिष्ट' में खुलता है। इस परिशिष्ट में हमें—आनन्दमयी की झलक दिखाई गयी है—स्वयं गोरा के मुख से ही यह उचरवाने के लिए कि, "जिस माँ को मैं खोजता फिर रहा था, वह तो यहीं मेरे कमरे में बैठी हुई थी। माँ तुम्हीं मेरा भारतवर्ष हो।" इस माँ में और उस माँ में आख़िर क्या भेद है जो सुचरिता के साथ घटित हुए उस आत्मालापी संवाद में हिन्दू धर्म की परिभाषा की तरह प्रकट हुई थी? और, जो अब उपन्यास की कथा के इस उजले छोर पर साक्षात् आनन्दमयी के रूप में मूर्त है। तनिक फिर से उस वार्तालाप को—और उसके अन्त में सुचरिता पर पड़े प्रभाव को याद करें। वही इस वक्तव्य का समुचित समापन होगा।

"सुचरिता ने अपने समाज के कई विद्वान् और बुद्धिमान लोगों से बहुत-सी तत्त्वालोचना सुनी है, लेकिन गोरा की तो आलोचना नहीं है; वह मानो सृष्टि है।"

निस्सन्देह यह उपन्यास हमारे देश और समाज के एक बड़े उथल-पुथल भरे दौर की मार्मिक आलोचना भी है ही। किन्तु वह इस क़दर जीवन्त-मूर्त और विलक्षण बुद्धि-ऊर्जा के साथ ही साथ उतनी ही विलक्षण भाव-ऊर्जा से भरपूर है कि हमारे अन्तःकरण पर उसका वैसा ही नयी रचना सरीखा प्रभाव पड़ता है। हम भी—यानी गोरा उपन्यास को इक्कीसवीं सदी के इस छोर पर फिर से उठाकर पढ़ने वाले पाठक भी यही कह उठने को विवश हो जाते हैं कि 'यह आलोचना नहीं, सृष्टि है।'

स्वाधीनता और साहित्य

(हिन्दी साहित्य सम्मेलन के 61वें अधिवेशन में साहित्य परिषद् के स्थापित पद से दिया गया व्याख्यान)

प्रस्तुत विषय की देहरी पर ही एक ओर तो निराला की 'प्रिय स्वतंत्र रव/ अमृत-मन्त्र नव/भारत में भर दे...' और प्रासद की 'हिमाद्रि-तुंग शृंग से प्रबुद्ध शुद्ध भारती/स्वयं प्रभा समुज्ज्वला स्वतन्त्रता पुकारती...' जैसी काव्य-पंक्तियाँ मन में घुमड़ रही हैं और दूसरी ओर भारतीय स्वाधीनता-संग्राम के दो बीज-ग्रन्थ जिन्हें कहना चाहिए—गाँधी जी का 'हिन्द स्वराज' और श्री अरविन्द का 'फाउण्डेशंस ऑव इण्डियन कल्चर'—उनका भी उतना ही स्वतःस्फूर्त और अनायास स्मरण हो रहा है। इसका क्या मतलब है? यही न, कि तात्कालिक सन्दर्भ स्वाधीनता का भले ही विदेशी आधिपत्य से देश को छुटकारा दिलाना रहा हो, स्वयं स्वाधीनता की अवधारणा हमारे कवियों और राष्ट्र-निर्माताओं की, उस तात्कालिक सन्दर्भ रो कहीं अधिक—बहुत अधिक व्यापक और गहरी थी। राजनीतिक स्वाधीनता तो परिस्थिति का तथ्य है, किन्तु मानसिक स्वाधीनता का—सांस्कृतिक आत्मविश्वास के पुनर्जागरण से उत्पन्न मानसिक स्वाधीनता का—जहाँ तक प्रश्न है, वह तो हमारे साहित्य में सन् 1947 से काफी पहले ही अभिव्यक्त होने लगी थी जैसा कि उपर्युक्त कविताओं के अन्तः साक्ष्य से ही प्रकट हो जाता है।

जहाँ तक साहित्यकार की स्वाधीनता की बात है, उसके लिए तो स्वाधीनता मूलभूत मूल्य है। उसकी मनुष्यता और उसकी स्वतन्त्रता दोनों परस्पर अविच्छेद्य हैं। हमारे आध्यात्मिक वाङ्मय में 'मुक्ति' के पुरुषार्थ का जैसा जो विवेचन और अनुभव मिलता है, उससे इस बात का सम्बन्ध देख पाना कठिन नहीं है। भले वह एक उच्चतर आयाम का अनुभव हो साहित्य की तुलना में, उससे असम्बद्ध या असंगत वह कदापि नहीं है। 'मुक्त' की मुक्ति दूसरों को—यानी बन्धनग्रस्त अपने ही जैसे मनुष्यों को—मानव मात्र को अपनी 'मुक्ति' के अनुभव में साझेदारी बनाकर उन्हें भी अपनी मुक्ति की पात्रता का अनुभव कराके ही सार्थक होती है : 'मुक्तश्चान्यान विमोचयेत्' का यही अभिप्राय है। इसे आप साहित्यकार के अपने स्वतन्त्र दृष्टिकोण से मिलाकर देख सकते हैं। अज्ञेय ही मसलन, जो साहित्यकार के साथ-साथ हमारे

स्वाधीनता-संग्राम के सेनानी भी रहे। देखिए, इस विषय में क्या सोचते हैं। जंगल में एक पूर्णविकसित महावृक्ष के साक्षात्कार से जो स्वाधीनता का बोध उनमें जगा, उस सन्दर्भ में वे कहते हैं–

"स्वाधीन होना अपनी चरम सम्भावनाओं की सम्पूर्ण उपलब्धि के शिखर तक विकसित होना है। लेकिन...उस महावृक्ष का वाहन होने का एक अर्थ यह भी है कि उसके बोध के साथ-साथ उन असंख्य बौने और बुच्चे पेड़ों के जंगल का भी एक बोध भीतर धधक उठता है, जिनसे हम निरन्तर घिरे रहते हैं–जिन्हें निरन्तर अपने आस-पास देखते हुए हर कोई अपने से ही यह पूछने को लाचार होता है, 'तब क्या मैं भी अपने को स्वाधीन मान सकता हूँ? क्या कोई अकेला स्वाधीन हो सकता है?' क्योंकि कोई भी व्यक्ति अपनी सम्पूर्ण सम्भावनाओं को ऐसे ही परिवेश में पा सकता है, जिसमें दूसरे भी अपनी चरम सम्भावनाओं को पूरी तरह प्राप्त करने के लिए समान रूप से स्वाधीन हों। और ठीक यहीं पर स्वाधीनता का ऐसा बोध मानो तपस्या की यन्त्रणा बन जाता है, क्योंकि वह मानव मात्र की समान स्वाधीनता के प्रयत्न की अनिवार्यता बन जाता है...।"

इसी में आगे अज्ञेय दो बातें और जोड़ते हैं : एक तो यह, कि स्वाधीनता की सच्ची कसौटी 'मैं' नहीं, 'ममेतर' है; ममेतर के दर्पण में ही मुझे मेरी अपनी अस्मिता का सच्चा प्रतिबिम्ब दीख सकता है। दूसरी, इसी में से निकलने वाली बात–यह है कि दूसरे प्रकार के बौद्धिकों से साहित्यकार को जो चीज अलग करती है, वह उसका समाज के प्रति विशेष उत्तरदायित्व है। उदाहरण के लिए वैज्ञानिक एक ऐसे समाज में भी स्वाधीन हो सकता है, जो समाज स्वाधीन नहीं है, (अर्थात् किसी सर्वसत्तावादी शासन-तन्त्र के अधीन है–वह चाहे कम्युनिस्ट तन्त्र हो, चाहे फासिस्ट तन्त्र)। किन्तु साहित्यकार ऐसे समाज में स्वाधीन नहीं हो सकता है, जो समाज स्वाधीन नहीं है। जाहिर है कि साहित्यकार का समाज के प्रति यह विशेष उत्तरदायित्व शासन के मुकाबले में खड़े होकर ही निभाया जा सकता है। यानी, उसे अपनी हैसियत एक निर्बन्ध प्रतिपक्षी की बनानी होगी।

यह एक विचित्र विडम्बना है कि साहित्य की इस 'निर्बन्ध प्रतिपक्षी' वाली भूमिका के निर्वाह का जितना जैसा स्वतःस्फूर्त उत्साह और आत्मविश्वास हमें स्वतन्त्रता-संग्राम के दिनों में दिखाई देता है, वैसा स्वातन्त्र्योत्तर (कहना चाहिए 'दास्योत्तर') युग में कम ही दीखता है। जो लोग अपने 'प्रतिपक्षी' होने का सबसे ज्यादा तूमार बाँधते हैं और सबसे ज्यादा प्रचार-प्रसार के साधन हथियाए हुए हैं, वे निर्बन्ध होने की उक्त कसौटी पर बिल्कुल खरे नहीं उतरते। न केवल यह, कि स्वाधीनता जैसे मूल्य की मूल्यवत्ता ही उनके लिए सन्दिग्ध है, बल्कि वे उसे उसके स्रोत पर ही कुंठित किये देते हैं। यह अकारण नहीं कि पिछले कुछ दशकों के दौरान हमारे समाज की अपनी स्वतःस्फूर्त पहल सभी क्षेत्रों में लगातार छीजती गयी है और एक तरफ

सरकारी तन्त्र, तथा दूसरी तरफ विशुद्ध व्यावसायिकता का जाल हर तरफ कसता गया है। पर ऐसे लेखकों को इसकी चिन्ता नहीं सताती, क्योंकि जैसा कि 'हिन्द स्वराज' के लेखक ने बहुत पहले ही देख लिया था, वे जिन लोगों की बात करने का, उनके उद्धार का दम भरते हैं अपने खोखले, परोपजीवी रेहूटरिक में, उन्हें वे जानते ही नहीं वास्तव में? उनके जीने-मरने की लय से उनका वैसा सीधा रिश्ता ही नहीं है, जैसा 'लोग भूल गये हैं' के कवि रघुवीर सहाय का या 'साखी' के कवि विजयदेव नारायण साही का दीखता है। जिन्हें एक वास्तविक समाज में अपनी अवस्थिति का ही नहीं, स्वयं उस समाज के वास्तविक अन्तःकरण का, उसके लगातार प्रवंचित किये जाने का भी तीखा अहसास है। उनके लिए उनका समाज सगुण मानव-व्यक्तियों से बना हुआ समाज है, न कि एक ऐसी भीड़ जिसे मनमाफिक बदलने की उनकी आइडियोलॉजी काफी है। ऐसा नहीं कि स्वयं उनके पास कोई विचारधारा न हो, समाज को बदलने वाले विचार न हों या कि वे किसी अ-राजनीतिक कलादृष्टि के आग्रही हों। उन्हें न केवल अपने लोगों को संगठित करने की चिन्ता है, बल्कि उनमें वह समझ भी विकसित करने की चिन्ता है, जिसके बूते वे स्वाधीन आलोचना कर सकें—ऐसी आलोचना, जो उन्हें मात्र निष्क्रिय प्रतिरोध से आगे ले जाए और साथ ही उन्हें हर तरह के बौद्धिक और भावनात्मक शोषण से भी सतर्क-सावधान रहने की क्षमता प्रदान करे। इसी आत्म-चेतना के चलते रघुवीर सहाय जैसा कवि 'लोग भूल गये हैं' नामक कविता संग्रह में उन लोगों की भी खबर लेता है, जो समाज को बदलने का बीड़ा तो बेशक उठाये हुए हैं, पर जिनकी ख़ुद की जड़ें अपने समाज और संस्कृति में नहीं हैं, कहीं अन्यत्र हैं—

आज के समाज का मानस यही है
कहते हो तुम इस कविता में
बिना यह जाने हुए कि कितना जानते हो तुम इस समाज को

('लोग भूल गये है')

इस काव्य-संग्रह की भूमिका में रघुवीर सहाय ने एक बड़ी काम की बात कही थी, जो मुझे प्रस्तुत प्रसंग में स्मरणीय और उद्धरणीय भी लग रही है। वह यह, कि 'यथार्थ की हमारी समझ इस समझ के बिना अधूरी है कि लेखन में आदर्श की इच्छा इसी यथार्थ को किस रूप में जानकर जागृत हो सकती है'। मुझे लगता है यह एक सही कसौटी है आज लिखी जा रही कविताओं-कहानियों को भी जाँचने-परखने के लिए। दरअसल मनुष्य-सत्य और असत्य की किसी एक व्याख्या और समाधान के आगे ढेर हो जाने पर खुद के आत्म-केन्द्र को जाँचने की चुनौती ही खत्म हो जाती है। तब फिर यह जानने-महसूस करने की भी जरूरत नहीं रह जाती कि जिस जन को हम अपने पुण्यासक्त वागास्फलनों का आलम्बन बनाये हुए हैं, वह स्वयं कैसे अपने अनुभवों को ग्रहण करता या झेलता है या कि शब्दों के साथ उसका

कैसा-क्या सम्बन्ध है? वह क्या सुनता-गुनता या पढ़ता रहा है, इससे आपको कोई लेना-देना नहीं। उसी तरह आप सरीखे उसके त्राणकर्ता क्या पढ़ते-गुनते रहे हैं, यह भी आपके लेखे उसके लिए अप्रासंगिक ही होना चाहिए। आपकी पढ़ाई-लिखाई से जिस तरह आपके किये-अनकिये सारे पाप धुल गये हैं, उस तरह आपको पढ़कर, बल्कि आपको बिना पढ़े भी उसका उद्धार निश्चित है। रघुवीर सहाय जैसे—कवि-कथाकार लाख चिल्लाते रहें कि 'देश अपार से ज्यादा अथाह है/ गहरे में जाकर एक ताकत ले आओ'—उनका यह आत्मोद्बोधन अथवा सम्बोधन इन परजीवी पुण्यात्माओं के किसी काम का नहीं है, क्योंकि देश के अथाह में गोता लगाके ताकत ढूँढ़ने की जरूरत ही क्या है, अगर वह ताकत हमें विदेश की थाह के उथले में हाथ-पाँव मारके ही सुलभ हो जाए।

तो, एक तरफ वे लोग हैं, जो जन के जीवन से अनजान रहने में ही सुरक्षित रहते हैं और दूसरी तरफ़ वे हैं, जो 'अनुपस्थित लोग' हैं—निरुपाय और डरे हुए। ऐसा समाज अपने लिए उपयुक्त राजनीति खोज सके, इसके लिए भी पहले यह जरूरी है कि वह अपनी चेतना-संवेदना की भोथरी पड़ गयी जगहों को खुद देखे-समझे और अपने पारस्परिक सम्बन्धों की असलियत को भी। साहित्यकारों यानी उनके भाव-जीवन के साथ घनिष्ठ साहित्यकारों से अधिक उन्हें अपनी भाव-सत्ता की, स्वावलम्बी विचार-सामर्थ्य की भी—सच्ची पहचान भला और कौन करा सकता है? साहित्यकार को अपने समाज, अपने 'जन' को आखिर उन प्रपंचियों से भी तो बचाना है, जो अमरबेल की तरह, जोंक की तरह उसके अपने लोगों की जिजीविषा और सांस्कृतिक सहजबुद्धि से चिपके हुए हैं। न केवल उनके 'यथार्थ' से, बल्कि उनके 'आदर्श' से भी। दोनों को विकृत और कुंठित करने का बीड़ा उठाए हुए। इसलिए वह उनसे कहता है—अपने लोगों से कि 'एक बहुत बड़े षड्यन्त्र के बीच में अपने घर में रहने वालों से रिश्ते बनाओ और सुधारो।' ऐसे कवि को यह कुतूहल या रहस्य नहीं सताता कि वह गये जन्म में क्या था। हाँ, यह सवाल जरूर सताता है कि पिछले बीस बरसों में उसके साथ क्या हुआ है? जरूरी इतिहास-बोध उसके लिए यह है। या कह लीजिए उन सारे गूँगे-बहरे करोड़ो के लिए, जिनकी अव्यक्त पीड़ा और प्रवंचना को वाणी देना उसका काम है। 'पाप से घृणा करो, पापी से नहीं', के अवमूल्यित अमूर्त आदर्शवाद के बदले यह ऐसे जनोन्मुखी-जनसंवेदी, किन्तु सुदृढ़ आत्मकेन्द्र वाले कवि की खास अपनी सगुण साधना और आत्मा की कॉमनसेंसे ही है, जो उससे कहलवाती है कि—

> और अगर चेहरे गढ़ने हों तो अत्याचारी के चेहरे खोजो
> अत्याचार के नहीं
> इसको हम जानते बहुत हैं, वह अब भी छिपता-फिरता है

('रंगों का हमला'—रघुवीर सहाय)

यह अमूर्त जनवाद के विरुद्ध जीते-जागते लोगों के साथ किये गये मूर्त अन्याय का मूर्त साक्षात्कार करने का आग्रह है। इसलिए, कि अत्याचार का अमूर्तन अपने आप में एक अत्याचार है। इसी तरह 'सा विद्या या विमुक्तये' के मानवीय अर्थ को आज के सन्दर्भ में अपने लिए खोजना—उसके भ्रष्ट हो जाने को—आज इस वक्त जिये जा रहे जीवन के सगुण द्रष्टान्तों से उपजी समझ के द्वारा रेखांकित किया जाना भी उतना ही आवश्यक है। रघुवीर सहाय की कविता सही तो कहती है—

यह तो समझ है इतिहास की भ्रष्ट है
यह अत्याचार को शाश्वत रखने की
अन्यायी भाषा है कि जिसके प्रतिष्ठान में विद्या बन्द है
विद्या जो हमें मुक्त करती है वह विद्या

अन्तहीन पीड़ा और असंगठित आलोचना के इस निर्जन में कवि कुछ जिन्दा हरकतें उपजाना चाहता है। 'यही वक्त है अभी कुछ करो नौजवान'—वह कहता है अपनी 'कार्रवाई' शीर्षक कविता में। और हमारे समाज के उपर्युक्त अगतिकता और सन्दिग्ध गतिशीलता के बीच जो एक नाजायज-सा रिश्ता बन गया है, उसे भी दुरुस्त करने का उपक्रम करता है : 'यही वक्त है अभी कुछ करो नौजवान/और उस और के दुख भरे जीवन में पैठ जाओ/यही मौत के खिलाफ/अपनी मौत के खिलाफ/एक काम है जो कर सकते हो।' कवि यह क्या कह रहा है, किससे कह रहा है? क्या यह सच नहीं कि दूसरों को बदलने के लिए आतुर लोग अपने को बदलने की कोई जरूरत नहीं समझते? वे अपने साथ कुछ नहीं करते; मगर 'दूसरों' के साथ सबकुछ कर डालना चाहते हैं। रघुवीर सहाय सरीखे कवि ऐसे क्रान्तिकारी लेखकों को अच्छी तरह पहचानते हैं—

मुझे विश्वास नहीं है
मेरे जीते जी
यह देश क्यों, कोई भी देश
अपने मनुष्यों को आदमी बना लेगा
क्रान्तिकारी लेखक को आशा है
कि औरों पर उसका अविश्वास
उसको तो उसके ही जीवन में
एक बड़ा आदमी बना देगा।

इसी सिलसिले में—यानी 'स्वाधीनता और साहित्य' विषय से उभरने वाले सवालों के सिलसिले में—मुझे यहाँ प्रसिद्ध निबन्धकार और लोक-संस्कृति मर्मज्ञ पं. विद्यानिवास मिश्र के कृतित्व का भी स्मरण कर लेना प्रासंगिक लग रहा है। 'सपने कहाँ गये' शीर्षक उनकी लेखमाला अभी दुबारा पढ़ने की प्रेरणा हुई, जिसमें स्वाधीनता प्राप्ति के निकटपूर्व का और उसके तुरन्त बाद के परिदृश्य का बड़ा मार्मिक चित्रण हुआ

है और ऐसी उद्वेलनकारी बातें सामने आती हैं, जो देश की परिस्थिति और संस्कृति दोनों के प्रति संवेदनशील एक साहित्यकार ही इस तरह सामने ला सकता था। एक जगह वे कहते हैं—"स्वाधीन होने का अर्थ यह नहीं है कि हम केवल अपने प्राचीन गौरव का राग अलापते रहें। अपनी सक्रियता और जीवन्तता का प्रमाण अपने समय के अनुभवों से न दें। हम या तो अपने बारे में बिना सोचे-समझे व्यर्थ की डींग हाँकते हैं या अपनी क्षमता की उपेक्षा करके हीनभाव से ग्रस्त रहते हैं। दोनों स्थितियाँ एक स्वाधीन देश के लिए भयावह हैं।" घटियापन को प्रश्रय देनेवाली हमारी दास मानसिकता को यथातथ्य उघाड़ते हुए वे दर्शाते हैं कि किस तरह इस स्वातन्त्र्योत्तर युग में सबसे ज्यादा अनदेखी उन्हीं की हुई, जिनका योगदान इस देश और समाज के लिए सर्वाधिक महत्त्वपूर्ण था। इस मानसिक दरिद्रता के चलते, उनका कहना है और बिल्कुल सही कहना है कि "हमारे विश्वविद्यालय केवल कारखाने बनकर रह गये हैं और अधिकांश साहित्यिक संस्थाएँ भी दूकान बनकर रह गयी हैं।" ऐसा नहीं कि देश में सृजन-प्रतिभा और प्रयोगशीलता का कोई टोटा पड़ा हो। पर देशव्यापी आत्म-सजगता के अभाव में उसे पहचानने की तत्परता का अभाव है। क्यों नहीं है यह आत्म सजगता, इसका बहुत ही स्टीक उत्तर वे यह देते हैं, कि "देश का एक विशाल भाव नहीं है।" पं. विद्यानिवास मिश्र अनुभव करते हैं कि "रचनाशीलता के लिए जातीय भाव आवश्यक है, जो विश्वबन्धुत्व का विरोधी नहीं, पोषक होता है। साथ ही, व्यक्ति को भी कुंठित नहीं, समृद्ध करता है।" कहने की बात नहीं, पर कहे बिना रहा भी नहीं जाता कि यह सहज विवेक हमारे अधिकांश बुद्धिजीवियों की गतिविधियों में नहीं झलकता। इस तथ्य को कैसे झुठलाया जा सकता है कि "विगत पचास वर्षों में हमारी रचनाशीलता विचारों के लचरपन से और झूठे विवादों में फँसकर बुरी तरह प्रभावित हुई है।" समकालीन साहित्यिक परिदृश्य पर हावी खेमेबाजी-गुटबन्दी को भी पं. विद्यानिवास मिश्र ने यथातथ्य लक्षित किया है और आधुनिकता-उत्तर आधुनिकता के बीच चलाये जा रहे अप्रासंगिक विवाद को भी। उनकी यह बात भी ध्यान देने योग्य है कि "हमारी आधुनिकता में केवल प्रश्नाकुलता, संशय या अनास्था नहीं थी; कहीं उसमें सामान्य की क्षमता में एक दृढ़ विश्वास भी था और यह विश्वास मध्ययुगीन साहित्य की विरासत के रूप में था।" यह भी, कि "तीन से चार, चार से पाँच पुरुषार्थों की अवधारणा हमारे उस स्वभाव के साथ सर्वथा मेल खाती है, जो निरन्तर अपने को समझते हुए अपना अतिक्रमण करता है। अपनी अपर्याप्तता को पहचानना हमारी आधुनिकता की सबसे बड़ी विशेषता है; परन्तु स्वाधीन विवेक के अभाव में हम यह भूल जाते हैं कि हमारे पास ऐसी पहचान है।" यहाँ मुझे बरबस अपने गुरु स्व. विजयदेवनारायण साही की भी याद आ रही है, जिनका पक्ष भी इसी स्वाधीन विवेक का ही पक्ष था और जिन्होंने एक महत्त्वपूर्ण गोष्ठी में 'साहित्य क्यों?' विषय का प्रवर्तन करते हुए लगभग इसी स्वर

में प्रश्न उठाया था कि “इस सारी विडम्बना के भीतर से हमारी पर्याप्त प्रतिक्रिया की आवाज क्या है?” विस्तार भय से मैं यहाँ साहीजी के कवित्व और विचारों की चर्चा का लोभ संवरण करते हुए मात्र उनके दो महानिबन्धों का उल्लेख भर यहाँ पर टाँकना चाहता हूँ। एक तो ‘लघुमानव के बहाने हिन्दी साहित्य पर एक बहस’ तथा दूसरा ‘धर्मनिरपेक्षता की खोज में’ शीर्षक व्याख्यानमाला।

यह भी पं. विद्यानिवास मिश्र का मात्रा-ज्ञान ही है, जो उनसे एक ऐसी ‘ऐतिहासिक भूल’ की ओर भी संकेत करवा लेता है, जो हममें से कइयों के लिए ‘भूल’ की तरह स्वीकार्य नहीं होगी। उनका कहना है कि “यदि हम पं. नेहरू की बात मान लेते और हिन्दुस्तानी को स्वीकार कर लेते और आचार्य नरेन्द्रदेव के सुझाव के अनुसार एक लिपि रखते, तो अपने आप एक भाषा ढलती चली जाती और शायद सन् पचास से वही भाषा सारे देश की भाषा होती।” बड़ी विस्मयकारी लगेगी– पं. मिश्र के प्रशंसकों तक को उनकी यह बात। और हममें से अधिकांश लोग उससे सहमत भी नहीं होंगे। किन्तु इस बात के पीछे जो दर्द बोल रहा है, उसे तो वे भी लक्ष्य किये बिना नहीं रह सकेंगे। वह दर्द यह, कि “हमने हिन्दी को स्वीकार करके भी उसे निरवधि वनवास में डाल दिया।” इसी तरह वे राज्यों के पुनर्गठन की भी तीखी आलोचना करते हैं, जो उनके कथनानुसार ‘हिन्दी की भारत व्यापी पहचान के विरुद्ध अभिसन्धि थी।’ कितना अपरिणामदर्शी और आत्मघाती निर्णय था वह, यह देखना अब अन्धों के लिए ही असम्भव होगा। इसी से जुड़ा उनका एक लेख और है–‘देश को क्यों भुला दिया राष्ट्रवाद ने’ शीर्षक, जिसमें विद्यानिवास जी जयशंकर प्रसाद की स्वाधीनता के काफी पहले लिखी गयी कविता ‘पेशोला की प्रतिध्वनि’ को उद्धृत करते हैं–“बोलो कोई बोलो अरे, क्या सब मृत हो?”...

और कहते हैं–

“इन पंक्तियों में केवल राणा प्रताप नहीं झाँक रहे हैं। अन्तिम दिनों में अकेले पड़ गये गाँधीजी भी झाँक रहे हैं।...संसद् में और संसद् के बाहर निपट अकेले पड़ गये कुछ देशभक्त नेता भी इन पंक्तियों में झाँकते हैं; जिन्होंने स्वतन्त्रता सेनानी का तमगा नहीं लिया, जिन्होंने स्वतन्त्रता के ठेकेदारों से कभी समझौता नहीं किया। सच्चिदानन्द वात्स्यायन, राममनोहर लोहिया–जैसे लोग ऐसे ही अकेले पड़ गये लोग थे। पर ये ही अकेले पड़े लोग हिन्दुस्तान की जनता को जोड़ने वाले लोग हैं। जरूरत इसी बात की है अगर लोग न मिलें, तो अकेले भी, अकेले ही बिगुल लेकर चला जाये। जोखिम उठाया जाए कि लोग कहें–‘पागल’ है। और जोरों से कहा जाए कि तुम्हीं देश हो, तुम्हीं इस देश की आँख हो, तुम्हीं इस देश के हाथ-पैर हो। देश के साधारण लोगो! तुम क्यों दूसरों के चलाए-दिखाए पर चलते-देखते हो? इन गलत दृष्टि देनेवालों को, गलत चाल सिखानेवालों को तुम सीधे नकार क्यों नहीं देते?

यह काम देश में आरम्भ होना चाहिए। किसी को तो आरम्भ करना चाहिए।

यों देखने में यह काम असम्भव लगता है, पर जहाँ सम्भावनाएँ इतनी चुक गयी हैं, वहाँ शुरुआत तो असम्भव से ही होगी।"

हमने अभी थोड़ी देर पहले रघुवीर सहाय की कविता 'कार्रवाई' की कुछ पंक्तियाँ उद्धृत की थीं—'यही वक्त है अभी कुछ करो नौजवान'...। उससे इस बात को मिलाकर देखें तो दो परस्पर नितान्त भिन्न प्रकृति के साहित्यकारों के बीच उभयनिष्ठ यह आविष्ट स्वर क्या जताता है, स्वाधीनता और साहित्य के गहरे अन्तर-सम्बन्धों को किस तरह उजागर करता है, क्या यह ध्यान देने की बात नहीं है?

अपने लड़कपन के दिनों की याद करते हुए पं. विद्यानिवास मिश्र उसी लेखमाला में एक बड़ी मार्मिक बात कहते हैं, जो हमें प्रस्तुत विषय के सन्दर्भ में कुछ और गहरे जाकर विचार करने को—अपनी वर्तमान सांस्कृतिक दुरावस्था के कारणों में जरा और गहरे उतरकर विचार करने को उकसाती है। वे कहते हैं कि—"देश उस समय राष्ट्र से अधिक व्यापक था, क्योंकि देश किसी का अनुवाद नहीं था।" पण्डित जी के गुरु प्रो. क्षेत्रेशचन्द्र चट्टोपाध्याय ने उन्हें अपने सहपाठी सुभाषचन्द्र बोस के बारे में जो कुछ बताया, उससे भी उनके मन पर यही छाप पड़ी कि "उनके यहाँ देश की कल्पना केवल राजनीतिक नहीं थी, वह सम्पूर्ण चेतना को समेटती थी।"

बात दरअसल इस सम्पूर्ण चेतना को समेटने वाली कल्पना शक्ति और चिन्तन सृजन शक्ति की ही है। विडम्बना यह है कि जो देश किसी का अनुवाद नहीं था, उसी पर आज अनुवादजीवी मानसिकता हावी हो रही है। जबकि हमारे उक्त देश की बात ही हिन्दी भाषा और साहित्य की बात भी है। हिन्दी जिस उत्तराधिकार को वहन करती है, यह मध्यकालीन लोकभाषाओं के भीतर से उठे पुनर्जागरण समेत हमारी समग्र अस्मिता का उत्तराधिकार है : खण्डित नहीं, समूचा और अविच्छिन्न उत्तराधिकार। किन्तु यहीं हमारे आत्मद्रोही बुद्धिजीवियों के एक वर्ग द्वारा भारी भ्रम पैदा कर दिया गया है। वे भूल जाते हैं कि हिन्दी का देश ही भाषाओं और संस्कृतियों के संगमों का देश है और हिन्दी उन संगमों से ही विकसित हुई है। इसी भाषा ने सारे देश में भारतीय संस्कृति को बनाये रखा, भारतीयता के बोध को लचीला और जीवन्त बनाये रखा। किन्तु आज हम समकालीनता की सतह पर समकालीनता और भारतीयता के एक ऐसे नकली द्वन्द्व में उलझ गये हैं, जो असली समस्या को आँखों से ओझल करते हुए दोनों जगह हमें अप्रामाणिक बना देने पर उतारू है। समकालीनता और भारतीयता दोनों से हमारा सम्बन्ध इसीलिए एक जीवन्त सम्बन्ध न रहकर नकल और अनुवाद का सम्बन्ध बन गया है।

जो मूलजीवी होता है, वह अनुवाद के जरिये भी आत्मविश्वास बढ़ाता है, क्योंकि उसकी मूलजीवी बुद्धिमत्ता संस्कारों का पुनः संस्कार और मूल्यों का पुनर्मूल्यांकन सम्भव करती है और इस तरह मात्र तर्क-बुद्धि के नहीं, बल्कि इस शब्द के तात्त्विक अर्थ में 'आत्मा' के जीवन की प्रगति में सहयोगी बनती है। उसका पुरुषार्थ हमें

आत्म-प्रकाशक सृजन की यथार्थ सम्भावना के साथ अपने को ढूँढ़ने में मदद करता है। अर्थात् वह उस आत्मोपलब्धि का निमित्त बनता है, जो सभी संस्कृतियों का सर्वोच्च लक्ष्य होता है या कि होना चाहिए। निर्मल वर्मा ने ठीक ही कहा है कि 'संवाद आत्मा की जरूरत है।' इस तर्क से विभिन्न संस्कृतियों की संवाहक भाषाओं —के बीच पारस्परिक—अर्थात्—इकतरफा नहीं, दो-तरफ़ा—अनुवाद का औचित्य भी इसी संवाद की जरूरत के भीतर से ही प्रकट होना चाहिए।

किन्तु इसके विपरीत, जो अनुवादजीवी होता है, वह चाहे जितना बुद्धिवादी, कलावादी या जनवादी हो जाय, आत्मा से दीन और परोपजीवी बनने से बच नहीं सकता। आत्मावलम्बन के अभाव और आत्मवंचना की सामर्थ्य के बीच सीधा समानुपात है। हमारे परिवेश में बुद्धिजीवी होना भी उसी का सार्थक है, जो आत्म-बोध से अनुप्राणित हो। मगर अपने यहाँ ऐसे तथाकथित बुद्धिजीवियों की कमी नहीं, जिनका बौद्धिक आचरण इस आत्म-बोध के विरुद्ध आत्महीनता को ही उकसाता है। ऐसा भी नहीं कि वे सचमुच बुद्धिजीवी (पाश्चात्य अर्थों में इण्टैलेक्चुअल) बनकर उसके साथ अनिवार्यतः लगी जिम्मेदारी, अनुशासन और मूल्यान्वेषण की विकलता को ही स्वायत्त कर सके हों। ऐसा भी नहीं, कि वे अपनी संस्कृति के आत्मबोध में पड़ चुकी दरार की गहरी पीड़ा की अनुभूति के फलस्वरूप ही उसके मूल्यों का पुनर्मूल्यांकन करने की आवश्यकता की पुकार के प्रत्युत्तर में उस बौद्धिक संस्कृतिक में दीक्षित होने की ऐतिहासिक अनिवार्यता अनुभव कर रहे हों और इस तरह प्रकारान्तर से सच्चे-खरे आत्म-बोध की दिशा में ही अपनी प्राणशक्ति को जगाने का उपक्रम कर रहे हों। नहीं; यहाँ जिनकी बात की जा रही है, वे उस अर्थ में, उस कोटि के बुद्धिजीवी भी नहीं कहला सकते, क्योंकि वे वैसी बुद्धि के मूल्यों के लिए भी कोई जोखिम नहीं उठा सकते। उठा सकते तो वे प्रकारान्तर से आत्मा के सत्य के अनुसार ही नयी चेतना और नये जीवन की उपलब्धि में सहायक होते। उन्हें तो दोनों दुनियाओं का फायदा उठाना है : बिना दोनों के बुनियादी दर्शन या जीवन मूल्यों की गहरी जाँच पड़ताल में उतरने का जोखिम उठाये। कोई संस्कृति यदि अपनी पहचान तक के लिए दूसरों द्वारा की गयी व्याख्या पर आश्रित होने लगे—उनकी पूर्वग्रही समझ के परावर्तित प्रकाश में ही अपने को देखने की आदी हो जाय, तो ऐसी अवस्था में उसका आत्म-बोध और आत्माभिव्यक्ति दोनों खण्डित होंगे ही। ऐसी औपनिवेशिक मानसिकता स्वाधीन सृजन और चिन्तन की राह में रोड़ा अटकाएगी ही; जहाँ वह सचमुच सम्भव हो सका है, वहाँ भी उसके समुचित स्वीकार और गुणग्राही मूल्यांकन में जाने-अनजाने बाधक होगी ही।

वैसे भी दो संस्कृतियों से अभिज्ञ होना और दोनों को परस्पर क्रिया-प्रतिक्रिया में देखना एक बात है और सिर्फ उस दूसरी संस्कृति और साहित्य की कसौटी पर अपनी संस्कृति और साहित्य को कसते हुए उसके दोष या कमियाँ गिनाते रहना

बिल्कुल दूसरी बात है। पश्चिमी सभ्यता के अनुभव से हम लाभ तो अवश्य उठा सकते हैं, किन्तु अपने अनुभव और सृजन की गुणवत्ता को उसके आधार पर नहीं जाँच-परख सकते। असली चिन्ता हमारी यह होनी चाहिए कि हमारी गतिविधियाँ कितनी रचनात्मक और स्वाधीन हैं? क्या हम अपने वास्तविक अन्तर्जीवन से और अपने लोगों की वास्तविक जीवन-धारा से जुड़कर ऐसा कुछ उपजा रहे हैं, जो देश के दूसरे रचनात्मक कामों में लगे हुए लोगों की विचार-शक्ति को जगा सके, उन्हें प्रेरणा दे सके? या इसी बात को दूसरे पहलू से यों रखकर देखें कि जिस सीमा तक किसी देश और काल में उत्पन्न मौलिक विचार और मौलिक स्वाधीन कर्म किसी साहित्य की सृजनशीलता के लिए उत्प्रेरक का काम कर सकते हैं, उस सीमा तक क्या हमारा वर्तमान साहित्य-कर्म इस देश की मौलिक-चिन्तन-धाराओं से और कर्म से ऐसा सम्बन्ध बना सका है, जिसे स्वाधीन, सृजनात्मक और प्राणवान् सम्बन्ध कहा जा सके? इस सवाल को स्वयं हमारे वर्तमान साहित्य को साक्षी बनाकर पूछना होगा। मिसाल के लिए हिन्दी साहित्य की चार पीढ़ियों की कविता का साक्ष्य लें : "है आदान एक अपमान/कर न सकें यदि हम प्रतिदान....'' (मैथिलीशरण गुप्त) : "हो गये आज जो खिन्न-खिन्न/छुट-छुट कर दल से भिन्न-भिन्न/वह अकल कला गह सकल छिन्न जोड़ेगी..." (निराला) ;..."हरा-भरा है देश/रुँधा मिट्टी में ताप/ पोसता है विष-वट का मूल/ फलेंगे जिसमें शाप/...तपी मिट्टी जो सोख न ले/अरे, क्या इतना है पानी?/ कि, व्यर्थ है उद्बोधन, आह्वान/व्यर्थ कवि की बानी?"...(अज्ञेय); और ..."खण्डन इस देश में/ चाहते हैं लोग या कि मण्डन/या फिर अनुवाद लिसलिसाता भक्ति से/ स्वाधीन इस देश में डरते हैं लोग/एक स्वाधीन व्यक्ति से"...(रघुवीर सहाय)। तो, क्यों न इन्हीं लक्षणों के निमित्त से बात की जाए।

कविता को किसी ने 'जीवन की आलोचना' बताया है और हमारे यहाँ भी कहावत है ही, कि 'साहित्य समाज का दर्पण है।' यदि हम उपर्युक्त उद्धरणों के कवियों पर भरोसा करें, तो हम देख सकते हैं कि ये सभी अपनी संस्कृति और अपने समाज के पर्याप्त संवेदनशील और प्रामाणिक प्रतिनिधि हैं; और फिर भी उनमें से कोई भी अपने समाज और परिवेश के बारे में उस तरह की खुशफहमी पैदा करने वाली बातें नहीं करता जैसी कि अमूमन राजनेताओं या धर्मप्रचारकों के मुख से सुनने को मिलती रहती हैं। अपनी संस्कृति से, परम्परा से इन कवियों का सम्बन्ध आत्मतुष्टि वाला इकतरफा सम्बन्ध नहीं है। वे सृजनशीलता की राह के रोड़ों के बारे में अत्यन्त आत्मसजग हैं : एक प्रतिकूल सांस्कृतिक-राजनीतिक परिस्थिति में काम कर रहे होने का खासा दबाव उनके मन पर है। 'प्रतिदानरहित आदान' किसी देश की संस्कृति के लिए, उसकी रचनात्मक प्रगति के लिए भी कितना बाधक और घातक हो सकता है, इस खतरे को राष्ट्रकवि गुप्त जी हमारी राजनीतिक पराधीनता के युग में भी, जिस तरह रेखांकित कर रहे हैं, वह ध्यान देने योग्य है। उनके परवर्ती

दौर के कवि निराला की कविता को पढ़ते हुए साफ प्रतीत होता है कि निराला को भी अपनी सांस्कृतिक परम्परा की अविच्छिन्नता का बना-बनाया आश्वासन उपलभ्य नहीं है। वे भी यहाँ—अपनी इस अत्यन्त महत्त्वपूर्ण लम्बी कविता में—उसकी छिन्न-भिन्नता के कटु यथार्थ से उद्विग्न हैं : उनकी कविता में उस 'अकल कला' की सिद्धि का आश्वासन नहीं, बल्कि उसकी विकल खोज की पीड़ा ही बोलती है, जो कि इस 'सकल छिन्न' को जोड़ सकती है। ऐसा मूलगामी पुरुषार्थ उन्हें जिस अग्रज कवि में दिखाई पड़ता है, उसी का आवाहन वे 'तुलसीदास' नाम की इस लम्बी कविता में कर रहे हैं।

मगर यह तो हुई स्वतन्त्रता-संग्राम के दिनों की बात। अर्थात् विजयदेवनारायण साही जी ने जिसे 'सत्याग्रह युग' कहा है, उस युग की बात। स्वातन्त्र्योत्तर या, दास्योत्तर-युग के रचनाकर्मी का अन्तःसाक्ष्य क्या कह रहा है? अज्ञेय ने—मुझे याद पड़ता है, अपने किसी साक्षात्कार में कहा था कि जहाँ तक हिन्दी-लेखक के स्वाधीन होने का प्रश्न है, वह तो 15 अगस्त, सन् 47 की स्वाधीनता-प्राप्ति के बहुत पहले ही तीसी के बरसों में ही स्वाधीन हो चुका था और स्वाधीन लेखक की तरह ही बोलने-बरतने लगा था। ऐसे कवि की यह साठ के दशक में लिखी कविता क्या कहती है? क्या यह 'कुशल भई विपरीत' जैसा चिन्तित-उद्विग्न और हमें चेतानेवाला स्वर नहीं लगता? राजनीतिक पराधीनता से उभर आया हुआ, हरित-क्रान्ति की दहलीज पर खड़ा देश इस कवि को हरा-भरा तो दिखाई दे रहा है, पर किस कीमत पर? स्वाधीन भारत में जैसी संस्कृति पनप रही है, जैसे लक्षण उसके दृष्टिगोचर हो रहे हैं, क्या वह वही है, जिसके लिए मैथिलीशरण गुप्त या निराला-प्रसाद जैसे कवियों ने देशवासियों का उद्बोधन और आह्वान किया था? यदि नहीं, तो फिर क्या यही मानना होगा कि कवि की बानी व्यर्थ हो गयी? कैसे व्यर्थ हो गयी? अकल-कला तक ले जानेवाले रचनात्मक पुरुषार्थ की वह प्रतिज्ञा क्या हुई? कौन उसकी राह में रोड़े अटका रहा है?

मगर रोड़े हटाना तो फिर भी आसान है। यहाँ तो कवि उसी शस्य श्यामला मिट्टी के रुँधे हुए ताप की बात कर रहा है। क्या है वह ताप? क्या वह उसका 'मैला आँचल' है, जो अब भी अपने ही घर में प्रवासिनी है? और वह विष-वट क्या है, जिसको, जिसके मूल के पोसे जाने की बात यह कविता कर रही है?क्या वह यूरोपीय सभ्यता के साथ भारत के औपनिवेशिक सम्बन्ध की वह जड़ है, जो 'हिन्द स्वराज' के लेखक के कथनानुसार धर्म के क्षेत्र में जमनी चाहिए थी; मगर जो धर्म के नहीं, अधर्म के क्षेत्र में जमी जा रही है। शाप की और शाप के फलने की चेतावनी तो 'हिन्दी-स्वराज' में भी दी ही गयी थी—दो-दो जगह। एक तो यह,...कि "गरीब हिन्दुस्तान तो गुलामी से छूट भी जायेगा; लेकिन अनीति से पैसे वाला बना हुआ हिन्दुस्तान गुलामी से नहीं छूट सकेगा।" और दूसरा यह, कि "हमारे विचार प्रकट

करने का जरिया अंग्रेजी है। अगर ऐसा लम्बे अरसे तक चला, तो आनेवाली पीढ़ी हमारा तिरस्कार करेगी और उसका शाप हमारी आत्मा को लगेगा। अंग्रेजी शिक्षा पाये हुए लोगों ने प्रजा को उगने और परेशान करने में कुछ भी उठा नहीं रखा है। राष्ट्र की हाय अंग्रेजों पर नहीं, हमीं पर पड़ेगी" (हिन्द स्वराज)। सोचने की बात है कि कहीं यह वही शाप तो नहीं है।

प्रत्येक विकासमान संस्कृति में एक दोहरी प्रक्रिया देखी जा सकती है : उसके अपने केन्द्र से होनेवाला आत्म-चरितार्थन और बाहर की, दूसरी संस्कृतियों की टकराहट से पैदा होनेवाले प्रभावों का समावेशन या अनुकूलन। जब पहली प्रक्रिया शिथिल पड़ जाती है या उसमें गतिरोध उत्पन्न हो जाता है, तो उक्त दूसरी प्रक्रिया से आत्म-नवीकरण की सम्भावनाएँ प्रकट होने लगती हैं। अपने केन्द्र, अपने मूलाधार पर टिककर ही हम सामूहिक रूप से रचनात्मक यानी आत्म-सर्जक हो सकते हैं। किन्तु जहाँ व्यापक स्तर पर जनसमुदाय और उसका बौद्धिक नेतृत्व करने वालों पर पस्ती छायी हुई हो, वहाँ प्रारम्भ में इकतरफा आदान भी अनिवार्य हो उठता है और उन्नीसवीं सदी के भारत में यही हुआ। उदाहरण के लिए हमने साहित्य में उपन्यास और 'एस्से' को अपनाया, विज्ञान में अनुमानमूलक और प्रयोगात्मक अनुसन्धान-प्रक्रिया को, राजनीति में प्रेस, मंच, आन्दोलन और सार्वजनिक संगठन की गतिविधियों को। इससे देश में उस समय पुनर्जागरण की प्रक्रिया को भी बल नहीं मिला, यह कोई नहीं कहेगा। किन्तु, यदि यह पुनर्जागरण था, तो निश्चय ही उसके भीतर कहीं कोई छिद्र भी रहा होगा। अन्यथा हमारे वर्तमान सामाजिक परिवेश में—प्रगति के सारे दावों के बावजूद-इतनी कुण्ठा, इतनी उदासीनता क्यों दिखाई देती है और स्वयं धर्मपाल सरीखे गाँधीनिष्ठ खोजी विचारक—जिन्होंने ब्रिटिश शासन से मर्माहत किन्तु फिर भी किसी सीमा तक जीवित और अक्षुण्ण रही आयी अठारहवीं-उन्नीसवीं सदी के भारत की सामाजिक जीवन-व्यवस्था की स्वावलम्बी क्षमताओं की एक उजली और प्रमाणपुष्ट तस्वीर हमें सुलभ करायी थी—ऐसे लोग भी इस प्रगति से क्यों इतने असन्तुष्ट और क्षुब्ध रहे? इसलिए न? कि देश का अधिसंख्य जनसामान्य न केवल इस प्रगति के लाभों से ही वंचित रहा आया, बल्कि इस समूची प्रक्रिया में अपनी उपस्थिति और जीवन्त भागीदारी के अहसास से भी। ज़रा देखें तो सही, भारत की समग्र अस्मिता की भाषा हिन्दी का एक और महत्त्वपूर्ण कवि इस दुर्घटना को किस तरह अपनी कविता में दर्ज कर रहा है। सुनिए—

"किसी की खोज है उनको—किसी नेतृत्व की
पीली धुमैली पसलियों के पंजरों वाली उदासी से पुती गायें
भयानक तड़फड़ाती ठठरियों की आत्मवश स्थितप्रज्ञ
कविताएँ उपेक्षित काल-पीड़ित सत्य के समुदाय
समूचे दृश्य से मुँह मोड़ कहते हैं

हटाओ ध्यान हमसे वास्ता क्या है
कि वे दुःस्वप्न आकृतियाँ असत् हैं, घोर मिथ्या हैं।"

—ग. मा. मुक्तिबोध

मुक्तिबोध और रघुवीरसहाय की कविता जिस तरह हमारे सामाजिक अस्तित्व और राजनीतिक परिदृश्य को हमारी चेतना की अग्रभूमि में ले आयी, वह स्वयं नयी कविता में भी एक नये प्रस्थान की सूचक थी। इस तरह की सामाजिक-राजनीतिक चेतना और उसका ठेठ समकालीन मुहावरा निश्चय ही हिन्दी-कविता के इतिहास में एक नया मोड़ लाया। जब हम इसी के बाद की कविता—मसलन धूमिल की 'पटकथा' द्वारा प्रयुक्त मुहावरे पर आते हैं, तो एक अतिरिक्त तीखापन और अतिरिक्त आग्रहवाली सपाट भाषा का इस्तेमाल पाते हैं। 'क्या आज़ादी महज़ तीन थके हुए रंगों का नाम है/जिन्हें एक पहिया ढोता है?' 'मैंने, जिसकी पूँछ उठाकर देखा, उसे मादा पाया'; 'हर औरत तीसरे गर्भपात के बाद धर्मशाला हो जाती है'... जैसी काव्य-पंक्तियाँ कवि-संवेदना की किस रुझान को रेखांकित करती हैं? देखना दिलचस्प होगा कि ठेठ आज की हिन्दी कविता-किस प्रकार इन पूर्ववर्ती कवियों से मिली प्रेरणा को आगे बढ़ाती हुई या उससे अलग सुर और तेवर पकड़ती हुई अपना कवि-कर्म निभा रही है। उसके स्वाधीन विकास का कैसा क्या आश्वासन उनकी रचना देती है। प्रस्तुत लेख में इसके विस्तार में जाने की गुंजाइश नहीं है, फिर भी, बानगी के तौर पर दो-चार कविताओं को उद्धृत करना काफी होगा।

सबसे पहले विनोदकुमार शुक्ल की 'रायपुर-बिलासपुर सम्भाग' शीर्षक कविता देखें, जिसमें स्वातन्त्र्योत्तर 'भारत-दुर्दशा' का एक प्रामाणिक दृश्यालेख ही नहीं, वस्तुस्थिति और सच्ची कवि-संवेदना के सम्बन्ध की भी एक मौलिक समझ और अभिव्यक्ति दिखाई देती है। सूखाग्रस्त प्रदेश की मानवीय त्रासदी से विचलित-विक्षुब्ध इस कविता का चरितनायक स्टेशन पर खड़ा अपना गाँव-घर छोड़कर जीपिका की तलाश में विस्थापित होने को मज़बूर भीड़ से घिरा हुआ है। अपनी करुणादीप्त संवेदना के हाहाकार में मुक्तिबोध की याद दिलाती, किन्तु उनसे सर्वथा भिन्न और स्वाधीन भंगिमा में कविता कहती है—

...कि तालाब की सूखी गहराई के बीच
मैं भी तालाब का कोई छोटा-सा विचार देखूँ...
बुरे समय के बाढ़ के पानी को
दीवाल-सा रोकता बाँध का परिचय दूँ
कि मैं क्या हूँ आखिर/ मेरी ताक़त भी क्या है
बाढ़ को रोकने वाली दीवाल
छोटे-से गाँव के तालाब का छोटा-सा विचार है
बिखर गये एक-एक कमज़ोर को/इकट्ठा करता हुआ

ताक़त का परिचय दूँ
कि मैं क्या हूँ/ मेरी ताक़त क्या है
इकट्ठी ताक़त तो एक-एक कमज़ोर का विचार है

यह कविता किसी सुनहरे अतीत या सुनहरे भविष्य के वादे पर वर्तमान को निछावर कर देनेवाली कविता नहीं है। मुक्तिबोध की संवेदनात्मक तीव्रता और आस्था-दीप्त 'फैण्टेसी' से इसका सुर कहीं गहरे में मिला हुआ है। कविता का समापन करता हुआ कवि हमें बरबस ही अपने उस सपने का साझीदार बना लेता है—

एक ग़रीब जैसे हर जगह उपलब्ध आकाश पर
गोली का निशान गोल सूरज
रिसता रक्त पूरब कोई सुबह
उसी सुबह एक जिन्दा चिड़िया का हल्ला...
बच्चों को कन्धे पर बैठाये लोग
इस तरह भविष्य तक ऊँचे लोग
उधर वहाँ
'था एक पेड़' की कहानी का जहाँ खात्मा
वहीं सुरक्षित पीपल का एक बीज-अंकुर
'एक पेड़ है' कहानी की शुरुआत
उसी पेड़ पर
जिस पेड़ की फुनगी को सारे आकाश का निमन्त्रण!

दिन-दहाड़े के जीते-जागते दुःस्वप्न के भीतर से उगा कवि-संवेदना और कवि-आस्था का यह बीजांकुर हमें उथला या महज़ भावुक आशावाद नहीं लगताः बल्कि, हमारी अपनी अन्तरात्मा की पीड़ित विवेक-चेतना को—हमारी अपनी समग्र अस्मिता की शृंखलाबद्ध कथा की 'अस्ति गोदावरी तीरे शाल्मली नाम वृक्षः' वाली काल-चेतना को भी झकझोर कर जगाता हुआ, उसी को प्रतिध्वनित करता लगता है। मुक्तिबोध की कविता यदि मलयज के मुहावरे में 'बाहर का अस्तित्ववाद' है, तो विनोदकुमार शुक्ल की कविता (और औपन्यासिकता भी) उसी के भीतर से उझक कर झाँकता हुआ ठेठ हिन्दुस्तानी लोकमंगल का नया सपना, जो अपनी प्रामाणिकता के लिए किसी राजनीतिक नारे या परजीवी मुहावरे का मुखापेक्षी बनके नहीं, बल्कि अपने समय के दुःस्वप्नों का यथावत् सामना और भाष्य करके ही देखा जा सकता है।

अन्त में...यहीं पर मुझे कवि-आलोचक विजयदेवनारायण साही का भोपाल में दिया गया एक व्याख्यान याद आ रहा है—'हमारा समय'। उसमें वे कहते हैं, "भविष्य के नाम पर वर्तमान को न्यौछावर कर देने की बात अकेले मार्क्सवादी नहीं कहते; मार्क्सवादी तो योरोप की विचारधारा के केवल सौ-डेढ़ सौ बरसों के लोग हैं। इससे ज्यादा तो इस ढंग से सोचना रोमन कैथोलिक ने सिखाया।" साही जी

मार्क्सवाद को उसी रोमन कैथोलिसिज़्म का एक प्रतिफलन बताते हैं। पर साथ में यह भी जोड़ देते हैं कि "मैं मार्क्सवादियों और कैथोलिकों की ही बात नहीं करता। जिन अंग्रेजों ने हिन्दुस्तान को जीता, उन्होंने भी यही कहा। वे न मार्क्सवादी थे, न कैथोलिक। वे शुद्ध साम्राज्यवादी थे।" अभी हमने विनोदकुमार शुक्ल की जो कविता पढ़ी थी, उसके साथ इसी व्याख्यान में आगे साही जी जो कह रहे हैं, उसे भी जोड़कर देखिए। साही जी कहते हैं–

"न्यूयार्क और भूखों मरता छत्तीसगढ़ और बस्तर एक ही बीसवीं शताब्दी के अंग हैं। जो यह कहता है कि यह बीसवीं शताब्दी है और वह बारहवीं शताब्दी है, वह मार्क्सवादियों की तरह या साम्राज्यवादियों की तरह झूठ बोलता है। न्यूयार्क और मास्को के होने की शर्त यही है कि एक छत्तीसगढ़ भी हो, एक बस्तर भी हो, और बना रहे। जिस दिन बस्तर उठने लगेगा, न्यूयार्क गिरने लगेगा।"

मैं समझता हूँ यह हमारे लिए अपनी स्वाधीनता की रक्षा और उसकी मूल्यवत्ता को भी सुदृढ़ करने की दिशा में एक ज़रूरी सबक है। इसी...पर मैं इस विषय को लेकर अपनी चिन्ता को, और जो बातें उससे उठीं, उन्हें विराम देता हूँ, धन्यवाद!

'समसामयिक भारतीय संस्कृति' और गोविन्दचन्द्र पाण्डे : एक भूमिका

लगभग तीन चौथाई सदी पहले 'चन्द्रगुप्त' नाटक में चाणक्य के माध्यम से ब्रह्मणत्व की 'शाश्वत सार्वभौम बुद्धिवैभव' के रूप में व्याख्या करने वाले हिन्दी कवि-चिन्तक जयशंकर प्रसाद ने नये भारत की सही और मज़बूत बुनियाद रखने के सिलसिले में ही 'नयी चेतना और आधुनिक समय को स्वायत्त करने' की जरूरत को रेखांकित किया था और उसी के साथ-साथ अपनी परम्परा के 'मौलिक ज्ञान-प्रतीकों' के नवोन्मेष और पुनरन्वेषण की अनिवार्यता भी प्रतिपादित की थी। प्रो. गोविन्द चन्द्र पाण्डे की इस त्रि-दिवसीय व्याख्यानमाल को सुनने और गुनने का अनुभव मेरे लिए उसी परम्परा में, उसी चिन्ता और अपेक्षा की अद्यतन अभिव्यक्ति को साकार होते देखने का अनुभव था। यह त्रि-आयामी विवेचना न केवल एक त्रिपार्श्व (प्रिज्म) की तरह हमारे सामने चिरन्तन भारत के एक आधुनिक लोकतान्त्रिक राष्ट्र के रूप में ढलने की प्रक्रिया को उजागर करती है, बल्कि प्रत्यासन्न समस्याओं और चुनौतियों का भी एक समूचा वर्णपट झलका देती है।

पांडेजी ने न केवल भारत को एक पिछड़ी सभ्यता तथा उसके स्वाधीनता आन्दोलन तथा स्वाधीनता प्राप्ति को भी विश्व विजेता पश्चिमी सभ्यता के ही अनुगमन की यात्रा का एक चरण माननेवाली पश्चिमी इतिहास-दृष्टि का खंडन किया है, अपितु उस वामपन्थी दृष्टि का भी खोखलापन उनकी इस विवेचना से स्वतः प्रकट हो जाता है जिसके अनुसार भारत की एकता सर्वथा कल्पित है, उसकी सांस्कृतिक चेतना एक निस्स्वर आदर्शवादी संकल्पना मात्र है, पारम्परिक संस्कृति सामन्ती युग की अभिव्यक्ति भर और भारत का स्वाधीनता आन्दोलन भी नये उभरते मध्यवर्ग के स्वार्थों से ही परिचालित यान्त्रिक प्रक्रिया मात्र है। स्वयं अपने अनुभव की साखी से पंडित नेहरू की प्रतीति को पुष्ट करते हुए उन्होंने अपने पहले व्याख्यान में कहा है कि, "मुझे आसाम से गुजरात और कश्मीर से केरल तक सभी समुदाचार भेदों के बीच आचार-विचार, प्रतीक और अभिप्राय की एकता मिली।" तमाम विरोधी तथ्यों को देखते हुए लगता है, कि किसी समाज की ऐतिहासिक स्मृतियों और समान राजनीतिक हित की चेतना को ही राष्ट्रीयता का आधार कहा जा सकता है। पांडेजी

प्राचीन भारत में एक भाषा की प्रधानता, एक प्रकार की समाज-व्यवस्था और एक अन्तर्भेद सहिष्णु व्यापक धार्मिक संस्कृति की परम्परा—तीनों कारणों से एक सांस्कृतिक राष्ट्रीयता का विकास मानते हैं और इस परम्परा की जीवन्तता को ही इसका श्रेय देते हैं—उचित ही— कि उसने अपने आपको औपनिवेशिक शासन में विलुप्त नहीं होने दिया; प्रत्युत एक ऐसी नवीन राष्ट्रीय चेतना प्राप्त की जो सांस्कृतिक परम्पराओं की फिर से उभरी स्मृति, ऐतिहासिक अनुसन्धान और नवीन राष्ट्रवाद का गुणनफल थी। दरअसल राष्ट्रीयता और जनतन्त्र की पश्चिमी विचारधाराओं ने चिनगारों की तरह भारत में पहले विद्यमान पुराने विचारों को जलाकर नवीन ऐतिहासिक शक्ति का सृजन किया है। विडम्बना मगर यह है कि आज यद्यपि भारतीय जनतन्त्र ने अपनी स्थायिता और दृढ़मूलता दुनिया के सामने साबित कर दी है, किन्तु भारत की राष्ट्रीय भावना गहरे आत्म अविश्वास में डूबी हुई है। पंडित विद्यानिवास मिश्र ने कहीं लिखा है कि "सामाजिक संस्कृति के नाम पर भारतीय-संस्कृति की मुख्य धारा को ही उपेक्षणीय मान लिया गया है और यही हमारे वर्तमान जीवन की त्रासदी है।" पांडेजी ने इस साहित्यिक (कम्पोजिट) कल्चर की धारणा को विस्तार से विश्लेषित करते हुए उसका सचोट प्रत्याख्यान किया है, और सप्रमाण दर्शाया है कि "भारतीय संस्कृति भारत की पुरानी अविच्छिन्न परम्परा ही है जो अपनी जीवन्तता के कारण नये रूपों का सृजन करती है, नये प्रभावों को आत्मसात् करती है और नयी चुनौतियों का सामना करती है।" इसी के बूते यह सम्भव हुआ कि भारत ऐसा धर्मक्षेत्र बना जहाँ नाना धर्मों, जातियों, संस्कृतियों का अद्वितीय सह-अस्तित्व अद्यावधि अक्षुण्ण बना रह सका है। जबकि मुस्लिम और ईसाई सभ्यताओं के क्षेत्र में विधर्मी समुदाय नगण्य अथवा संकटापन्न स्थिति में पाये जाते हैं—सर्वत्र।

संस्कृति की जो तत्कालीन आधुनिक समय है—इसे समाज व्यवस्था की परतन्त्र आगन्तुक उपाधि बतानेवाली—उससे पांडेजी का तात्त्विक विरोध इन व्याख्यानों में जिस सुसंगत और विशद तर्कयोजना के साथ प्रकट हुआ है, वह पारम्परिक विद्वानों के लिए ही नहीं, युवा और युवतर पीढ़ियों के लिए भी माननीय और स्पृहणीय है। हमारे यहाँ यह विवेक स्वीकृत और मान्य रहा है कि 'सतां हि सन्देहपदेषु वस्तुष, प्रमाणवन्तः करणप्रवृत्तयः'। किन्तु जिनके लिए यह अन्तःप्रमाण सहज उपलभ्य नहीं है, अथवा परप्रत्ययनेय बुद्धि के संशय-सर्प से डँस लिया गया है, उन्हें भी पांडेजी के पहले ही व्याख्या का उपसंहार चमत्कृत किये बिना नहीं रहेगा। 'मानवता की पारमार्थिक विकास-साधना की धारा' के रूप में भारतीय संस्कृति को परिभाषित करते हुए पांडेजी जब हमें बताते हैं कि, मरणशील मानवता की अमृतत्व की खोज की यह साधना निस्सन्देह कर्म जगत् से ही आरम्भ होती है; परन्तु कर्मफलशृंखला के रूप में इतिहास में समाप्त नहीं होती : यह साधन-मार्ग इतिहास-चक्र के अन्तर्गत नहीं आता'...तब वे हमारे जैसे संशयात्मा बुद्धिजीवियों को भी अपनी लपेट में ले

लेने वाले ऐसे तर्कातीत तर्क की रचना करते हैं जो हमें कविर्मनीषी येट्स के द्वारा प्रयुक्त मुहावरे 'कॉमनसेन्स ऑव द सेल' की तरह तुरन्त पकड़ लेता है।

किन्तु, पांडे जी के आत्म-प्रतिष्ठित सांस्कृतिक विवेक का यह पुख्तापन ही उन्हें प्रत्यासन्न परिस्थिति के यथार्थ की निराशाजनक विकटता को सरलीकृत कर देखने या किसी इच्छित चिन्तन की दुराशा में घुलाने की अनुमति नहीं देता। अपने दूसरे व्याख्यान का आरम्भ ही उन्होंने इस ऐतिहासिक विडम्बना को बलपूर्वक रेखांकित करते हुए किया कि "पश्चिमी संस्थाओं और नीतियों का अविचारित अनुसरण भारत में जिस संस्कृतिहीनता और अपसंस्कृति को आधुनिक सभ्यता के नाम पर जन्म दे रहा है, उसमें न पश्चिमी संस्कृति की सभ्यता का उत्कर्ष है, न कोई स्वदेशी गौरव है।" बड़े दुस्त और असुविधाजनक प्रश्न उन्होंने यहाँ उठाये हैं जो उनके सरीखा इतिहासज्ञ ही उठा सकता था—जैसे, यह प्रश्न की "स्वतन्त्र भारत की राजनीतिक चेतना विदेश नीति की सैन्य परतन्त्रता पर और सैन्यबल की जनमानस पर निर्भरता की ओर क्या पर्याप्त रूप से सजग रही है?"...वे यह भी स्पष्ट देख पाते हैं कि,... ''वर्तमान भारत में न तो वैज्ञानिक-प्राविधिक आविष्कारों का ही महत्त्व रहा है, न नये पूँजी निवेश में ही वैसी साहसिकता है जैसी सौ वर्ष पूर्व उद्भासित हुई थी।'' ...यह भी, कि "जनसंख्या वृद्धि को रोके बिना दरिद्रता का निवारण किसी भी तरह नहीं हो सकता।" अनभिज्ञ जनता को प्रबोधित और समर्थ करने का दायित्व हमारी शासनसत्ता ने बिल्कुल नहीं निभाया। ठीक उसी तरह जिसने स्वतन्त्रता प्राप्ति के साथ ही गाँधीजी के मुहावरे के 'गूँगे-बहरे करोड़ों' का साक्षरता-अभियान चलाने की चुनौती को नजरअन्दाज किया और भारतीय भाषाओं को शिक्षा का माध्यम बनाने का सबसे तात्कालिक ज़रूरी कर्तव्य निभाने में भी अक्षम्य प्रमाद प्रदर्शित किया।

बहस की स्वाधीनता निश्चय ही हमारी सभ्यता का गुण है। किन्तु दुर्भाग्य की बात यह है कि इसका अनुचित लाभ उठाते हुए इसे दोष बना दिया गया है। जातीय विद्वेष, प्रादेशिक अदूरदर्शिता और राष्ट्रद्रोही प्रच्छन्न राजनीति ही इस अमर्याद निरंकुशता में फल-फूल रही है। इस विघटनकारी प्रवृत्तियों का साहसपूर्वक दमन करना पांडेजी की दृष्टि में राष्ट्रीय एकता के लिए आवश्यक है। कश्मीर और सुदूर उत्तरपूर्व में अलगाववादी तत्त्व किस तरह विदेशी प्रचारकों तथा बहकाने वाले घुसपैठियों के द्वारा प्रोत्साहित है, पांडेजी ने बिना लागलपेट के वस्तुस्थिति की भयंकरता को और शासन की दुचित्री अकर्मण्यता को भी साफ़-साफ़ उघाड़ा है। सामाजिक न्याय के जटिल प्रश्न को भी, पांडेजी के कथनानुसार तात्त्विक गम्भीरता के साथ नहीं बिचारा गया। "प्रत्यक्ष अन्याय को दूर करना तो न्याय हो सकता है किन्तु 'रिवर्स डिस्क्रिमिनेश' को प्रतिशोध ही कहा जा सकता है।''...क्या प्रतिशोध न्याय है?—पांडेजी पूछते हैं।

स्वतन्त्रता और समानता के अतिरिक्त धर्म-निरपेक्षता पर भी पांडेजी ने तलस्पर्शी विचार किया है। उन्होंने उचित ही लक्ष्य किया है—जिसे प्रायः लक्ष्य नहीं किया जाता—कि ''आधुनिक पश्चिमी चिन्तन में भी सिद्धान्ततया सब धर्मों के सत्य होने का सिद्धान्त प्रायः मान्य नहीं है, वहाँ ईसाई धर्म का ही सत्य स्वीकार किया जाता है।...अथवा धर्ममात्र को असत्य या सन्दिग्ध माना जाता है।'' सोचने की बात है कि जब बुद्धिवादी ईसाई जगत् की यह स्थिति है तो इस्लामी दुनिया की क्या होगी। ऐसे में पांडेजी का यह कथन युक्तियुक्त ही ठहरता है कि "आस्था के स्तर पर धार्मिक उदारता न होने पर धर्मनिरपेक्षता का आधार राजनीति के समान ही अनाश्वास्थ ही रहेगा।"

'विकारः परमार्थतोज्ञात्वाऽनारम्भ प्रतीकारस्य'—कालिदास की प्रसिद्ध सूक्ति है। पांडेजी विकार की जड़ों तक पहुँचने का यत्न करते हैं और वहीं से उसके सक्षम प्रतिकार की सम्भावनाएँ भी टटोलते हैं। वे अभ्युदय और निःश्रेयात् दोनों के आधार उस 'सनातन ज्ञान' पर लौटते हैं जिसका प्रवाह इस देश को सहस्राब्दियों से प्लावित करता रहा है। किन्तु आज एक भौतिकतावादी सभ्यता हमारी पारम्परिक जीवन विद्या को अस्त-व्यस्त करने पर तुली हुई है और यह हमारी कठोरतम परीक्षा की घड़ी है। आनन्दकुमार स्वामी ने मानव स्वभाव के जिस तथ्य को रेखांकित किया था, उसी को पांडेजी अपनी तरह, अपने ही प्रत्यय और शब्दावली से प्रस्तुत करते हुए अपने दूसरे व्याख्यान 'स्वराज की खोज' का समापन करते हैं। कुमारस्वामी का कहना था कि "हमारी बनावट ही कुछ ऐसी है कि हम अपनी अन्तर्मुखता में आद्यरुपात्मक (आर्केटाइपल) हैं और अपनी बहिर्मुखता में नाम रूपात्मक; इसलिए मनुष्य को अपनी प्रवृत्ति के किसी पक्ष को नकारना नहीं है, बल्कि उच्चतर और निम्नतर, पारमार्थिक और लौकिक के बीच सामंजस्य स्थापित करना है।" पांडेजी अपने दूसरे व्याख्यान 'स्वराज की खोज' का समाधान लगभग इसी सुर में करते हैं :

पुरुष को प्रकृति में निमग्न कर देने से पुरुष चरितार्थ नहीं होता; न प्रकृति की ओर से सर्वथा मुख मोड़ लेने से। पुरुष को अपनी प्रकृति के बन्धन से मुक्त होकर पराप्रकृति से सम्पूर्ण होना है। मुक्त पुरुष ही समतादर्शी होता है, वही स्वराष्ट्र होता है। वही स्वराज का अधिकारी होता है।

ऊपर वर्णित 'मुक्तपुरुष' मात्र आदर्श कल्पना नहीं, समसामयिक भारत में उसके साक्षात् चलते-फिरते द्रष्टान्त प्रकट और चरितार्थ हुए हैं : स्वयं पांडेजी ने अपने तीसरे व्याख्यान में महात्मा मंगतराम और निसर्गदत्त महाराज इत्यादि का उल्लेख यथास्थान किया ही है। यह भी तथ्य है कि समूचे विश्व में ऐसे उदाहरण अलभ्य हैं। किन्तु, दूसरी ओर एक राष्ट्र के रूप में हमारी दुर्दशा बावजूद निराशावादी से आशावादी बने वी.एस. नागपाल सरीखे 'आउटसाइडर' पर्यवेक्षकों के आश्वासन के—भय और आशंका ही उपजाती है। नये भारत की राजनीति पांडेजी को गाँधी

और नेहरू दोनों से हटती हुई दीखती है। सम्प्रति भारत एक पिछड़ा हुआ देश ही है—पश्चिमी ग्लोबलाइज्ड सभ्यता का पिछलग्गू सांस्कृतिक आत्मविश्वास से वंचित और आन्तरिक उपद्रवों से आक्रान्त, भ्रष्टाचार और हिंसा से चरमराता हुआ...। इसका क्या इलाज़ है? किसी भी देश की सभ्यता—जैसा की पांडेजी कहते हैं, "उसके ज्ञान-विज्ञान और संरचनात्मक ऊर्जा पर निर्भर करती है।" किन्तु अपने देश का तो यह हाल है कि मातृभाषा पर अधिकार प्राप्त करने की जगह विदेशी भाषा को आत्मसात् करने के प्रयास में मौलिक चिन्तन की साहसिक प्रवृत्ति पनप सकने की सम्भावना ही नष्ट हो जाती है। चीन और जापान के उदाहरणों के सामने हमारी वह स्वयमाहूत पंगुता राष्ट्रीय शर्म का विषय है। पांडेजी ने व्यापक स्मृतिभ्रंश के बावजूद उठारहवीं और उनीसवीं शताब्दी के पूर्वार्द्ध तक भारतीय समाज की जीवनी-शक्ति का, स्वावलम्बी शिक्षादि की व्यवस्थाओं का चित्र उकेरते हुए अंग्रेजी राज में उनके उन्मूलन का पूरा किस्सा बयान किया है। किन्तु उससे कहीं अधिक विचलित करने वाला दृश्य स्वातन्त्र्योत्तर भारत की शैक्षिक-सांस्कृतिक बदहाली का है। पांडेजी के विवेचन से तो यही निकलता है कि वर्तमान शिक्षा पद्धति अंग्रेजों के समय की शिक्षा पद्धति से कहीं अधिक संस्कारहीन है। जिस सार्वजनिक दुर्घटना को लोग भूल गये हैं, किन्तु पांडेजी नहीं भूलते और हमें याद दिलाना आवश्यक मानते हैं, वही एक छोटा-सा दृष्टान्त हमारी आत्म-द्रोही मानसिकता का किस क़दर ग्लानिप्रद है कि "नूरुलहसल के निर्देशन में—इन्दिरा गाँधी के प्रधानमन्त्रित्व काल में ही—भाषा के रूप में संस्कृति का अनिवार्य घटक ही अनावश्यक घोषित कर दिया गया...हाईस्कूल में हिन्दी मातृभाषा या संस्कृत के अध्ययन की गुंजाइश ही ख़त्म कर दी गयी।" सोचने की बात है कि भाषा के पर्याप्त ज्ञान के अभाव में मनुष्य सभ्यता की धरोहर का प्रतिभागी कैसे बन सकता है? मातृभाषा के मानक साहित्य से अपरिचित और सब भारतीय भाषाओं की जननी-धात्री संस्कृत से अछूता भारतीय विद्यार्थी किस प्रकार शिक्षित कहलाएगा? अब रही वर्तमान शिक्षा पद्धति में विज्ञान, प्रविधि और प्रबन्धन आदि पर जोर दिये जाने की बात, तो, जैसाकि पांडेजी कहते हैं, 'इन विषयों का अध्ययन भी सांस्कृतिक पृष्ठभूमि से विच्छिन्न नहीं हो सकता।' तिस पर इस होड़भरी, खर्चीली व्यवस्था में आत्म-विकास की गुंजाइश या फुरसत ही किसे नसीब होगी?

जयशंकर प्रसाद ने कहा था कि 'संस्कृति विश्ववाद की विरोधनी नहीं है। पांडेजी भी अपने इस तीसरे व्याख्यान का समापन करते हुए स्पष्ट करते हैं कि—"जैसे भारतीयता विश्वजनीता की विरोधी नहीं है प्रत्युत उसको मूर्त रूप देने का एक उपाय है, ऐसे ही सनातन मूल्य भी युगीन मूल्य-व्याख्याओं और सामाजिक हितों के विरोधी नहीं हैं।" अपनी जीवन व्यापी विद्वच्चर्या का प्रारम्भ ही 'मूल्य विमर्श' से करने वाले पांडेजी बलपूर्वक इस बात को दोहराते हैं कि "मूल्य सामाजिक

तथ्यों के परतन्त्र प्रकार मात्र नहीं है : मूल्य साधना से ही समाज को सही दिशा मिलती है। गाँधीजी हमारे युग में इसके ज्वलन्त उदाहरण हैं।" इस प्रसंग में आगे वे राममोहनराय और रामकृष्ण परमहंस दोनों के सन्देश की वैश्विक उपादेयता का उल्लेख करते हैं तथा श्री अरविन्द द्वारा चरितार्थ जीवन के आध्यात्मिक रूपान्तरण की साधना का भी। साहित्य में भी वे विश्व-मानवता के आदर्शों को प्रतिबिम्बित करने वाले सर्जकों—रवीन्द्रनाथ, शरच्चन्द्र से लेकर प्रेमचन्द, निराला सरीखे सर्जकों का स्मरण दिलाते हैं : इसलिए, कि "इस समय अनेक कारणों से सांस्कृतिक प्रदूषण फैल रहा है और उसे जाने-अनजाने समसामयिक सरकारी नितियों से प्रश्रय मिल रहा है।" यह एक असुविधाजनक किन्तु कड़वा सच है। पांडेजी के इस निष्कर्ष से भी भला उक्त नितियों के निर्धारकों और पृष्ठपोषकों को छोड़ और कौन असहमत होगा—"परम्परा के बिना सृजनशीलता सम्भव नहीं, न अपनी सांस्कृतिक पहचान के बिना कोई गहरी मौलिकता सम्भव है।"

निबन्धकार जैनेन्द्र

साहित्य की जितनी भी विधाएँ हैं, उनमें निबन्ध सबसे अधिक अनौपचारिक और आत्मीय विधा मानी जाती है और ठीक ही मानी जाती है। यों अनौपचारिक और आत्मीय स्तर पर भी सब तरह की बातें कही जा सकती हैं; बेहद हल्की-फुल्की भी और जीवन-मरण की जटिल समस्याओं जैसी भी। यह कुछ वैसी ही बात है जैसी एमिली डिकिन्सन ने अपनी कविता के बारे में अपनी कविता के भीतर ही लिखी है कि "दिस इज माई लेटर टू दि वर्ल्ड..." अर्थात्..."मैं कविता नहीं कर रही हूँ; यह तो एक बहुत जरूरी, निहायत जरूरी चिट्ठी है मेरी...दुनिया के नाम...जिसे लिखे बिना मैं रह नहीं सकती...भले दुनिया उसे समझे, न समझे। भले दुनिया को उसे पढ़ने की फुरसत हो, न हो।" अब यह तो कौन नहीं जानता कि एमिली डिकिन्सन की वे कविताएँ...सुभाषित की तरह चमकदार और पहेली की तरह अटकाने रमाने वाली कविताएँ.....कविता के उच्चतम मानदण्डों पर भी खरी उतरने वाली काव्य रचनाएँ ही हैं, चिट्ठियाँ कतई नहीं हैं। मगर फिर भी हमें क्यों ऐसा लगता है कि समझदार से समझदार आलोचक भी एमिली की इन कविताओं के बारे में इससे ज्यादा सटीक और सारगर्भ टिप्पणी नहीं कर सकता था?

सचमुच, चिट्ठी से ज़्यादा निजी आत्मीय और घरेलू अनौपचारिक चीज क्या हो सकती है। और उन रचनाकारों से ज़्यादा आत्मीय और सगा भी हमारा कौन हो सकता है जो लिखित शब्द की दूरी और औपचारिकता को बोले हुए शब्द की सजीव तात्कालिकता और ऊष्मा में अनायास परिणत कर दे सकते हैं...बिना उसकी गूँज और गरिमा को कहीं से भी घटाये। एक किसी प्रसिद्ध लेखक का ही कथन है कि "मुझे ग्लानि होती है जब कभी मैं देखता हूँ कि मेरे मुँह से या कलम से ऐसी बात निकल रही है जो मुझसे, यानी मेरे व्यक्तित्व से बड़ी है।" यह ग्लानि, सच पूछिए, तो बड़ी सच्ची और सार्थक है। यह हर उस आदमी के भीतर उपज सकती है जो भोक्ता और साक्षी एक साथ होने को लाचार है; जो अपने को लगातार देख सकता है—अपने दिल-दिमाग की हरकतों को, और अपने आचरण को भी। ऐसा आदमी ऐसी बात कहने में शरमाएगा ही जिसकी जड़ उसके अपने अनुभव में न हो। जैनेन्द्र जी के एक निबन्ध का शीर्षक ही है 'जड़ की बात'। वे सचमुच

अक्षरशः 'जड़ की बात' करने वाले लेखक हैं और इसीलिए हैं कि उनकी बात की जड़ अक्सर खुद उनके भीतर ही मौजूद रहती है। अपने कद से ज़्यादा बड़े दिखाई देने का प्रलोभन उन्हें नहीं छू पाता—इसीलिए शायद उनकी पहुँच इतनी बड़ी हो पाती है। चूँकि उनमें अपने स्वत्व की चिन्ता कम से कम है, इसीलिए वे स्वभाव से ही तत्त्वचिन्तक, जिनका लगाव जिन्दगी की सतह पर पड़ी मामूली चीजों से ही है और जो उन्हें मामूली नहीं रहने देते, बल्कि हर गहराई की गहराई और हर ऊँचाई की ऊँचाई की भी कसौटी बना देते हैं।

तत्त्वचिन्ता! यह शब्द काफी भ्रामक लग सकता है। जैनेन्द्र जी क्या दार्शनिकों की बिरादरी के आदमी हैं? कतई नहीं। 'राजनीतिक, दार्शनिक, साहित्यिक' शीर्षक उनका निबन्ध पढ़ देखिए, निश्चय ही वह अपने बारे में नहीं है : किन्तु जैनेन्द्र के लेखन की चारित्रिक पहचान ही यही प्रतीत होती है कि वह अत्यन्त निर्वैयक्तिक और अत्यन्त वैयक्तिक एक साथ है। निबन्ध की सभी परिभाषाओं में एक बात समान रूप से मिलती है कि उसमें निबन्धकार का व्यक्तित्व व्यंजित होना चाहिए। यू लगता है कि निबन्ध की पढ़ाई करने-करवाने वालों को जैनेन्द्र जी के इस तरह के लेखन को निबन्ध मान पाने में काफी दिक्कत पड़ती होगी। अपने यहाँ जो ललित निबन्ध नाम चलता है, उसके हिसाब से भी देखें तो जैनेन्द्र जी के साथ चलने में सुभीता हो ही जाएगा, ऐसा नहीं है; बल्कि वह संज्ञा ही इन निबन्धों के लिए असंगत और अपर्याप्त लगने लगेगी। दूसरी तरफ यदि शुक्ल जी के निबन्धों को आदर्श मानकर चलेंगे, तो भी हम पाएँगे कि जैनेन्द्र जी की नैबन्धिकता—या कह लीजिए, निर्बन्धता उसमें भी नहीं अट पा रही है। मगर कौन कह सकता है कि जैनेन्द्र जी अपने गद्य में जब जितने हल्के होना चाहते हैं, नहीं हो सकते और जब जितने गम्भीर होना चाहते हैं, नहीं हो जाते। अब यूँ तो, जैनेन्द्र जी के ये निबन्ध निबन्धकार बनने के किसी सचेत प्रयत्न या आकांक्षा में से उपजे निबन्ध भी नहीं हैं; न उन्हें उस तरह हिन्दी, अंग्रेजी या फ्रेंच निबन्ध की परम्परा से ही कोई वास्ता रहा दीखता है। किन्तु इसके बावजूद अपने निहायत ही अनगढ़ और तात्कालिक अवसर-प्रेरित से लगने वाले चरित्र के बावजूद...क्या उसकी ये चीज़ें निबन्ध विद्या की बुनियादी शर्तों का सहज ही पालन कर जातीं प्रतीत नहीं होतीं? 'रामनाथ की बात' क्या निबन्धकार व्यक्तित्व के भी मन के मन की बात नहीं है? और क्या इसीलिए वह हमारे मन को भी नहीं पकड़ लेती? इस निबन्ध में जिस व्यक्तित्व का स्पन्दन है, वह क्या महज व्यक्तिबद्ध, व्यक्तिसीमित है? उसमें से आत्म-रति झाँकती है या गहरा सामाजिक आशय? 'राम-कथा' को ही ले लीजिए। इसे आप निबन्ध की किस कोटि में रखिएगा? यदि वह संस्कृति के सन्दर्भों से खचित 'ललित' निबन्ध नहीं है, तो भी क्या उसका इस मानी में दुर्ललित होना खटकता है? निबन्धकार-व्यक्ति वहाँ श्रद्धाजीवी जान पड़ता है; और ऐसा श्रद्धाजीवी, जो तर्कवादी से बहस में नहीं

पड़ता और चुपचाप कथा सुनने चला जाता है। मगर फिर कथा सुनते हुए इस श्रद्धाजीवी का यह कैसा आत्मालाप है!...

"...मैं अपने और राम के बीच में माध्यम अपनी श्रद्धा का ही पाऊँ, यह मुझे रुचिकर होता है। जब मध्य में कोई व्याख्या या व्याख्याता उपस्थिति हो, तब मेरी श्रद्धा मेरे ही भीतर सिमट रहती है और वहाँ आलोचना जागती है। यह मेरे स्वभाव की प्रकृति मुझे बहुत खलती है। आलोचना मनुष्य पर क्यों छाये? आलोचना सदा वन्ध्या है, वह उपलब्धि में बाधा है; पर सोच लिया करता हूँ कि एक बात है...व्यक्ति को विवेक तो चाहिए ही। विवेक में अस्वीकृति अनिवार्य है। अस्वीकृति की शक्ति न हो तो जीवन क्या रह जाए...निश्शक्त गीले मोम की भाँति कुछ आकार धारण करने के लिए बस वह निरा परापेक्षी ही न हो जाए। पर जीवन को तो कहीं हीरे की भाँति दृढ़ भी होना पड़ता है और कहीं वायु की भाँति आकाशचारी बनना पड़ता है। इसलिए मैं किंचित आलोचना को भी अपने साथ चलने देता हूँ।"

हम पाते हैं कि निबन्ध में अन्ततः यह 'किंचित् आलोचना' ही उसे सार्थक रचना की शक्ति और छवि प्रदान करने का निमित्त बनती है। कथा सुनते हुए इस निबन्धकार व्यक्ति की अन्यमनस्कता पर गौर कीजिए और सोचिए जैसे खुद यह लेखक सोच में पड़ गया है कि "पण्डित का पाण्डित्य क्या सचमुच बच्चे के बचपन से गम्भीर सत्य नहीं है?" इस जगह पर यदि लेखक के मन में दुविधा रही भी हो, तो उपसंहार तक पहुँचते-पहुँचते तो स्पष्ट हो ही जाता है कि दुविधा न थी, न है। लेखक का हृदय ही क्यों, लेखक की समझ भी बच्चों के साथ ही है। तो फिर कैसा यह आलोचक है जो पाण्डित्य के साथ नहीं, बचपन के साथ चलना चाहता है। विवेक का यह कैसा रंग, कैसा स्वर है जो एक तरफ़ धर्म को अफीम मानने वाले तर्कवादियों से बहस में नहीं उलझना चाहता और दूसरी तरफ एक आम आदमी की तरह औसत श्रद्धालु सामाजिकता निभाने को पड़ोसी के यहाँ कथा सुनने चला जाता है; और साथ ही वहाँ बैठे-बैठे उस पूरे आयोजन से अपनी वितृष्णा को भी व्यक्त किये बिना नहीं रह पाता? इसका मतलब यही तो हुआ कि वह न तो औसत श्रद्धालु जीव है, न औसत बुद्धिजीवी; न उसे श्रद्धाजीवी होने से छुटकारा है, न बुद्धिजीवी होने से। फिर वह क्या है? वह जो भी है, उसकी आवाज क्या हमें भरोसे की नहीं लगती? अपनी सारी तार्किकता और संशय-ऊहापोह के बावजूद, क्या हमारा अन्तःकरण भी इसी जैसी असमंजस और व्याकुल श्रद्धाबुद्धि को ही प्रतिध्वनित करता नहीं प्रतीत होता? बावजूद इसके कि कथावाचक के बहाने ही सही, पाण्डित्य और वाग्मिता पर की गयी निबन्धकार की यह तिरछी टिप्पणी हमें कहीं से चौकन्ना भी कर देती है, उसकी बुद्धिविरोधी बुद्धिमत्ता के बारे में हमें कही सशंक भी बना देती है, इतना तो मानना ही पड़ेगा कि उसकी श्रद्धाबुद्धि में हमारा भी साझा है और जिस निबन्ध के जरिये वह हम तक सम्प्रेषित हो रही है, वह उसका

केवल एक नमूना भर है। अभी जाने कितने निबन्ध पढ़ने पड़ेंगे, तब जाकर 'बात का भेद खोलेगी बात ही।'

ज़रूरी नहीं, कि निबन्धकार अपने व्यक्तित्व की सीधी अभिव्यंजना करे ही। उसका प्रयोजन कहानीकार का मुखौटा लगा लेने से भी बखूबी सध जा सकता है। कहानीकार का मुखौटा भी क्यों कहें? कहानीकार तो यह लेखक है ही; बल्कि निबन्धकार से भी पहले वह कहानीकार ही है। तो कहानीकार के मुखौटे की उसे ज़रूरत ही क्या है। मगर मुखौटा तो चाहिए—मुखौटा लेखक के लिए आडम्बर नहीं होता, रचनात्मक अभिव्यक्ति की जरूरत होता है। ठीक है कि इस निबन्ध नाम की विधा में रचनाकार का खुद का व्यक्तित्व ही इतने लीलामय स्वरूप में उद्घाटित होता चलता है कि मुखौटे की—यानी उस तरह बिम्ब प्रतीक या कथास्थिति सरीखे रूपाकारों की जरूरत ही नहीं रह जाती। किन्तु, ऐसा भी नहीं कि निबन्ध-रचना में मुखौटा लगाने की मनाही हो। शर्त यही, कि इसके बावजूद वह रहे आत्म-निबन्ध ही, कहानी या मनोविज्ञान या दर्शन का पाठ न बन जाए। हिन्दी निबन्ध का आदिकाल ही देख लीजिए : बालमुकुन्द गुप्त को भी क्या 'शिवशम्भु' का मुखौटा नहीं लगाना पड़ा था 'गूंगी प्रजा का वकील' बनने के लिए? भला कौन चाहेगा कि गुप्त जी ने बिना उस मुखौटे के ही सीधे अपनी बात कही होती। देखा जाए तो उससे कुछ फायदा न होता...नुकसान भले हो जाता। वे बड़े भोले हैं जो समझते हैं साहित्य में सत्त्व लाने के लिए सब कुछ सीधा सपाट कर देना चाहिए। अब इसी निबन्ध को ले लीजिए...जैनेन्द्र जी के इसी 'कहानी नहीं' की। जाहिर है कि यह है तो निबन्ध ही; कहानी तो नहीं ही है। मगर इसमें जो तत्त्व है, जो बात है, वह क्या कहानीपन के ठीक इसी आवरण के भीतर से ज्यादा पुष्ट होकर, ज़्यादा निखर कर नहीं झलकती? वह अन्दाज, वह वृतान्त-विधि उसे क्या कहीं से भी गड़बड़ करती है, दुरूह बनाती है? याकि उल्टे उसे हमारे अनुभव का ही आकार देकर प्रत्यक्ष, सगुण और धारदार बना देती है? जिस आकस्मिक ढंग से निबन्ध शुरू होता है और उतने ही अकस्मात् खत्म भी हो जाता है, वह क्या सांगोपांग विवेचन के लक्षण हैं? इसके बावजूद जो बात—यानी पते की बात—कही गयी है, वह क्या पूरी नहीं हुई? मैंने निबन्ध के प्रसंग में जिस अनौपचारिकता की, आत्मीयता की चर्चा की थी, उसकी यहाँ कोई कमी दिखाई देती है? और फिर भी इस सारी आकस्मिकता और बेबनाव और शुरू से आखिर तक छाए बातूनी-बतकहिया अन्दाज के बावजूद, क्या आपको उन गुणों की कमी अखरती है जिनकी आप एक विषयनिष्ठ गम्भीर निबन्ध से अपेक्षा करते हैं?

इस निबन्ध में निबन्धकार एक अमीर का मुखौटा धारण किये हुए है। समूचा निबन्ध, यानी निबन्ध का समूचा चिट्ठा जो है, कुलकुलान उसी अमीर आदमी के मुख से उगलवाया गया है और वह ऐसा चिट्ठा है जो कहानी न होते हुए भी चेखोव की कहानी की तरह...हमारे बहुत अपने आत्मीय अनुभव के सहारे ही हमारे भीतर

दाखिल हो जाता है। सारी नाटकीयता और चरित्रान्तरन्यास के बावजूद, बल्कि सच पूछिए तो उसके कारण ही, निबन्ध का कथ्य इतनी पैनीधार अख़्तियार कर पाता है। जिस बात से इस 'मैं' का दिमाग भरा हुआ है, वह उसी के शब्दों में कहानी नहीं है, सच्ची सच्चाई है, साफ है और बदनुमा है। इसीलिए तो वह शुरू में ही कह जाता है कि..."मैं उससे छुट्टी पाना चाहता हूँ। मैं दिमाग साफ चाहता हूँ। बेमतलब की कोई बात मैं कहना नहीं चाहता।" गौर करने की बात है कि मुखौटे के बावजूद निबन्धकार के व्यक्तिगत 'मैं' तथा इस अमीर आदमी के 'मैं' के बीच की दीवार किस क़दर झीनी और पारदर्शी है! इतना ही नहीं, जैसे-जैसे निबन्ध आगे बढ़ता जाता है, जैसे-जैसे यह आदमी अपनी परेशानी के किस्से की परिक्रमा करता हुआ उसके गर्भ-गृह की ओर बढ़ता जाता हैं, वैसे-वैसे हम पाठक भी उसमें गिरफ्तार होते चले जाते है। वैसे-वैसे हमारी खुद की समाई भी उसी किस्सागो 'मैं' के भीतर होती चली जाती है। फिर वह मुखौटे बोला 'मैं' किसी एक का कहाँ रह जाता है! वह तो मेरा, आपका, निबन्धकार का, सबका 'मैं' बन जाने की धमकी देने लगता है। यहाँ तक कि जिस सवाल पर निबन्ध की तान टूटती है, वह हमें अपने भीतर के भी भीतर से प्रतिध्वनित होता प्रतीत होने लगता है। क्या यह, जिसे पश्चिमी मुहावरे में अपराध-बोध (गिल्टी-कांशेंस) कहा जाता है, उससे भी न्यारी और बड़ी बात नहीं है? जरा इस बौखलाए आदमी के एकालाप को कान लगाकर सुनिए तो—

"...क्या मैं समझता हूँ कि मेरा एक पैसा हालात में कुछ भी फर्क डालेगा?... सवाल यही है कि क्यों मैं पैसा दे छूटा? भिखमंगा मेरा कौन है? किस अख़्तियार से, किस हक से, वह मेरे दिल के सुकून में दखलन्दाज होता है?

क्योंकर उसे जुर्रत है? क्यों वह मेरे दिमाग का पीछा करता है? किसने उसे यह इजाजत दी? क्यों उन्हें कोई जेलखाने में बन्द नहीं कर देता कि मेरी आँखों से दूर रहें।...लेकिन क्या जेलखाने में होकर मुझसे दूर वह हो जाएँगे? हकीकतन, हो जाएँगे?

जी हाँ...सवाल यह है। यह सवाल बड़ा है और मुझे परेशान कर रहा है। यही मुझमें भरा है और इस वक़्त मैं अपनी कहानी-वहानी कुछ नहीं जानता।"

जरा इस आखिरी जुमले पर गौर फरमाइए। यह सिर्फ नाटकीय नहीं है। इसे आँख गड़ा के देखें तो इसके पीछे निबन्धकार, कथाकार और विचारक जैनेन्द्र के भी समूचे अन्तःकरण और जीवन दर्शन का दबाव महसूस होने लगेगा। अब आप जरा पन्ने पलटते हुए 'टूटे हुए लोग' पढ़िए; 'साहित्यकार का वैयक्तिक स्वातन्त्र्य और सामाजिक दायित्व' में जिस अन्तिम मूल्य 'शहादत' की अनौपचारिक मीमांसा की गयी है, उसे देख जाइए; 'पाप का सवाल' जैनेन्द्र जी के लिए किस कोटि का सवाल है और उस कोटि के सवाल का किस कोटि का जवाब वह दे पाते हैं, उसे भी पचा डालिए तो समझ में आने लगेगा कि क्यों जैनेन्द्र जी से इण्टरव्यू लेने वाले जब उनकी कहानी-कला अथवा रचना-प्रक्रिया के रहस्य को जानना चाहते हैं तो

उन्हें निराशा ही हाथ लगती है। वो जो एक मशहूर मुहावरा है ना, 'ट्रथ इज स्ट्रेंजर दैन फिक्शन', लगता है, उसका मर्म जैनेन्द्र जी पर उनके विकास-क्रम में कुछ इतनी जल्दी और इतनी गहराई में उजागर हो गया कि उसके बाद उनके लिए लेखकत्व की उन जरूरी मुद्राओं को भी धारण करना कठिन और किसी हद तक बेमानी हो गया जिनका एक लेखक के अन्तरंग से वैसा ही सम्बन्ध होता है जैसा एक कछुए के अंगों का कछुए की ढाल से।

जीवन जैनेन्द्र जी के लिए जीवन की किसी भी पुनर्रचना यानी कहानी-वहानी की अपेक्षा अधिक विचित्र और रहस्यपूर्ण है तो भला रचना-प्रक्रिया पर वे क्यों टिकने लगे! उपन्यास और कहानी की...ग़रज कि साहित्य-मात्र—की—स्वायत्त गरिमा पर उन्हें क्यों आग्रह हो! और साहित्य सर्जक को भी विशिष्ट प्राणी भला वे क्यों मानने लगे! यह अकारण नहीं है कि प्रतिभा, और 'कला' जैसी चीजों को भी वे महत्त्व नहीं देते।

जैनेन्द्र जी कछुए की बात नहीं करते। वे 'मेंढक' की कथा कहते हैं। निश्चय ही जैनेन्द्र जी भी अच्छी तरह जानते और मानते हैं कि 'आदमी मेंढक नहीं होते।' लेकिन ये साफ देख सकते हैं कि वे मेंढक बनाये और बनने दिये जा सकते हैं। जैनेन्द्र जी, जो लाखों सामान्य प्राणियों की तरह राम-कथा से संवेदित होते हैं और 'धर्म और संस्कृति' पर चिन्तन करते हुए स्पष्ट अनुभव करते हैं कि "प्रचलित धर्मों की अनेकता और विग्रह-विवाद को देखते हुए भी धर्म शब्द की मूलभूत आवश्यकता से छुट्टी नहीं ली जा सकती क्योंकि संस्कृति शब्द उसकी जगह नहीं भरता",—वही जैनेन्द्र जी उन्हीं लाखों-करोड़ों कूपमण्डूकों से अपना तादात्म्य स्थापित करते हुए, उन्हीं के घट में पैठकर वहीं से इस कठोर सत्य को भी देख और दिखा सकते हैं कि किस तरह और क्यों यह मेंढक "समाज के अन्याय को धर्म की कीमिया से अपना भोग और फिर उसी को अपना सुख-भाग्य बना लिया करता है।" क्या यह समाजवादियों और साम्यवादियों के ही मन की बात नहीं है?

हमने 'कहानी नहीं' वाले निबन्ध के चरितनायक की हालत देखी थी। उसका एकालाप, और उसकी बौखलाहट सुनी और गुनी थी। अब इस मेंढक का आत्मालाप भी सुन लीजिए और खुद होकर जाँचिए कि उस अमीर आदमी की परेशानी में और इस ग़रीब आदमी की परेशानी के बीच कैसा, क्या सम्बन्ध सूत्र है? तुलसीदास ने कहा था कि "सबसे भले वे मूढ़, जिन्हें न व्यापे जगतगति...।" मगर अभिजात और सर्वहारा के बीच बेतार के तार की तरह झनझनाने वाली लेखक की चेतना तो सब कुछ की भोक्ता और साक्षी चेतना है और किसी तरह भी विशिष्ट नहीं है। इसलिए नहीं कि उसे सबका प्रतिनिधित्व करना है, बल्कि इसलिए कि, सब होकर सबको देखना ही उसकी प्रकृति और प्रवृत्ति है। आखिर अपना मैत्रायणी उपनिषद भी तो यही न कहता है कि 'सर्वहि पश्यन् पश्यति सर्वमाप्नोति सर्वशः'। निश्चय ही

निबन्धकार उस मेंढक से तादात्म्य साध सकता है; उसके घट में बैठकर भी दुनिया को देख सकता है। पर इसीलिए तो वह उस मेंढक के मेंढकपन को देख और दिखा सकता है। जैनेन्द्र जी में, जिसे व्यंग्य और विनोद कहा जाता है, उसकी भी कमी नहीं है; सच बात तो यह है कि उनके व्यंग्य की पहुँच बाक़ायदा व्यंग्यकारों की पहुँच से कहीं ज्यादा गहरी है। आँख सामने जो पृष्ठ खुला पड़ा है, उसी पर नजर डाल लीजिए; देखिए क्या कह रहा है यह मेंढक...

"...ऐसे प्राणी सुखी हैं। लेकिन सुख भगवान को कम मंजूर है। इससे मुझे कूपनिष्ठ के साथ यह हुआ कि मुझे दिल्ली से बाहर जाना पड़ा। आत्मा की बात में सुख है। लेकिन हिलने-डुलने, जाने-आने में दुख ही दुख है।"

आपको याद होगा, लगभग यही दुख तो उस 'कहानी नहीं' के 'मैं' को भी उठाना पड़ा था। वह क्या उस कूपमण्डूक से बेहतर था? वह भी विचलित है और यह भी। ..."आत्मा की बात में सुख है। लेकिन हिलने डुलने में दुख है।" पता तो चले, आत्मा की बात का यह कैसा सुख है, जो कूपमण्डूक बाहर निकलते ही खो बैठा है? इस व्यंग्य का मुँह किसकी ओर है?...'कहानी नहीं' के चरितनायक की वह सारी बौखलाहट क्या थी? क्या उसमें जो बात है, वह भी 'आत्मा की बात' ही नहीं है? फिर यह जो मेंढक को दिखाई दिया—फौजी छावनी का घटाटोप—वह किसकी बात है!"

"...अतएव इस मुक्त कूपमण्डूक को अपार विस्तार में छायी वह छावनी प्रकृति के अमोघ विधान-सी लगी। मानो वह मौलिक हो, शेष उस पर निर्भर हो। वह बुनियाद हो और सभ्यता का महान् प्रासाद निर्विघ्न सुरक्षा में उसी के बल-बूते खड़ा हो।

ओ भगवान्! तेरी दुहाई है कि आदमियों की दुनिया में तूने अन्धे गहरे कुएँ भी बनाये हैं और मुझ लैसे जन्तु भी, जो श्रद्धा का नाम भी लेते वहाँ पड़े रहें और सियासत को कुछ न समझें।..."

क्या अब भी इसमें कोई सन्देह की गुंजाइश बची है कि यह निबन्धकार श्रद्धा-बुद्धि की जिस जमीन पर खड़ा है, वहाँ से उसे श्रद्धा और बुद्धि दोनों की अलग-थलग विडम्बना का दृश्य पूरा-पूरा दिखाई दे रहा है; श्रद्धा का अन्धकूप भी और बुद्धि की साँसत भी? क्या वह मनुष्यमात्र की तरफ से उस कुचक्र को नहीं देख रहा है जिसमें मनुष्यता को फाँस दिया गया है और क्या यह उन फँसे हुओं को आवाहन ही नहीं है कि वे इस कुचक्र को जन्म देने वाली सियासत को ही जड़-मूल से उखाड़ सकने वाली दृष्टि और उस दृष्टि से जुड़ी हुई चेतना और कर्मण्यता को अपने ही भीतर से, अपने ही मौलिक पीड़ा-बोध और ऋण बोध में से प्रकट करें? 'धर्म को चुनौती' शीर्षक जैनेन्द्र जी का निबन्ध भी आखिर क्या कहता है? यही न, कि धार्मिक भारत आज के दिन यदि किसी के लिए विचारणीय नहीं रह गया है तो इसका कारण सिर्फ यह है कि "धर्म यहाँ समर्थ और सामाजिक नहीं है, उसको जड़ और असामाजिक बना डाला गया है। ऐसे वह भक्तों, सन्तों और मुनियों के

नमूने पैदा करने में सार्थक हो लेता है, देश और समाज में जान नहीं डाल पाता।" जैनेन्द्र जी बड़े बेढब सवाल उठाते हैं—ऐसे-ऐसे सवाल जो सामान्यतया धर्मप्राण कहे जाने वाले लोगों के भीतर नहीं उठा करते। मसलन, इसी निबन्ध में एक जगह वे पूछते हैं। "क्यों ऐसा है कि धर्म राजनीति का शरणार्थी है और उसको दिशा नहीं दे सकता है?" कारण—उन्हीं के शब्दों में "इसके सिवा और क्या हो सकता है कि मानव-सम्बन्धों में व्याप्त होने से घबराकर और कतराकर 'स्व' के और 'स्वकीय' के चक्कर में घूमता रह जाता है। इस तरह निर्माण की शक्ति उसमें से नष्ट हो रहती है और शनैः शनैः उसे व्यसन का स्वरूप मिलने लगता है। बाहर की ओर से बचने के लिए लोग धर्म में शरण लेते हैं और वहाँ अपनी निर्बलता को पोषण देते रहने में रस लेते हैं।"

अब यहाँ आप याद कीजिए 'मेंढक' शीर्षक निबन्ध के उस व्यंग्य को—"आत्मा की बात में सुख है। लेकिन हिलने-डुलने, जाने-आने में दुख ही दुख है।" यों ये दोनों दो अलग किस्म के निबन्ध प्रतीत होंगे; एक, लगेगा, ललित निबन्ध के समीप पड़ रहा है और दूसरा तो सरासर विषयनिष्ठ प्रतीत हो ही रहा है। मगर, आप देख सकते हैं खुद ही, कि दोनों के बीच गहरा सम्बन्ध है और वह सम्बन्ध-सूत्र निबन्धकार के चिन्तनशील संवेदनशील मन का ही है। इतना तो साफ जाहिर हो जाता है कि ये दोनों निबन्ध महज एक-दूसरे से जुड़े ही नहीं हैं, बल्कि गुणात्मक ढंग से एक-दूसरे को समृद्ध और आलोकित भी किये दे रहे हैं। तब फिर दोनों को गम्भीरतापूर्वक ग्रहण किये बिना कैसे चलेगा?

आधुनिक विचारधाराओं की तरफ से धर्म को मिली हुई इस अनिवार्य चुनौती से लगा, लिपटा जो सवाल है, वह 'पाप का सवाल' है और उस पर भी जैनेन्द्र जी का निबन्धकार उतना ही ध्यान देता है। उसके लिए यह सिर्फ 'अश्लील की रोकथाम' का सवाल न बनकर एक आस्तित्विक सवाल बन जाता है। जैनेन्द्र जी इस सवाल का जिस धरातल पर सामना करते हैं, वह सामान्य नैतिकता और तथाकथित 'आइडियोलाजी' की पहुँच से परे है। महज अपने माने हुए सत् से अपने माने हुए असत् को टकरा देने से या पाप की वासना को नीति की प्रचलित धारणा से दबा देने से हल होने वाली समस्या वह नहीं है। जैनेन्द्र जी जानते हैं और किसी किताबी ज्ञान से नहीं, अपने ही रोज़मर्रा के अनुभव के बल पर जानते हैं कि 'मैं', जीतने वाला नहीं है, जीतेगा सत्य। इसलिए वह संयम और संकल्प जो सारा बल 'मैं', से प्राप्त करता है, पाप को निमन्त्रण है और स्वयं पाप है। इसलिए उस आधार पर जड़ जमाकर खड़ा होने वाला मनोबल और उसमें से निकलने वाला नियम संयम अन्त में अकृतार्थ ही होगा। कारण, 'यह अहं-पुण्य के जोर से अहं-पाप को जीतने का उपाय है।' क्या जैनेन्द्र जी का यह निदान महज मनोविश्लेषणात्मक निदान है? क्या वह फ्रायडीय निदान से ज्यादा गहरे जाने वाला निदान नहीं है—ऐसा निदान जो कार्ल

युग सरीखे विचारक को भी सर्वथा स्वीकार्य होता? इस तरह उनका 'बाजार दर्शन' (देखिए इसी नाम का निबन्ध) भी क्या उस निरे जैविक और आर्थिक फलसफे से आगे की दृष्टि प्रस्तुत नहीं करता जो अज्ञेय के कथनानुसार "राजनीति में आततायी सिद्ध हुआ है और दर्शन के रूप में अधूरा तथा पंगु?"

निबन्ध एक स्वाधीन और लचीली विधा है। उसमें विनोदी लाघव से लगाकर आत्मान्वेषी तत्त्व-विचारणा तक के लिए पूरी गुंजाइश है। शर्त यही, कि निबन्धकार स्वयं लचीली संवेदना और स्वाधीन बुद्धि-वैभववाला हो। मतवादी कट्टरता इस विधा को नहीं साध सकती। पत्रकार-प्रतिभा से लगाकर पंडित-प्रतिभा तक जिन सभी श्रेणियों और स्वभावों का योगदान हिन्दी निबन्ध को समृद्ध करता रहा है, उन पर हम एक निगाह दौड़ाएँ तो पाएँगे कि हमारे सभी प्रमुख निबन्धकार निरपवाद रूप से उन्मुक्त संवेदना और व्यापक दृष्टि के धनी हैं। चाहे बालमुकुन्द गुप्त हों, चाहे गुलेरी जी, चाहे बाबू गुलाबराय हों, चाहे आचार्य हजारीप्रसाद द्विवेदी, सभी में प्रखर विचार-शक्ति के साथ-साथ एक अत्यन्त आत्मीय खुलेपन के भी दर्शन होंगे। जैनेन्द्र जी इसी परम्परा के निबन्धकार हैं—भले वे उस तरह बाकायदा निबन्धकार के रूप में बहुत चर्चित और विवेचित न रहे हों। अब यूँ तो वे अपने को बाकायदा उपन्यासकार भी नहीं मानते रहे; पर उनके मानने न मानने से क्या होता है! जहाँ तक तात्त्विक चिन्ता का सवाल है, वह तो उनके कथा-साहित्य को भी उतनी ही उत्कटता से परिभाषित करने वाला तत्त्व है। वे तो स्वयं यहाँ तक कह गये हैं कि "मेरे उपन्यास अनुभव से उतने नहीं चलते जितने एक प्रकार के 'तत्त्वाश्रित अनुमानवाद' (जी हाँ, यह उन्हीं की गढ़न्त है) से।" किन्तु जैसा कि हम पहले भी संकेत कर चुके हैं, जैनेन्द्र जी की यह तात्त्विकता सृजनधर्मी साहित्य के साथ जाने वाली और उसी का धरातल उठाने वाली तात्त्विकता है, न कि दार्शनिक बुद्धि-विलास। 'तत्त्वाश्रित अनुमानवाद' एक भटकाने वाला मुहावरा है और हिन्दी की बहुत सारी शैक्षणिक आलोचना में बद्धमूल बौद्धिक आलस्य और ले-उड़ मानसिकता को देखते हुए तो वह 'आ बैल मुझे मार' वाली कहावत को ही चरितार्थ करता लगता है। किसी ने कहा है और ठीक ही कहा है कि कृतिकार की बात का भरोसा मत करो, कृति का ही भरोसा करो। कहने का आशय यह, कि जैनेन्द्र जी का नैबन्धिक कृतित्व भी उनके कथा-कृतित्व की तरह ही एक बुनियादी अन्तर्निष्ठा से आलोकित और प्रेरित है और यह अन्तर्निष्ठा एकीकृत भाव-बोध वाली है, विभक्त मानसिकता या मतान्ध सिद्धान्तवादिता वाली नहीं। इस सन्दर्भ में उनका 'ज्ञान और सृष्टि' नामक निबन्ध दृष्टव्य है जिसमें वे बड़े विनोदी और विश्वसनीय ढंग से जिन्दगी जैसी साबुत चीज को खण्ड-दृष्टि से देखने और चलाने की जिद करने वाले 'ज्ञान' (?) की विडम्बना का उद्घाटन करते हैं। उस निबन्ध का निष्कर्ष उन्हीं के शब्दों में वही है कि "विभक्त मानसिकता में बने हुए मनमाने आदर्शों के नाम पर जो निस्तेज और खण्डित व्यक्तियों के नमूने नीति और

धर्म के क्षेत्र में देखने आते हैं, सो अधिकांश इसी कारण, कि उनकी वफादारी जीवन और जगत् के प्रति न होकर सिद्धान्तों के प्रति हो जाती है।"

जैनेन्द्र जी का निबन्धकार ऐसी सिद्धान्तवादिता का कतई कायल नहीं। वह जीवन को ही नहीं, जीवन की सारभूत साहित्य-सृष्टि को भी हर तरह के अंकुश से बचाने को कृतसंकल्प है। उसके लेखे साहित्य राजनीति का निरीह सहचर या अनुचर न होकर उसका संशोधक है। किन्तु वे सिद्धान्तवादी नहीं हैं, यह कहने का अर्थ यह निश्चय ही नहीं लगाना चाहिए कि उनके कोई सिद्धान्त ही नहीं हैं। उन जैसे तात्त्विक दृष्टि से जीवन और जगत् की हर समस्या का मन्थन-आलोड़न करने वाले नैष्ठिक बुद्धिजीवी और संवेदनशील सर्जक के लिए यह कैसे सम्भव है? वे अपने ढंग के अद्‌भुत शैलीकार और अद्‌भुत भाषा-सेवक हैं; किन्तु यह सब उनके लिए एक पारदर्शी माध्यम है—उस सुदृढ़ और सुचिन्तित और निष्ठापूर्वक आचरित जीवन-दर्शन के लिए, जिसे व्यक्त करना उनका उद्देश्य है। हाँ, जैनेन्द्र शब्दलिपी नहीं, शब्दसाधक हैं; और शैली, भाषा, रूप इत्यादि चीजें उनके लिए एक जरूरी आवरण से अधिक मतलब नहीं रखतीं। वे इस कदर 'सोद्देश्य' रचनाकार हैं कि उन्हें सोद्देश्य कहना भी उनकी निष्ठा की ऊँचाई और गहराई को देखते हुए हल्का और गैर-जरूरी लगने लगता है। इसलिए, कि वे गहरे विचारक होते हुए भी किसी विचार से बँधे नहीं हैं, उच्चतम आदर्शों के प्रति निष्ठा रखते हुए भी 'आदर्श' से बँधने की विडम्बना को आर-पार देख सकने में सक्षम हैं। उनके एक लघुकाय और अत्यन्त सान्द्र-सारभूत निबन्ध 'सुनी बानी' को पढ़ते हुए यह बात अच्छी तरह निर्भ्रान्त ढंग से समझी जा सकती है। कहते हैं—"विचार परिग्रह है। हर विचार परिग्रह है। आदर्श और बन्धन है। आदर्श और दर्शन और विचार धर्म और इन सबकी जड़ में भय है। अनागत भय, अपना भय और जाने किस-किस का भय। भय जीतना होगा, उसका सामना करना होगा। बचकर किसी दर्शन या पन्थ या पुस्तक के पीछे छिपने से नहीं चलेगा।"

मुझे लगता है, यहीं पर, इसी सिलसिले में 'मौत' शीर्षक निबन्ध का भी संक्षिप्त उल्लेख करना जरूरी है। इस निबन्ध में एक समझदार मित्र के साथ इस निबन्धकार के प्रौढ़ 'मैं' का संवाद गुम्फित है और उसी में से बात पर बात निकलती चली आती है। बीज-रूप में एक संक्षिप्त आत्म-वृत्तान्त भी है जहाँ से मौत को समझने का एक ऐसा सूत्र अबोध अवस्था में ही माँ से मिल जाता है जो अत्यन्त सामान्य है और इसीलिए आत्यन्तिक सत्य भी।...निबन्धकार खुद कहता है; "लेकिन यह तो मौत के सम्बन्ध में आज कोई समझदारी की बात नहीं मालूम होती।"...और तुरन्त जोड़ता है : "यद्यपि सच्ची बात यह है कि मौत के उपरान्त की सच्चाई को इससे अधिक सच्चाई से कोई भी समझदारी की बात नहीं कह सकती।'' निश्चय ही इस समझदारी की सीमा है और निबन्धकार उसे बहुत अच्छी तरह जानता है। यानी... ''जहाँ तर्क की एक-एक कड़ी पहचान में रहे और ऐसा न मालूम हो कि शब्दों द्वारा

चलने वाली समझ मानो अपनी परिभाषा खोये दे रही है। और शब्दों के अर्थ की सीमाएँ आपस में विलीन हुई जा रही हैं।" निबन्धकार को अपने समझदार मित्र से पूरी सहानुभूति है क्योंकि वह मित्र खुद उससे कहीं बाहर कोई दूजा नहीं है; वह तो उसी का अंश है। सममुच "समझ से नाता तोड़ना आसान नहीं है। जैसे कि पागल होना आसान नहीं है।"

देखिए यहाँ—फिर वही 'शहादत' का अन्तिम मूल्य—जिसका उल्लेख एक दूसरे निबन्ध के हवाले से हम पहले ही कर चुके हैं। जीवन-दर्शन जैनेन्द्र जी के लिए इसी पर खड़ा है, खड़ा होना चाहिए। अन्यत्र जैनेन्द्र जी एक प्रश्न के उत्तर में स्पष्ट कहते हैं—"मृत्यु मिट जाए तो शहीद होने की सम्भावना भी मिट जाए न ? किन्तु शहीद ही क्या मानवता की निधि नहीं है? वह निधि लुटे, यह मैं कभी गवारा नहीं कर सकता। जीवनार्पण के लिए एकमात्र वेदी मृत्यु है। जीवनार्पण से बड़ी स्पृहा, उससे बड़ी अभिलाषा मनुष्य के पास नहीं है।"

प्रश्न उठ सकता है पाठक के मन में, कि कहीं यह मृत्यु-पूजा तो नहीं है? बरसों गुजरे, एक किताब मेरे पढ़ने में आयी थी जिसका नाम था—'दि रिबेल'। मैं ठीक-ठीक याद नहीं कर सकता, किन्तु मेरे मन पर जो छाप उसकी अभी तक कायम है, वह जैसे जैनेन्द्र जी की उपरोक्त पंक्तियों के स्पर्श से ही सहसा उभर कर जाग रही है। तो क्या कामू का जीवन-दर्शन भी कुछ इसी के आसपास था? 'ऐब्सर्ड' के बावजूद? जैनेन्द्र जी की आस्था का उस तरह पश्चिम के अस्तित्ववादी दर्शन से भला क्या लेना-देना है। प्रभाव जैसी चीज की तो कल्पना ही बेतुकी है। किन्तु कालगति और जगतगति क्या दो एकदम अलग संस्कृतियों से निकले सर्जक मनीषियों को किसी एक स्तर पर जोड़ नहीं सकती? हमारे इसी समय में, संस्कृति की सबसे लगातार और सबसे सकर्मक चिन्ता करने वाले स्वर्गीय अज्ञेय जी भी जब मूल्य-चिन्तन की गहराई में उतरते हैं, तो वे भी क्या प्रकारान्तर से बेशक अपनी ही भाँति—इस शहादत के मूल्य की ही मूल्यवत्ता को रेखांकित नहीं करते? 'अद्यतन' में 'प्रासंगिकता का प्रश्न' उठाते हुए अज्ञेय का कथन यहाँ पर उद्धृत करना अप्रासंगिक न होगा। उन्हीं के शब्दों में—

"अपने से बड़ा यह 'कुछ' मानव ही बनाता है; उसे अपना बनाया हुआ जानते हुए भी इतना बड़ा भी बना देता है कि उसके लिए प्राण भी देने को तैयार हो जाता है। प्रासंगिकता के काल-सापेक्ष रहते हुए भी यहाँ हम प्रश्न और उसके उत्तर के ऐसे निरूपण तक पहुँच जाते हैं जो एक तरह से काल-सापेक्षता के बन्धन से मुक्त हो जाता है—काल-सापेक्षता को ही ऐसे चौखटे में रख देता है जो कालातीत माना जा सकता है। हमारे जीवन की प्रासंगिकता क्या है? यही कि, उसमें हम ऐसा कुछ पहचानते हैं जिसके लिए हम मर भी सकते हैं। जिसने जीवन में ऐसा कुछ नहीं पहचाना जिसके लिए मरा भी जा सकता है, प्राण भी दिये जा सकते हैं, उसने

वास्तव में ऐसा भी कुछ नहीं पहचाना जिसके लिए जिया जा सकता है। उसका जीना मानव-जीवन नहीं है, केवल एक जैविक संयोग है। मानव स्वाधीन इसीलिए है, इसी में है, कि वह स्वेच्छा से जीवनदान कर सकता है।"

ध्यान देने की बात है कि एकदम भिन्न प्रस्थान बिन्दु से चलकर अज्ञेय भी लगभग उसी जगह पहुँचते हैं, जिस जगह जैनेन्द्र। क्या यह अकारण और अनर्गल संयोग है? क्या इसे उस तरह अस्तित्ववाद का प्रभाव कहके घटाया और टाला जा सकता है, जिस तरह कि हमारी ही बौद्धिक बिरादरी के लोग अपने परोपजीवी बौद्धिक आलस्य में मानकर छुट्टी पा लेते हैं? शायद ऐसे ही बुद्धिविमुख बुद्धिजीवियों को लक्ष्य करके जैनेन्द्र जी कहते हैं कि "इसमें आप मृत्युपूजा देखें तो देख सकते हैं। जीवन से चिपकने के इतने घिनौने दृश्य रोज देखने पड़ते हैं कि लगता है, मृत्यु-पूजा अनुपयुक्त धर्म नहीं है।"

निश्चय ही अज्ञेय और जैनेन्द्र की आस्थाएँ या जीवन-दर्शन भिन्न हैं। किन्तु क्या इसी भिन्नता के कारण ही उपर्युक्त—समानता याकि उभयनिष्ठ तत्त्व—का मूल्य और भी असन्दिग्ध नहीं हो जाता? अज्ञेय जिस अर्थ में मानववादी मानवनिष्ठ हैं, ठीक उसी अर्थ में जैनेन्द्र मानववादी नहीं हैं। अज्ञेय पुनर्जन्म जैसी चीज को नहीं स्वीकार कर सकते। जैनेन्द्र उसके प्रति भी स्वीकार-भाव रख सकते हैं। जैनेन्द्र गहरे अर्थों में तत्त्वचिन्तन की क्षमता रखते हुए भी कभी-कभी श्रद्धा के पक्ष में तर्कबुद्धि का प्रत्याख्यान करते हुए उसका खासा अवमूल्यन भी कर ले जाते हैं; जबकि अज्ञेय के यहाँ तर्क-बुद्धि को विशिष्ट गौरव का स्थान प्राप्त है और वे स्वयं इतना तर्कशुद्ध, क्रमबद्ध और व्यवस्थित विवेचन करते हैं किसी भी विषय का, कि जैनेन्द्र जी उनकी तुलना में कुछ ज्यादा ही अनौपचारिक और अस्तव्यस्त दीखने लगते हैं। संस्कार और रुचि के हिसाब से भी दोनों में खासा बड़ा अन्तर है। जैनेन्द्र जी जिस तरह 'प्रतिभा' और 'कला' को उपयुक्त महत्त्व देने को राजी नहीं होते, उसी तरह व्यक्तित्व और जीवन में भी विशिष्टता के प्रति वे सदा सशंक रहते हैं। अज्ञेय में 'विशिष्ट' का समुचित स्वीकार और विवेक भी बराबर सक्रिय रहता है। हो सकता है यह अन्तर कुल अथवा वर्ग-संस्कार की शब्दावली में परिभाषित किया जा सकता हो; अथवा एक के मूलतः कवि होने और दूसरे के मूलतः औपन्यासिक रुझान से। वह महत्त्वपूर्ण नहीं है। महत्त्वपूर्ण बात यही है कि एकदम अलग परिस्थितियों, पृष्ठभूमियों और संस्कारगत विभेद के बावजूद ये दोनों कृतिकार हमारे समय पर अपनी भरपूर छाप छोड़ते हैं—इसलिए कि, दोनों में ही जहाँ एक ओर इस युग के बौद्धिक संस्कार की, बौद्धिक चुनौती की भरपूर स्वीकृति (और मौलिक प्रत्युत्तर भी) हमें स्पष्ट अनुभव होती है वहीं हमारी पारम्परिक प्रज्ञा के नवोन्मेष की नवजात प्रक्रिया भी इनकी सुदीर्घ साहित्य-साधना के भीतर से अपने पूरे अन्तः प्रमाण के साथ झलकती है। अज्ञेय अन्ततः जिस 'होलिस्टिक' श्रद्धा-बुद्धि तक पहुँचे, वहाँ तक पहुँचने के लिए

उन्हें निश्चय ही जैनेन्द्र की तुलना में बहुत लम्बा रास्ता तय करना पड़ा। परन्तु वह एक स्वाभाविक और परवर्ती पीढ़ी के लिए निहायत शिक्षाप्रद यात्रा प्रतीत होती है। स्वयं जैनेन्द्र की 'आस्था' ठीक उसी अर्थ में हमें जोखिम से निखरी हुई आस्था लगती है या नहीं, यह जैनेन्द्र जी से ज्यादा हमारे अपने अनुभव-संवेदन की क्षमता का प्रश्न है। अब यूँ तो अज्ञेय को भी यह श्रेय दिया जा सकता है या नहीं, इस बारे में अपने यहाँ मत-वैभिन्य की गुंजाइश ही गुंजाइश है। हर पीढ़ी को अपना संकट पहले की पीढ़ी के संकट की तुलना में ज्यादा जटिल और गहरा जान पड़ता है और यह वास्तविकता हो, चाहे भ्रान्ति हो, इससे पूर्ववर्ती रचनाकार अप्रासंगिक नहीं हो जाते। मगर हिन्दी के मौजूदा माहौल को देखते हुए यही लगता है कि प्रासंगिकता का जो प्रश्न अज्ञेय के लिए सबसे तीखा और प्रत्यासन्न था, वह मानो आज के लेखक के लिए लगभग अनुपस्थित है और वही हाल जैनेन्द्र जी के कृतित्व के साथ हमारे सम्बन्ध का भी है। लगता है साहित्य इस वक्त सचमुच महज परछाई लौटा लेने वाला दर्पण बनकर ही सन्तुष्ट है—आगे-आगे चलने वाली मशाल वह नहीं रह गया है। मशालची की मुद्रा भर मौजूद है; मशाल तो लहनासिंह की मेम की कथा की तरह केवल कथा है।

किन्तु क्या सचमुच वस्तुस्थिति यही है? प्रचार-साधनों के इस मूल्यमूढ़ युग में, बौद्धिक-नैतिक ग्लानियों के इस युग में क्या साहित्य जैसी चीज के बारे में आँख सामने के सतही लक्षणों को पकड़कर गहरे निदान किये जा सकते हैं? निश्चय ही नहीं। आखिर क्या कारण है कि महज बीस बरस पहले की धूम-धड़ाके वाली कविताई आज हास्यास्पद रूप से निर्जीव जान पड़ती है और पचास-साठ बरस पहले लिखे गये—निहायत आकस्मिक और अनौपचारिक ढंग से तत्कालीन समस्याओं से निबटने के ये नैबन्धिक उपक्रम बासी पड़ने की बजाय, अर्थात् स्वाभाविक ढंग से समयातीत हो जाने की बजाय, नयी-नयी पहचान और खोज सरीखा उन्मेष हमारे भीतर जगाते प्रतीत हो रहे हैं? ठीक है कि शायद अब मुझे जैनेन्द्र जी के पूरन भगत का जोड़ीदार अपने कस्बे के बाजार में उतनी आसानी से नहीं दीख पड़ता जितनी आसानी से वह मुझे वहाँ मेरे लड़कपन के दिनों में यत्र-तत्र-सर्वत्र दिखाई दे जाता था। ठीक है कि कालगति अपने साथ पूरन भगत को बहा ले गयी है। किन्तु क्या वह जैनेन्द्र के 'बाजार-दर्शन' को भी बहा ले गई है? यदि ऐसा है तो इस निबन्ध की बात अभी भी मेरे आस-पास और भीतर क्यों बोलती है? इस प्रश्न का उत्तर इसी निबन्ध में निहित है। निबन्धकार कहता है..."बाजार को सार्थकता भी वही मनुष्य देता है जो जानता है कि वह क्या चाहता है। और जो नहीं जानते कि वे क्या चाहते हैं— वे बाजार का बाजारूपन बढ़ाते हैं। एक की हानि में दूसरे को अपना लाभ दीखता है और यह बाजार का, बल्कि इतिहास का सत्य माना जाता है। ऐसे बाजार मानवता के लिए विडम्बना हैं। और जो ऐसे बाजार का पोषण करता

है, जो उसका शास्त्र बना हुआ है, वह अर्थशास्त्र सरासर औंधा है। वह मायावी (कैपिटलिस्टिक) शास्त्र है। वह अर्थशास्त्र अनीतिशास्त्र है।"

औरों की नहीं कहता, मुझे तो यही लगता है कि कालगति ने इस 'बाजार-दर्शन' को बहा ले जाने की बजाय मेरे लिए और भी प्रत्यक्ष कर दिया है। उसे और भी तीखी तात्कालिकता में मेरे सामने सजीव कर दिया है। ठीक उसी तरह, जिस तरह सम्भवतः आधी सदी पहले जैनेन्द्र जी द्वारा गाँधी जी के जीवन काल में ही आँकी गयी गाँधी जी की यह छवि, जो यहाँ संकलित निबन्ध (गाँधी जी का अखण्ड योग) में देखी जा सकती है।

"गाँधी जी के जमानें में रहकर हमारे लिए सम्भव नहीं है कि हम उनके प्रति कृतज्ञता की भाषा से बच सकें।...लेकिन अगर हम कृतज्ञता के भाव से ऊपर जा सकें और गाँधी जी की महिमा में न रहकर उनकी सत्यता में उतर सकें तो हमें स्तब्ध रह जाना होगा। तब शायद भय से हमारा मन रुक जाएगा। 'नेता' मानकर उनके प्रति जय जयकार का गुंजार तब हमसे कदाचित् न फूटेगा। बल्कि हमारा हृदय एक गम्भीर अनुकम्पा और अज्ञात भीषिका से भर आयेगा। हमारी आँखें तब भीग आएँगी और लगेगा कि हमारे नीचे की धरती शून्य हो गयी है और एक अतल में हम खोये जा रहे हैं।..."

कालजयी साहित्य की पहचान

आजकल साहित्य की दुनिया में किसी को भी इस विषय की चर्चा करते हुए नहीं देखा जाता। निश्चय ही इस विषय की चर्चा करने का मतलब यह नहीं होता कि कालजयी साहित्य के कोई तयशुदा पैमाने हैं जिनका समकालीनता से कुछ लेना-देना नहीं है। न यही कि साहित्य वर्तमान संकटों की अनदेखी कर सकता है। किन्तु जिस समाज में कालजयी साहित्य की चर्चा नहीं होती है या कि जो समाज साहित्य की कालजयी शक्ति के बारे में सोचना बन्द कर देता है या कि उसके प्रति उदासीन हो जाता है, उसकी समझ में, उसके संवेदन में, उसके पुरुषार्थ-बोध में भी कोई भारी खोट है, ऐसा मैं मानता हूँ। जो साहित्य अपने काल से बिंधा हुआ नहीं है, यह उससे उत्तीर्ण भी कैसे हो सकता है। किन्तु समकालीनता की चहारदिवारी खींचकर उसके भीतर अपने को कैद कर लेना भी क्या लेखक धर्म की विडम्बना नहीं है?

मुझे याद है जैनेन्द्र जी के जीवन के अन्तिम वर्षों में जब भी उनसे भेंट होती थी, तकियाक़लाम की तरह एक ही बात उनके मुख से निकलती थी कि, "रमेश, कहानियाँ में पढ़ता रहता हूँ, लेकिन आज की कहानी 'ट्रांसेंड' नहीं करती।" (अर्थात् परिस्थिति-चित्रण में ही लिथड़ी रहती है, उसका अतिक्रमण नहीं कर पाती) उनसे कई बार इस बात को लेकर बहस भी हुई कि 'ट्रांसेंड' करने से आख़िर आपका क्या तात्पर्य है? उन्हीं दिनों मुझे स्मरण है उनके घर पर प्रख्यात आंग्ल-भारतीय उपन्यासकार राजा राव आये थे। मैंने राजा राव के मुख से सुना था एक वाक्य, जो उन्होंने जैनेन्द्रजी के उपन्यास 'त्यागपत्र' के बारे में कहा। उन्होंने कहा कि 'योर रेज़िग्नेशन हैज़ दॉस्तॉएवस्कियन डैप्थस' (अर्थात् 'आपके 'त्यागपत्र' में मुझे दॉस्तॉएवस्की सरीखी गहराइयाँ दीखीं।') क्या सचमुच ही ऐसा नहीं है? कितना छोटा-सा कलेवर है उसका! लेकिन आप उसको पढ़ते हैं तो ऐसा लगता है कि जाने कितना नरक आप पार कर आये हैं, मानव-मन की कितनी बड़ी, कितनी गहरी खुदाई करके, कहाँ-कहाँ से, पाताल-लोक की परिक्रमा करके आप निकल आये हैं। तो कहीं न कहीं यह कालजयी गुणवत्ता की बात ही नहीं है क्या? कालजयी सिर्फ महाकाव्य ही होता हो, ऐसी बात नहीं है। उपन्यास भी कालजयी हो सकता है। उसे आधुनिक युग में 'एपिक' की जगह भी मिली है। साथ ही, आज के युग की

प्रवृत्ति संक्षेपण की भी है। अब मैं सोचने लगा कि वह क्या चीज़ है, जो कि किसी कृति को 'क्लासिक' या कालजयी बनाती है? वह बात, निश्चय ही वह नहीं है जो शमशेर ने अपनी कविता में लिखी है कि 'काल तुमसे होड़ है मेरी...।' काल से होड़ करके कभी कोई कालजयी रचना नहीं लिखी गयी। काल का अतिक्रमण करने की सामर्थ्य के बल पर ही कोई रचना 'कालजयी' कहलाती है।

मेरे सामने एक दूसरा दृष्टान्त है। पीटर ब्रूक का 'महाभारत'। आपने देखा होगा। उसका नाटक जो बनाया गया था, वह था तो 9 घंटे का, पर उसका संक्षिप्त रूप टेलीविजन में दिखाया गया था 3 घंटे में। मैंने मूल रूप में 9 घंटे का देखा है और मुझे पीटर ब्रूक के साथ इसके बारे में बात करने का सुअवसर मिला।

मैंने उनसे कहा "पीटर, आप तो शेक्सपियर के विशेषज्ञ हैं, आपकी ख्याति शेक्सपियर के 'माइनर' प्लेज़ को 'मेजर प्लेज़' की जैसी सीरियसनेस के साथ मंचित करने के लिए सबसे पहले हुई थी। और शेक्सपियर थियेटर के सबसे बड़े विशेषज्ञ डायरेक्टर आप माने जाते हैं, तो शेक्सपियर जैसे विश्वजनीन महत्त्व के नाटककार पर इतना जीवन व्यापी काम करने के बाद आपको यह 'महाभारत' को उठाने की प्रेरणा कैसे हुई?" उन्होंने कहा—"वैल, शेक्सपियर इज़ अ व्हैरी ग्रेट राइटर एण्ड ऑफ यूनीवर्सल इम्पौटेंस, बट व्यास स्पीक्स टु मी टुडे इन ए टोन व्हिच आई डोन्ट एक्सपेक्ट फ्रॉम शेक्सपियर।" यानी कि "...आज मनुष्यता जिस वात्याचक्र में फँसी है, ठीक उसी अर्थ में 'यूनीवर्सल', 'इम्पर्सनल' होने पर भी उतनी पर्सनल अर्जेन्सी के साथ कोई कृति मुझसे अगर बात करती है तो वो महाभारत है और मैंने इतने बरस अपने इसलिए इस पर लगाये हैं।" मैंने उनसे यह भी पूछा है कि आपके नाटक में जो द्रोणाचार्य है, वह दक्षिण अफ्रीका से लाया गया, भीष्म पितामह जापान से लाये। कर्ण मलेशिया का है। सारे संसार से, पृथ्वी के प्रत्येक देश से आपने एक-एक पात्र महाभारत का लिया। क्यों किया आपने ऐसा? क्या अर्थ था इस पृथ्वी प्रदक्षिणा का? उन्होंने कहा कि उसकी 'यूनीवर्सेलिटी' को विश्वव्यापकता को यथावत दर्शक के दिमाग में बैठा देने के वास्ते मैंने ऐसा किया। मैं उसको यथातथ्य, एक महासंकट के भोक्ता और साक्षी पात्रों के रूप में भी समूची पृथ्वी का प्रतिनिधित्व करा के यह सन्देश देना चाहता था, यह झलकाना चाहता था कि 20वीं सदी में, 20वीं सदी के मनुष्य के सामने, उसकी सारी त्रासदी, उसके सारे संकट के ही नहीं, बल्कि उससे निकल सकने, उबर सकने की भी सम्भावना को कोई कृति अगर झलकाती है तो वह 'महाभारत' है।

अब पीटर ब्रूक की ऐसी स्वीकारोक्ति के बाद इससे क्या फर्क पड़ता है कि शास्त्रीय चर्चा में अपनी शास्त्रीय परम्परा में महाभारत को काव्य माना जाता है या नहीं माना जाता? हमारी परम्परा में वह 'इतिहास' माना जाता है। अब जहाँ तक आदि काव्य कहे जाने वाले 'वाल्मीकि रामायण' की बात है तो आप मानें या न

मानें, स्वयं कालिदास, जिसे आप बड़ा कवि मानते हैं, वह भी वाल्मीकि को अपने गुरु के रूप में स्वीकार कर रहे हैं और कविता की अपनी जो 'इन्टर्नल ऐवीडेन्स' है, आन्तरिक साक्ष्य है, उसके आधार पर ही स्वीकार कर रहे हैं। जब लक्ष्मण सीता को छोड़ने गये राम के आदेश पर, सीता को तमसा पार करके वहाँ जंगल में छोड़ा और सीता अकेली उस बियावान में, एकाएक बड़े जोर से क्रन्दन कर उठी, तो क्या कहते हैं कालिदास वहाँ पर!...जरा याद करिए—

तामभ्यगच्छत् रुदितानुसारी, कविःकुशेध्माहरणाय यातः
निषादविद्धाण्डजदर्शनोत्थं श्लोकत्वमापद्यत यस्य शोकः

सीता की, मानवी की उस आर्तपुकार को किसने सुना? कालिदास कहते है—"मानवी के उस आर्तनाद को उस कवि ने सुना, जिसने एक दिन अपने जोड़े से बिछुड़े हुए क्रौंच पक्षी की व्यथा को सुना था, उसकी चीत्कार को सुना था। उसी ने सीता की चीत्कार को भी सुना।"

देखिए! एक श्लोक में कालिदास कितनी अलग और कितनी दूर की चीजों को मिला देते हैं? मानवीय जगत् में भी वही संकट, वही ट्रैजेडी, वही त्रासदी घटित हो रही है और पक्षी जगत् में यानी जो मानवेतर जगत् है उसमें भी। इस तरह जो चराचर की पीड़ा है, उससे संवेदित होने वाला कवि ही सीता की चीख को भी सुना सकता है। 'कवि' शब्द का उपयोग किया है बाल्मीकी के लिए वहाँ पर कालिदास ने। अब कहानी का उदाहरण लें। आपने सैकड़ों कहानियाँ पढ़ी हैं, जिनमें से आप केवल कुछ ही कहानियों को दुबारा पढ़ना चाहेंगे। ऐसी कहानियाँ जो आपको चैन नहीं लेने देतीं। जो आपको कई-कई दिनों तक हॉण्ट करती रहती हैं। जैसे 'डेथ ऑफ ईवान ईलिच।' टॉल्सटॉय की अमर कहानी। क्या है उस कहानी में ऐसा?

एक आदमी मर रहा है। उसने कभी नहीं सोचा था, वह मरेगा। टॉल्सटॉय कहते हैं, उस कहानी में एक जगह, कि "सब जानते हैं एक रटी-रटायी बात के स्तर पर, कि आदमी नश्वर है। तो किताबी स्तर पर वह पात्र भी, यानी ईवान इलिच भी जानता होगा कि वह मरेगा। लेकिन कोई व्यक्ति ऐसा सचमुच विश्वास नहीं करता कि वो स्वयं मरेगा। रोज दूसरों को देख-देखकर भी। अचानक एक दिन बैठे-ठाले एक दुर्घटना उसके साथ घटती है। अपने कमरे के अन्दर वह एक चित्र टाँग रहा था। अचानक फिसल के नीचे गिरा। उसकी किडनी टूट गयी। अब वो लगातार मृत्यु की ओर बढ़ रहा है। तो उसकी सारी मनःस्थितियाँ और अपने साथियों और अपने साथ काम करने वालों की घोर स्वार्थपरता उसके सामने उजागर होती है।" वे सब खुश हैं, मन ही मन, यह सोचकर कि चलो एक और आदमी कम हुआ सीनियरिटी की लाइन में, इसकी जगह अब मुझे मिल जायेगी। मनुष्य की सारी नीचता, क्षुद्रता सब टॉल्सटॉय दिखा रहे हैं, जो यथार्थवादी ब्यौरे हैं, वह सब दिखा रहे हैं। लेकिन जैसे-जैसे ईवान मृत्यु की ओर बढ़ता है, एक क्षण आता है जब अचानक उसके मन

का सारा त्रास गायब हो जाता है। अचानक उसके भीतर एक अद्भुत अनिर्वचनीय शान्ति भर जाती है। कब? जब सचमुच मृत्यु का क्षण समीप आता है। उस क्षण कहानी बिल्कुल सतह से ऊपर उठ जाती है, जबर्दस्त उछाल लेती है। यानी, परिस्थिति को ट्रांसेंड (अतिक्रान्त) कर जाती है।

तब मेरी समझ में आया और मैंने जैनेन्द्र जी से उस कहानी के बारे में पूछा। वे सहमत हुए कि 'हाँ, वह कहानी 'ट्रांसेंड' करती है। मेरा आशय वही था।'—वह मानुष्य-सत्य जो प्रकट होता है, आदमी के भीतर से ही। जो उसे अपनी परिस्थिति से कहीं ऊपर उठा देता है। ईवान इलिच एक अत्यन्त सामान्य प्राणी है। बाकी सबकी तरह। तो भी एक अत्यन्त सामान्य आदमी के भीतर भी जो असामान्य अनुभूति या सत्यबोध की पात्रता हो सकती है, उस तक उठा पाने की क्षमता जिस रचना में हो, वह कालजयी साहित्य है।

इसी तरह से, मैं सोचने लगा, 'पूस की रात' कहानी, मुझे क्यों इतना प्रभावित करती है? तो मैंने पाया कि उस कहानी में सुन्दर और वीभत्स जैसी विरोधी बातें आपस में गुँथ गयी हैं। पढ़िए जरा—''एकाएक एक झोंका, मेंहदी के फूलों की खुशबू लिये हुए आया। हल्कू ने कहा जबरा, तुम्हें भी सुगन्ध आ रही है? देखा! कितनी अच्छी सुगन्ध आ रही है। जबरा को कहीं से एक हड्डी पड़ी मिल गयी थी, वह उसे चिंचोड़ रहा था।''

अब देखिए! इसे कहते हैं 'रिकॉन्सिलियेशन ऑफ अपोजिट्स' यानी विरुद्धों का सामंजस्य। कितना भयानक त्रास और उजाड़ है, हल्कू के सामने! सारी खेती एक रात में नीलगाय चर जाने वाली है उसकी। उसके सामने भयंकर संकट है। सब खत्म हो गया है उसके लिए। भुखमरी की कगार पर है वो। लेकिन वो जो कुत्ता है, मानवेतर जीव, वह उसका सगा बनकर उस क्षण उसका साथ दे रहा है। उन दोनों के बीच में आत्मीयता की कैसी विद्युत तरंग दौड़ जाती है। आगे पढ़िए—''थोड़ी ही देर में अलाव जल उठा, उसकी लौ ऊँची उठती-उठती वृक्षों को भी छूने लगी और उस अन्धकार में वह अलाव की लौ ऐसी लग रही थी मानो अन्धकार के सागर में प्रकाश की नाव हो।'' अब देखिए! कौन कवि भी इस तरह से ऐसे क्षण में, ऐसे संकट के समय में, ऐसे त्रास, ऐसी वंचना के क्षण में यह बिम्ब उठायेगा। लेकिन कितना सच्चा लगता है वो! हमें लगता है कि हाँ! हिन्दुस्तानी आदमी इसी तरह जीता और मरता है, यही उसके जीने-मरने की लय है। वह अपनी वंचना को भी इसी तरह से झेलता और भुगतता है। ऐसे दुख के क्षणें में भी हल्कू को मस्ती आती है। वो कहता है ''आओ जबरा इस अलाव को कूद कर पार करें।—'' और पहले वह कुत्ता कूदता है, फिर वो कूदता है। अब देखिए यह क्या है? यह मैंने एक ठोस और सगुण उदाहरण दिया आपको। हमारी अपनी स्नायुओं पर जिस तरह से वास्तविक घटनाओं का असर होता है, उसी तरह से पढ़ी हुई मार्मिक चीज़ों का भी

असर होता है। उसमें हमें समझना चाहिए, जानना चाहिए कि क्या चीज़ है वो, जो समय के गुजरने के साथ, फैशन के बदलने के साथ-साथ नहीं बदलती। वो क्या चीज़ है, जो मानव और मानवेतर को पास लाती है, एक कर देती है। एक चराचरवादी दृष्टि जिसमें होती है। कोई पढ़ाई-लिखाई से या तर्क से या बहस से नहीं, बल्कि सचमुच, सचमुच की अनुभूति से वह सच्चाई सम्प्रेषित हो। तत्काल पढ़ने वाले के भीतर वह भिद जाए, रच जाए। सृष्टि में सब कुछ किस तरह आपस में जुड़ा हुआ है और यह मनुष्य की ही सामर्थ्य है कि वह घोर विषाद के क्षणों में भी ऐसी मुक्ति का स्पर्श पा सकता है। उसका पात्र और उसका रचयिता उस परिस्थिति से एकाएक एक क्षण में उबर जाता है, 'ट्रांसेंड' कर जाता है उसको।

अब, एक तीसरा उदाहरण मैं लूँगा। मैं दर्जा सात में पढ़ता था, या आठ में पढ़ता था तब मुल्कराज आनन्द की एक कहानी मैंने पढ़ी थी, 'दि लॉस्ट चाइल्ड'। बड़ी प्रसिद्ध कहानी है। आप सबने पढ़ी होगी। मैंने खुद यहाँ बी. ए. में वो कहानी पढ़ायी थी। आप बच्चे को भी उसका अनुवाद करके दें, तो बच्चे भी उसको 'इन्जॉय' करेंगे।

किन्तु पहले यहाँ मैं एक बात और कहना चाहता हूँ कि यह शायद इस पीढ़ी की बड़ी भारी वंचना है, कि वह रामायण-महाभारत पढ़के बड़ी नहीं हुई। आप बच्चे को मामूली मत समझिए! हर बच्चा रामायण और महाभारत सरीखे श्रेष्ठतम महाकाव्यों का रस ग्रहण करने की शक्ति रखता है। यह अनुभव की सच्ची बात है, कोई किताबी बात नहीं है। यह ठीक है कि बचपन में आप उसको तर्क-बुद्धि से विश्लेषण पूर्वक नहीं ग्रहण कर सकते। लेकिन तर्क का, बुद्धि का समझना ही सब कुछ समझना नहीं होता। आपकी कल्पनाशक्ति को जो दीक्षित कर सके, आपके आँख-कानों को जो दीक्षित कर सके, ऐसी दीक्षा के लिए बचपन से ज्यादा बढ़िया समय और क्या होगा? और जिसने बचपन में यह भाव-दीक्षा पाली है, यह पक्का समझ लीजिए कि उसने कालजयित्व का असली संस्कार पा लिया। मैं इसे अपना परम सौभाग्य मानता हूँ कि अत्यन्त छोटी, कच्ची उम्र में मुझे एक तरफ रामायण-महाभारत और दूसरी तरफ 'डॉन क्विकजोट' जैसा क्लासिक उपन्यास संक्षिप्त हिन्दी रूपान्तर में पढ़ने को मिला।

बहुत बाद में, जब मैंने पढ़ा मूल में 'डॉन क्विकजोट' को, तब जाना, समझा कि क्यों वह एक विश्वविख्यात क्लासिक कहलाता है। वह क्या चीज है उसमें, जो उसे विश्व के कथा-साहित्य का सिरमौर बनाती है? लेकिन इतना मैं निश्चित रूप से जानता हूँ कि जो उत्तेजना उस सातवीं में पढ़ने वाले लड़के को उस उपन्यास के एक बहुत ही मामूली-से, सस्ते-से अनुवाद 'किंज्योति' को पढ़कर के हुई थी, वो कालजीय साहित्य की बाद की समझ विकसित होने के लिए असली बुनियाद थी। जो आदमी के मन की ग्रहणशीलता होती है, वो अगर बचपन में बन जाये ऊँचे से ऊँचे साहित्य को, भावों को ग्रहण करने की, तभी आप आगे चलकर के वो काम,

जो आप कल्पना के स्तर पर, संवेदना के स्तर पर, ऐन्द्रिक बोध के स्तर पर बचपन में कर चुके हैं, वो आपको तब अपनी वयस्क बुद्धि से समझ में आता है। क्लासिक वह है, जो बच्चे की इस संवेदना-सामर्थ्य को—कल्पना-शक्ति को, यानी 'साँग ऑफ इनोसेन्स' को प्रौढ़ावस्था तक भी अपने भीतर सुरक्षित रख सकता है। सारी वयस्क बुद्धि को प्राप्त कर लेने के बाद भी इस निर्दोषिता को यानी हर चीज से चकित और अभिभूत होने की इस क्षमता को। कहीं न कहीं कालजयित्व के निर्माण में यह बात भी काम आती है। आती है कि नहीं? आप खुद अपने अनुभव को टटोलिए। वह क्या है जो समय के साथ मुरझाता नहीं है।

अब रही युग-बोध की बात। यह कौन नहीं जानता कि जो रचना कालबिद्ध नहीं होती, वह कालोत्तीर्ण भी नहीं हो सकती। जो अपने काल को अपनी समस्त स्नायुओं से, अपने प्राणों से, अपनी बुद्धि से जी नहीं रहा है, उसके लिए इसकी सम्भावना नहीं है कि वो सचमुच उस काल से उत्तीर्ण करने वाली, उसे उबार सकने वाली रचना दे सकेगा। कौन नहीं जानता इसको? बहुत सच्ची और सरल बात है यह। लेकिन आप देखिए, कि इसका कितना गलत अर्थ किया जाता है, जिसके कारण कुछ ऐसा हो जाता है कि समकालीनता की चहारदिवारी को या समकालीनता के सतही आग्रह को ही साहित्य का असली प्रयोजन या कि लक्ष्य मान लिया जाता है। आप भी नहीं मानेंगे कि आधुनिक साहित्य या आधुनिक बोध कालजयित्व के विरोध में खड़ा है। परम्परा जिसे कहते हैं वह एक तरह से देखें तो आधुनिक बोध की ही उपज लगती है। जब तक परम्परा जीवित होती है, प्राणवान होती है तब तक कौन उसके बारे में सोचता है? कोई नहीं सोचता है। हम किसी चीज का आविष्कार तब करते हैं जब हम संकट में होते हैं। और संकट में फँसे हुए आधुनिक मनुष्य ने अपने महाकाव्यों का, उसकी परम्परा का आविष्कार किया, फिर से खोजा उसे अपने लिए।

मैं आपसे कहना चाहता हूँ कि कालजयित्व आज के साहित्यकार के लिए भी उतनी ही बड़ी चुनौती और स्पृहा है। नया साहित्य भी कालजयी हो सकता है। परम्परागत ही नहीं, आधुनिक 'क्लासिक्स' भी हैं। जैसे, मसलन, टी.एस. इलियट का 'वेस्ट लैण्ड' है। ग्योएठे का 'फाउस्ट' है या जेम्स ज्वाइस का 'यूलिसीज' है, ये तीनों भी कालजयी क्लासिक हैं। क्यों है क्लासिक वो? क्योंकि वो इस आज के संसार के गहरे संकट में पूरी तरह से डूब कर के उससे उबर भी सकता है और हमें भी उबार सकता है, इसलिए वह क्लासिक है। वह ताकत निराला के 'तुलसीदास' में भी है। वही ताकत जयशंकर प्रसाद की 'कामायनी' में भी है। आज से पहले किसी ने भी ऐसा धर्मनिरपेक्ष मिथक लेकर के इतनी बड़ी बात इस यन्त्रयुगीन सभ्यता के बारे में, इस बुद्धिवादी युग के बारे में नहीं कही थी। ऐसा कथा काव्य नहीं गढ़ा था। आज महाकाव्य इसी तरह से लिखा जा सकता है। उसे पुराने ढंग से नहीं लिखा जा सकता। तो इसलिए यह बात नहीं भुलायी जानी चाहिए कि आधुनिक संवेदना

की कीमत पर, आधुनिक बोध की कीमत पर आप कालजयित्व की बात करेंगे तो वह खोखली, छूँछी बात होगी। आज जियें जा रहे जीवन, आज की परिस्थिति और परिवेश में से उत्तीर्ण होकर ही रचना अपने युग का अतिक्रमण करेगी, तभी वह कालजयी साहित्य बनेगी।

और अन्तिम बात, जो मैं कहना चाहता हूँ, वो यह कि आचार्य रामचन्द्र शुक्ल ने जो बहुवस्तुस्पर्शिनी प्रतिभा की बात कही थी, वह भी एक कालजयी गुण है। विरोधों का सामंजस्य, हँसने और रोने की पराकाष्ठाओं को एक साथ प्रकट कर सकना एक विचित्र अद्वैत में, जो कि हम मनुष्यों का जीवन है, तथा बहुत सारी वस्तुओं को, बहुत सारी स्थितियों को, बहुत सारी बातों को एक साथ छू सकने की जो क्षमता होती है, वो कालजयी साहित्य की क्षमता होती है—जैसे, 'उसने कहा था' कहानी में आप देखते हैं वहाँ आप कितनी चीजें एक साथ अनुभव करते हैं। एक ऐसे जमाने में, जब सवाक फिल्में भी नहीं थीं, अवाक चित्रपट का ही जमाना था, वह एक विद्वान जो भाषा शास्त्र का मर्मज्ञ है, कायदे से उस तरह से कथाकार के रूप में उसकी कोई महत्त्वाकांक्षा और तैयारी भी नहीं की तो कैसे यह चमत्कार सम्भव हुआ? कैसा अद्भुत क्षण रहा होगा जबकि 'उसने कहा था' की रचना हुई? पहला 'वॉर लिटरेचर' है हमारा वह। महायुद्ध की पृष्ठभूमि है उसकी। इतना समकालीन है और फिर भी है वह प्रेम की कहानी आत्मोत्सर्ग के लिए प्रेरणा देने वाली प्रेम कथा है वह। तो जरा सोचिए आप कि प्रेम और युद्ध इनसे ज्यादा परम्पर विरुद्ध चीजें और क्या हो सकती हैं? इतनी अपोजिट चीजों को, इतनी परस्पर विरुद्ध चीजों को जो एक साथ पकड़ सकता है, विरुद्धों की एकता का अनुभव करा सकता है, वह कालजयी साहित्य है और वह भी जो बहुत सारी चीजों को, मानव जीवन के समस्त पहलुओं को एक साथ स्पर्श कर सकता है जैसे 'रामचरितमानस' करता है। इसी खूबी के कारण वह कालजयी काव्य है।

मुल्कराज आनन्द की कहानी 'दि लॉस्ट चाइल्ड' ही है जैसे। उसमें आप देखिए—एक बच्चा, जो हर चीज की तरफ लपक रहा है। अपने माँ-बाप की उँगली पकड़े हुए, खेतों की मेड़ पर से होते हुए वह मेले की ओर जा रहा है। मेले में बर्फी वाला है। 'बर्फी लूँगा मैं, बर्फी लूँगा मैं,' बच्चा जिद कर रहा है। फिर आगे जाकर वो खिलौने वाले को देखकर, खिलौने लेने के लिए मचल गया। 'कम ऑन चाइल्ड, कम ऑन चाइल्ड' करके बच्चे का बाप बच्चे को खींचते हुए, आगे घसीटते हुए ले जा रहा है। वास्तव में एक भी माँग पूरी नहीं होती है बच्चे की। अन्त में होता क्या है कि भारी भीड़ में फँसकर अचानक मेले में पिता की उँगली छूट जाती है बच्चे से और अब वही बच्चा अपने माँ-बाप के लिए बिलख रहा है। अकेला पड़ गया है यह इतने बड़े मानव-पारावार में, समूह में, भीड़ में। अचानक एक अच्छा आदमी आता है। वह बच्चे को भीड़ से कुचले जाने से बचा लेता है। उसे अपने कन्धे पर

बिठा लेता है। उस बिलखते बच्चे को बहलाने, चुप कराने के वास्ते यह उसे पहले बर्फी वाले के पास ले जाता है। बर्फी देता है। बच्चा कहता है "नो-नो-नो। आई वॉन्ट माई फादर, आई वान्ट माई मदर।" चरखी वाले के पास ले जाता है, पतंग वाले के पास ले जाता है। जहाँ-जहाँ, बच्चा जिन-जिन चीजों की माँग उसने की थी, उन सबके पास ले जाता है। लेकिन बच्चा कहता है, "नहीं, मुझे मेरी माँ चाहिए। नहीं, मुझे मेरा पिता चाहिए।"

अब आप इस कहानी को देखिए। इतनी ही है यह कहानी। लेकिन वह कहानी से ज्यादा बड़ा बहुत बड़ा अर्थ तुरन्त हमारे मन में सम्प्रेषित करती है। इस संसार में, इस विश्व में मानव जीव की अवस्थिति वास्तव में एक 'लॉस्ट चाइल्ड' जैसी ही स्थिति है, एक खोये हुए बच्चे की ही स्थिति है। यही हम सबकी स्थिति है। हमको अपना असली स्वरूप चाहिए। हमको सबको–प्रत्येक मानव प्राणी को अपना असली पिता, अपनी असली माँ चाहिए। तो जरा सोचिए यह 'दि लॉस्ट चाइल्ड' कितने बड़े अर्थ को ध्वनित करता है, व्यंजित करता है, एक छोटी-सी कहानी के माध्यम से। कालजयी साहित्य की पहचान यह होती है कि वह खुद अपने से बड़े अर्थ को ध्वनित करती है।

ये कुछ थोड़े-से उदाहरण मैंने गिनाये। और भी गिना सकता हूँ अपने जीवनानुभव में से, अध्ययनानुभव में से। और खुद सोचिए, उनमें ऐसी कौन-सी रचनाएँ हैं जो उपर्युक्त उदाहरणों की तरह आपके भीतर आज भी घुमड़ती है यानी जिसमें आपके अन्तर को, अन्तःकरण को इतना भीतर तक झनझना देने की ताकत है। जो सिर्फ एक बड़े दिल दिमाग वाला महाप्राण साहित्यकार ही दे सकता है–कुछ ऐसा मर्मभेदी हमारे जीवन को अर्थ और मूल्य प्रदान कर जाने वाला ऐसा आलोक जिसके लिए जिसकी प्यास हमारे भीतर सदा रहती है और जिसे केवल ऐसी रचना ही तृप्त कर सकती है और इसी कारण हम उसे कालजयी कहते, मानते हैं।

भारत-बिम्ब : कुछ विदेशियों के मन-मुकुर में

विदेशियों के मन में भारत का क्या बिम्ब रहा है, यह जिज्ञासा हमारे मन में आज क्यों उठती है? शायद इसलिए कि आज के विश्व पर सर्वाधिक हावी पाश्चात्य सभ्यता का विश्वविजयी अभियान प्रारम्भ से ही अन्य सभ्यताओं को परिभाषित करने तथा परिभाषित करके उन पर अपना नियन्त्रण स्थापित करने की आकांक्षा से परिचालित रहा है। दूसरे के दूसरेपन को पहचानने और परिभाषित करके अपने से साफ-साफ अलगाने की यह वृत्ति आत्म-विस्तार में सहायक होती है। परन्तु भारतीय सभ्यता में यह वृत्ति अपेक्षाकृत क्षीण, नहींवत् रही। दूसरे हमें कैसे देखते हैं, यह जिज्ञासा भी हममें अभी हाल-हाल में ही जागी है। सदियों की पराधीनता के कारण हुए सांस्कृतिक आत्मविश्वास के क्षरण के कारण तथा आधुनिकीकरण-वैश्वीकरण की प्रक्रियाओं के घनीभूत दबावों के चलते भी हमारा खुद का आत्मबिम्ब लगातार धुँधला पड़ता गया है। दूसरों के आईने में हम कैसे दिखते रहे हैं, यह जिज्ञासा और किसी हद तक दूसरों को उनके दूसरेपन में सचमुच देखने और परिभाषित करने की भी जरूरत जिस तरह आज हमें महसूस होने लगी है, वैसी पहले कभी नहीं हुई थी। इसे कालगति का सहज प्रभाव माना जा सकता है। पर, यह आवश्यक स्व-चेतना स्वयं अपने इतिहास के साथ भी हमारे बदले हुए सम्बन्ध को सूचित करती है। हम जो हैं और जो बनना चाहते हैं, दोनों ही बातों की चरितार्थता इस पर निर्भर करती है कि हम अपने को क्या मानते रहे हैं, क्या मानते हैं और क्या बनना चाहते हैं। इसमें यथार्थ और आदर्श दोनों शामिल होते हैं।

अब हम चाहे आर. सी. मजूमदार के 'क्लासिकल अकाउंट्स ऑफ इंडिया' में आये प्राचीन यूनानी यात्रियों के वृत्तान्त देखें, चाहे चीनी और अरब यात्रियों के वृत्तान्त (ऑन श्वान सनी च्वांग तथा साचाउ द्वारा सम्पादित 'अल्बेरुनीज इंडिया' में) पढ़ें, हम भारतीय संस्कृति के ऐसे अस्तित्व का अनुभव करते हैं, जो तत्कालीन विश्व से न केवल काफी भिन्न है, बल्कि हजारों साल से अपनी पहचान और जीवन्त प्रवाहमान परम्परा को भी अक्षुण्ण रखे हुए है। जब हम अपने ही महापुरुषों—शंकर, चैतन्य, गुरुगोविन्द सिंह, विवेकानन्द, दयानन्द, अरविन्द, गाँधी आदि के जीवन-कर्म को देखते हैं, तो भी हम एक समान बात सब में लक्षित करते हैं कि इन सभी ने

भारत की परिक्रमा की और अपना कार्यक्षेत्र भी समूचे भारत को बनाया। इन विदेशी विवरणों से दो तथ्य साफ उभर कर सामने आते हैं। एक तो यह कि विज्ञान, शिल्प, साहित्य आदि सभ्यता के ऐसे तत्त्व हैं, जो काफी हद तक संस्कृतिनिरपेक्ष, धर्मनिरपेक्ष होते हैं और इसलिए अनायास सर्वत्र फैलते हैं। जैसे भारतीय मूल का बीजगणित और यूनानी मूल का रेखागणित अरब सभ्यता में फले-फूले और आधुनिक सभ्यता के अंग बन गये। ऐसे ही वाणिज्य, नाविकी आदि में भारत के वर्चस्व की कथा बहुत पुरानी है, जो कालान्तर में उलट गयी। ईसा की पहली सदी में ही हम रोमन इतिहासकार प्लाइनी को रोमन साम्राज्य और भारतीय साम्राज्य के आर्थिक सम्बन्धों के इकतरफापन की शिकायत करते पाते हैं। रोना यह, कि "रोम का सारा सोना खिंचकर भारत चला जा रहा है।" स्पष्ट है, उस समय कला विलास की सारी सामग्री भारत से निर्यात होकर पश्चिम को जाती थी, इसलिए पश्चिम का सोना यहाँ आता था। अब आज यह परिस्थिति ठीक उलट गयी है कि नहीं?

किन्तु इस सभ्यतागत तथ्य के साथ एक सांस्कृतिक तथ्य भी इन विवरणों में से उभर कर आता है और वह यह है कि भारतीय संस्कृति से परिभाषित भारतीय समाज का प्राचीनकाल में जो ऐतिहासिक विस्तार था, वह आज के भारत राष्ट्र से कहीं ज्यादा बड़ा था, कालान्तर में यह विस्तार राष्ट्रीय सीमाओं में सिकुड़ता गया, तो भी, यानी आज भी भारतीय समाज की सीमाओं का आधार राजनीति नहीं, परम्परागत संस्कृति ही है। अधिकतर यात्रा-विवरण इस संस्कृति के जो लक्षण गिनाते हैं, वे वही हैं—आध्यात्मिकता, सहिष्णुता और संस्कृति भाषा का ऐक्य प्रतिष्ठापक व्यापक प्रभाव। इससे यही छाप मन पर पड़ती है कि भारतीय संस्कृति में विविध धर्मविश्वासों और सभ्यता की प्रगति के विविध सोपानों के फलस्वरूप ऐतिहासिक परिवर्तन तो लगातार होते रहे हैं, पर इन परिवर्तनों के बावजूद उसकी मूल महाद्वीपीय एकता और अविच्छिन्नता कायम रही आयी है।

रेमंड श्वाब/विलियम जोंस

फ्रेंच विद्वान रेमंड श्वाब की प्रसिद्ध पुस्तक 'ओरिएंटल रेनेसॉं' जिससे एडवर्ड सईद खासे प्रभावित जान पड़ते हैं, यह बखूबी दर्शाती है कि यूरोपीय पुनर्जागरण के फलस्वरूप यूरोप का जो नया आत्मबिम्ब विकसित हुआ था, उसे इस पूर्व दिशा से आयी सर्वथा नयी खोजों ने, विशेषकर भारतीय ज्ञान की अभी तक लगभग अज्ञात रही आयी और अब अकस्मात् बड़े पैमाने पर उद्घाटित होती जा रही उपलब्धियों ने विचलित और विस्थापित-सा कर दिया। लिखता है, "इस विस्थापन का बीड़ा तीन राजधानियों ने उठाया : कलकत्ता उस ज्ञान सामग्री का स्रोत और दाता बना, लन्दन वितरक तथा पेरिस उसको छानने और सामान्यीकृत करके पूरे यूरोप में

फैलाने का निमित्त बना।'' यह सामग्री सूरत में डुपेराँ नामक फ्रेंच विद्वान के हाथ लगी। जेंद अवेस्ता की तथा दाराशिकोह द्वारा पारसी में अनूदित 'औपनिस्वत' दोनों विलियम जोंस की 'शकुन्तला' तथा 'कामदेव', नारायण, सूर्य, इन्द्र, गंगा आदि पर लिखी स्तोत्रात्मक कविताएँ, अंग्रेजी रोमांटिक काव्य आन्दोलन के स्रोत पर ही खड़े महान् शिल्पी-कवि विलियम ब्लेक के बालसखा चार्ल्स विलकिंस द्वारा किया गया गीता का सर्वत्र प्रशंसित और प्रभावशाली पद्यानुवाद, श्लीगल बन्धुओं तथा कोलबुक द्वारा उद्घाटित दर्शन, विज्ञान, गणित आदि ज्ञान-विज्ञान के क्षेत्रों में भारतीय प्रतिभा की चमत्कारिक उपलब्धियाँ आदि अखिल यूरोपीय रोमैंटिक काव्यान्दोलन को गहरे प्रभावित करने वाली घटना बनीं।

यह भारत-बिम्ब आकर्षण और विकर्षण, सराहना और निन्दा, उदार स्वीकृति और अधीर वितृष्णा दोनों प्रकार की प्रतिक्रियाएँ झलकाता है। इसमें सभ्यतागत और दार्शनिक-धार्मिक पूर्वग्रहों से उत्पन्न दृष्टि-संकोच भी स्पष्ट परिलक्षित होता है, जिसे हमें यथातथ्य जान लेना चाहिए। क्योंकि आज का हिन्दुस्तानी चरित्र सदियों की मानसिक पराधीनता और औपनिवेशिक जड़हीन शिक्षा के कारण हीनता ग्रन्थि का शिकार हो गया है। जाने-अनजाने हमारे जो पारम्परिक गुण रहे—खुलापन और विरुद्धों के सामंजस्य की प्रवृत्ति...वे अब उल्टे एक तरफ परप्रत्ययनेय, परोपजीवी, पुण्यात्मापन तथा दूसरी तरफ आत्मतुष्ट उदासीनता और अनालोचित मुग्ध भाव के चलते आत्मघाती अवगुणों में बदलते जा रहे हैं। इसलिए जरूरी है कि हम उक्त दोनों प्रकार के भारत बिम्बों को यथावत् समझें और तब खुद हमारा जो अपना आत्मबिम्ब है, उसे सही करने और उसके पुख्ता आधार पर उस 'अन्य' को भी उसकी अन्यता में यथावत् स्पष्ट समझने और परिभाषित करने का उद्यम करें।

ज्यादा पीछे न जाते हुए, अठारहवीं सदी के अन्तिम वर्षों के दौरान 'शकुन्तला' के प्रथम अनुवादक विलियम जोंस का यह प्रसिद्ध कथन सुनें : "मुझे साफ लगता है कि हमारा यूरोपियन काव्य उन्हीं-उन्हीं बिम्बों, उन्हीं-उन्हीं घिसे-पिटे मिथकों को दुहराता चला आ रहा है। भारत हमारे लिए वह वैकल्पिक ऊर्जा-स्रोत बन सकता है, जिससे प्रेरणा लेकर हमारा यूरोपीय काव्य अपने को पुनर्नवा और समृद्ध कर सकता है।" विलियम जोंस न केवल तुलनात्मक भाषा विज्ञान और मिथक-विद्या के अग्रणी और प्रवर्तक विद्वान थे, बल्कि जहाँ तक मेरी जानकारी है, प्रथम उल्लेखनीय आंग्ल-भारतीय कवि भी। अनेक हिन्दू देवी-देवताओं पर स्तोत्र रचने के अलावा उन्होंने महाभारत के एक सर्ग पर आधारित 'दि एन्चान्टेड फ्रूट' नामक लम्बी कविता भी लिखी, जो काफी लोकप्रिय हुई और जिसने आख्यानपरक पद्य-कथाओं की परम्परा का सूत्रपात किया अंग्रेजी रोमैंटिक काव्य में।

मैक्समूलर

इसके ठीक सौ बरस बाद आते हैं मैक्समूलर, जो विलियम जोंस जैसा ही मन्तव्य प्रकट करते हुए घोषित करते हैं : "यदि मुझसे कोई पूछे, वह कौन-सा वाङ्मय है, जिससे हम यूरोपीय लोग, जो अभी तक पूरी तरह यूनानी, रोमन और यहूदी विचारों की ही खुराक पर पलते रहे हैं, इस एकांगिता का इलाज और उसकी क्षतिपूर्ति कर सकते हैं, मैं भारत की ओर इशारा करूँगा, कि यहाँ है तुम्हारे लिए वह पूरक विचार-सम्पदा।" दृष्टव्य है कि मैक्समूलर भारत से जो लाभ दर्शन और धर्मतत्त्व के क्षेत्र में प्राप्त करना चाहता है, जोंस वैसा ही पुष्टिवर्धक रसायन काव्य के क्षेत्र में भारत में हासिल करना चाहते हैं।

अंग्रेज जब शुरू-शुरू में यहाँ आये थे, जो खासी रुचि और ऊर्जा उन्होंने यहाँ के साहित्य और सांस्कृतिक अतीत को खोजने में प्रदर्शित की थी। किन्तु उन्नीसवीं सदी के उत्तरार्द्ध में हम उनके दृष्टिकोण में बढ़ती हुई संकीर्णता और द्रोह का भाव देख सकते हैं। जॉन हॉलोवे नामक साहित्यालोचक विद्वान् ने बखूबी दर्शाया है अपनी पुस्तक में, कि कैसे भारत के प्रति ब्रिटिश शासकों की बढ़ती हुई असहिष्णुता मिशनरियों के दम्भप्रेरित धर्म-प्रचार में निहित निन्दा अभियान से भी जुड़ी हुई थी, इस गठबन्धन की मिसाल प्रस्तुत करते हुए उन्होंने उस समय के सबसे ख्यात और राष्ट्रकवि सरीखी हैसियत वाले कवि टेनीसन की एक प्रसिद्ध कविता की यह पंक्ति उद्धृत की है : 'बट आई काउंट द ग्रे बार्बेरियन लोअर दैन द क्रिश्चियन चाइल्ड' (ईसाई घर में पैदा हुआ एक बच्चा भी मेरी दृष्टि में उन काले असभ्य जंगली जातियों के किसी भी आदमी से बेहतर है)। मजहबी और नस्ली पूर्वग्रह से उत्पन्न मिथ्या दम्भ किस तरह अच्छे खासे शिक्षितों-प्रतिभाशालियों के भी विवेक को कुन्द कर सकता है, इसका यह ज्वलन्त प्रमाण है। (वैसा ही, जैसा कि स्वतन्त्रता संग्राम के दिनों में किसी जाने-माने मुस्लिम लीडर का महात्मा गाँधी के बारे में दिया गया वह कुख्यात वक्तव्य, कि "मेरे लिए कैसा भी दुश्चरित्र मुसलमान हजार गाँधियों की तुलना में बेहतर है।") इसी तरह एक प्रख्यात रोमौंटिक कवि रॉबर्ट सदे (जो महान् कवि कालरिज और वर्डस्वर्थ का मित्र था) की कविता है–'दि कर्स ऑव केहामा'। उसके प्राक्कथन में सदे कहता है : "हिन्दू धर्म में, जो दुनिया में जितने भी झूठे धर्म प्रचलित हैं, उन सबसे ज्यादा गर्हित कथाओं से पटा पड़ा है, उसके मिथकीय चरित्रों से ज्यादा अकाव्यात्मक और फूहड़ कुछ नहीं हो सकता।

एलियट-येट्स

तो यह भी ब्रिटिश मानस में पड़े भारत-बिम्ब का एक नमूना है, जो उसी समय के उस दूसरे भारतबिम्ब विलियम जोंस के मन-मुकुर में पड़े भारत-बिम्ब की बगल में

रखकर बनी यूरोपीय (और उससे प्रभावित भारतीय बुद्धिजीवियों की भी) मानसिकता को निर्धारित करता है। ठेठ बीसवीं सदी तक भी यही दोहरा विन्यास हम देख सकते हैं। कहाँ एक तरफ टी. एस. एलिएट और येट्स सरीखी बड़ी कवि प्रतिभाएँ, जिनके काव्य में भारतीय प्रभावों की खासी महत्त्वपूर्ण भूमिका उजागर है और कहाँ उन्हीं के घनिष्ठ सहयोगी और प्रतिभाशाली कवि एजरा पौंड, जो एक जगह भारतीय कला और जीवन व्यवस्था के प्रति अपनी हिकारत एक मित्र को लिखे पत्र में इन शब्दों में प्रकट करते हैं : ''भारतीय कला से मुझे हमेशा नफरत रही है...अतीव जंगली गडमडपन उसमें नजर आता रहा है। देवी-देवता भी उनके निहायत विकराल और लोलुप सूदखोर सरीखे लगते हैं। हो सकता है, गाँधी कुछ अलग हों, मगर उन्हें देखा किसने है! तुमने वहाँ की जो तस्वीर खींची है, उसमें मुझे तो अलग-थलग पड़े गाँवों और अफ्रीका के जंगली जानवरों के झुंड सरीखा जनजीवन ही दिखाई देता है। लगता नहीं, इस देश की कोई सभ्य कहलाने लायक संरचना या व्यवस्था है। कम से कम हम यूरोपीय लोग 'राज्य' का जो अर्थ समझते और व्यवहार में चरितार्थ करते हैं, उसके तो कहीं भी नजदीक नहीं फटकता तुम्हारा भारत।''

विलियम जोंस ने 'पूरबी ज्ञान संवेदना को सीधे उसके निर्मल स्रोत से ही खीचने' की अनिवार्यता महसूस की थी। कोई डेढ़ दशक बाद कवि एलियट और येट्स को भी वैसी ही प्रेरणा हुई। एलियट ने तो उस वक्त के सबसे मशहूर माने-जाने वाले संस्कृतज्ञ प्रोफेसर लैनमन से हार्वर्ड में दो-तीन बरस तक बाकायदा संस्कृत और भारतीय दर्शन तथा काव्य की दीक्षा ग्रहण की थी। उसके विश्वविख्यात 'दि वेस्ट लैंड' नामक काव्य में जहाँ एक ओर वर्तमान में 'घटती-सिकुड़ती गंगा' दिखाई देती हैं, वहीं सन्त्रस्त और क्षतविक्षत युद्धोत्तर यूरोप को आश्वासन देती 'दत्त', 'दम्यत' और 'दयाध्वम्' की प्रजापति के मुख से अपनी देव-असुर और मानवीय प्रजा को उद्‌बोधन करती वाणी भी। यह अकारण नहीं, कि इस प्रसिद्ध काव्य का समापन भी 'ओम' के शान्ति पाठ से ही हुआ है। यही नहीं, एलियट की प्रौढ़ावस्था की काव्य सर्जना 'फोर क्वार्टेट्ज' में भी गीता के 'कर्मण्येवाधिकारस्ते' का मार्मिक आह्वान किया गया है।

और...येट्स? महान् मर्मी कवि विलियम ब्लेक के प्रथम सम्पादक जिन्होंने अपने एक अद्वितीय शिल्प को अपने बालसखा विल्किंस को यह लिख कर समर्पित किया था : 'सब्जेक्ट इज मि. विल्किंस ट्रान्स्लेटिङ् गीता। दिस आइडियल डिजाइन वॉज सजेस्टेड बाइ द फर्स्ट पब्लिकेशन ऑफ दैट पार्ट ऑव द हिन्दू स्क्रिप्चर ट्रांसलेटेड बाइ विल्किंस'।

पुरोहित स्वामी

येट्स 'कविता कविता के लिए' के कायल नहीं थे। वे विश्वास करते थे कि काव्य भी एक विशेष प्रकार के ज्ञान और शक्ति का अधिष्ठान है। यह वही विश्वास है, जो वेदों से लेकर श्री अरविन्द तक निरन्तर सक्रिय देखा जा सकता है भारतीय चिन्ता-धारा में। 'येट्स का अपना धर्म' जैसा कि उनके एक मर्मी विशेषज्ञ आलोचक का कहना है, 'आत्मवादी धर्म' था, जिसकी कुछ शाखाएँ पश्चिम के उन रहस्यवादियों में भी देखी जा सकती हैं, जिन्हें ईसाई धर्मतन्त्र ने निष्कासित कर दिया था। येट्स अपने जीवन के पूर्वार्द्ध, मध्याह्न और उत्तरार्द्ध तीनों सोपानों पर भारतीय भाव-बोध और प्रज्ञा के तीन श्रेष्ठ प्रतिनिधियों के घनिष्ठ सम्पर्क में आये, उनकी दीक्षा पुस्तकों के जरिये नहीं, जीवन्त भारतीय व्यक्तित्वों, विभूतियों के माध्यम से हुई। सर्वप्रथम मदाम ब्लैवेत्स्की के 'चेला नम्बर एक' मोहिनी चटर्जी से उन्होंने दीक्षा ग्रहण की। वह इतनी जबरदस्त छाप थी कि तीस बरस बाद 'मोहिनी चटर्जी' नामक प्रसिद्ध कविता लिखने के बाद ही वे उससे उबर पाये। दूसरी छाप रवीन्द्रनाथ टैगोर की थी, जिनकी गीतांजलि वे हमेशा जेब में लिए घूमते रहते थे और जिससे वे 'मेस्मैराइज्ड' रहे अरसे तक। इसी ने उन्हें अपनी मातृभूमि आयरलैंड की 'आत्मा' की आवाज बनने की प्रेरणा दी—स्वयं उन्हीं के शब्दों में। 'किन्तु इन दोनों से भी कहीं ज्यादा जबरदस्त और रचनात्मक प्रभाव उन्होंने आयु के अन्तिम दशक के दौरान पुरोहितस्वामी नामक मराठी योगी के सुदीर्घ सत्संग से ग्रहण किया।' इसके फलस्वरूप न केवल उन्हें उस दौर की कुछ उत्कृष्ट कविताओं को सिरजने की प्रेरणा मिली, बल्कि उपनिषदों के अनुवाद में पुरोहित के साथ बराबरी का साझा करने की भी।

येट्स भारत को लेकर कितना गहरा लगाव अनुभव करते थे, इसका एक मार्मिक प्रसंग यहाँ पर टांकना चाहता हूँ, उन्हें एक सभा में बुलाया गया था, जहाँ भारतीय मूल के कई लोग, लेखकगण भी मौजूद थे। येट्स ने उस शाम को अपनी आत्मकथा में इस तरह दर्ज किया है—

"मैंने हठात् अनुभव किया कि मुझे गुस्सा चढ़ रहा है। मैंने उन भारतीयों को सीधे ललकार कर सम्बोधित करते हुए कहा "यह कितने गहरे क्षोभ का विषय है—आप खुद सोच कर देखिए, कि जिस देश में मानवी चेतना के उच्चतम स्तर की वाणी का प्रथम विस्फोट हुआ, जो देश मानवी बुद्धिमत्ता का विस्फोट हुआ, जो देश मानवी बुद्धिमत्ता का प्रथम आविष्कारक था, आज उसी वाणी को, संस्कृत को, उसमें निबद्ध ज्ञान-सम्पदा को सीखने के लिए आपको पश्चिम का मोहताज बनना पड़ा। वही संस्कृत पाश्चात्य विद्वानों द्वारा अनूदित होकर एक निहायत अमूर्त अटपटी अबूझ पहली की शक्ल में पेश की जाती रही है।

और आपको इससे कोई फर्क नहीं पड़ता। यह कैसी विडम्बना है जिसे आप

महसूस तक नहीं करते? मैं आपको चेताना चाहता हूँ—अंग्रेजी में लिखकर आप सिर्फ इस विडम्बना को ही गहराएँगे। क्योंकि कान खोलकर सुन लें आप—दुनिया में कोई भी लेखक विदेशी भाषा में लिखकर कृतार्थ नहीं हो सकता। यह असम्भव है, हास्यास्पद और दयनीय है। केवल, केवलमात्र आपकी अपनी मातृभाषा ही आपको अपनी आत्मा का संगीत सुनवा सकती है, केवल मातृभाषा ही आपके लेखन में सच्ची शक्ति की विद्युत्तरंग दौड़ा सकती है...”

रोमैं रोलाँ

मैं अपने इस लेख का उपसंहार अपनी सन् 84 की डायरी के एक छोटे-से अंश को उद्धृत करते हुए करना चाहूँगा। तब मैंने ‘पूर्वोदय प्रकाशन’ द्वारा प्रकाशित प्रसिद्ध फ्रांसीसी लेखक-विचारक रोमैं रोलाँ की भारत विषयक डायरी के दो खंड सीधे फ्रेंच से हिन्दी में अनूदित पढ़े थे, यह उसी अध्ययनानुभव का तुरत-फुरत आलेखन है।

‘रोमैं रोलाँ का भारत’ मैंने यूँ ही फिलहाल उलटने-पुलटने की गरज से उठाया आज सुबह, किन्तु उसने मुझे इस कदर पकड़ कर बाँध लिया कि जब तक दोनों खंड पूरे नहीं पढ़ लिये, मैं पुस्तक को छोड़ नहीं सका...एक समूचा युग...एक समूचा महानाटक इस डायरी के पृष्ठों में अभिनीत होकर सदा के लिए पाठकों के मानस पट पर अपनी अमिट छाप छोड़ गया है। पहली टीप सन् 1915 की है, जिसमें हम आनन्द कुमार स्वामी को रोलाँ के घर में प्रवेश करते देखते हैं। दोनों मनीषियों के अन्तरंग वार्तालाप के साक्षी बनते हैं। तदुपरान्त इस नाटक में उत्तरोत्तर गहमागहमी बढ़ती जाती है। लगभग अट्ठाइस वर्षों तक फैले इस नाटक में एक से एक महानायकों की छवियाँ उभरती हैं...एक अपूर्व समारोह राष्ट्रीय और अन्तरराष्ट्रीय घटनाचक्र को समेटते हुए हमारी आँखों-कानों को चौकन्ना, उत्सुक बनाए रखता है, कितने संवाद, कितने स्वगत कथन से दीर्घ आत्मालाप, जिनमें हमारे जाने-पहचाने राष्ट्रीय नेताओं का अन्तरंग अभिव्यक्त होता है। ऐसी अभिव्यक्ति, जो अन्यथा हमें कहीं अन्यत्र सुलभ न हो पाती। बेहद सस्पेंस और उतार-चढ़ाव से भरे इस कथानक का समापन होता है सन् 1943 में, जब द्वितीय विश्वयुद्ध की विभीषिका के बीचोंबीच अकस्मात् यह बेहद जिन्दा और रंगारंग रंगमच एकाएक सूना हो जाता है और हम नेताजी सुभाषचन्द्र बोस को हिटलर से हाथ मिलाते देखते हैं। इसके ठीक पहले के दृश्य में हम दीनबन्धु ऐण्डूज के देहावसान की खबर सुनते हैं, जो इस महानाटक के दो प्रमुख चरित्रों—टैगोर और गाँधी के बीच सेतु बने थे रोमैं रोलाँ के लिए। “अलविदा ऐण्डूज” रोलाँ उद्गार व्यक्त करते हैं—“जिसने दक्षिण अफ्रीका के युवा गाँधी को हमेशा अपने साथ रखा।”

रोलाँ के इस जर्नल में गाँधी के प्रति टैगोर की आलोचना बहुत आवेगपूर्ण स्वर

में मुखरित हुई है। रोलाँ इस पर बहुत परेशान भी होते हैं। गाँधी का पक्ष समझाते रहते हैं। वे इन दोनों पर अनुरक्त हैं। उन्हें टैगोर की आलोचना अतिरिक्त और कुछ अबूझ भी लगती है। गाँधीजी की बातों में इस तरह की आवेशपूर्ण वाग्मिता कहीं नहीं लगती। किन्तु ऐंटी फासिस्ट सम्मेलन के प्रति गाँधीजी में अपेक्षित उत्साहपूर्ण प्रतिक्रिया न पाकर वे दुखी हैं। रोलाँ ने ही मीराबेन को गाँधीजी के प्रति आकृष्ट किया था, उन्हें दूसरा ईसा मसीह का अवतार बताते हुए। मीरा भी एकाधिक बार इस रंगमंच पर आती हैं। सुभाषचन्द्र बोस के प्रति भी रोलाँ पहले बहुत आकर्षित हुए थे। एकमात्र लाला लाजपत राय पर इस डायरी में थोड़ी प्रतिकूल टिप्पणी की गयी है, जो रोलाँ के यूरोपियन 'सेंस ऑव प्रोपोर्शन' को रास नहीं आते। सुभाषचन्द्र बोस पर वैसी टिप्पणी नहीं है। नेहरू के प्रति अधिक लगाव झलकता है, पर सुभाष बाबू के व्यक्तित्व से भी वे और उनकी बहन कम आकर्षित-प्रभावित नहीं लगते। किन्तु जब सुभाष ने देश की आजादी की लड़ाई लड़ते हुए ब्रिटिश साम्राज्य के शत्रुओं से अर्थात् जनरल तोजो और हिटलर सरीखे फासिस्टों की तरफ हाथ बढ़ाने का उपक्रम किया तो रोलाँ को बड़ा आघात पहुँचा। वे इस घटना पर टिप्पणी करते हुए कहते हैं–

"...मास्को, बर्लिन, टोक्यो...उफ! इन अस्थिर, चलायमान चित्त वाले बंगालियों में कभी भी सही राजनीति की समझ नहीं रही है। ये लोग हमेशा, निरपवाद रूप से, अपनी ईर्ष्यालुता, राग-द्वेष, अपने विषाद तथा अपने उघड़े हुए शरीर के जख्मों से ही परिचालित होते रहेंगे। कभी सम्यक् विवेक से काम नहीं लेंगे..."

मेरे मन में गहरी कृतज्ञता उमड़ रही है इस अनुवादक के प्रति, जिसके प्रेम-परिश्रम की बदौलत मुझे यह दुर्लभ डायरी रोमें रोलाँ की पढ़ने का सुयोग मिला।

बदलते परिप्रेक्ष्य में आलोचना की अपेक्षित भूमिका

इतिहास साक्षी है कि कई युगों के संवेदनशील और विचारवान् मनुष्यों को अपना ही समय सबसे अधिक समस्याग्रस्त लगता रहा है। ईसा की पहली सदी के एक बहुत बड़े कवि ल्यूकेशियस को प्रलय काल एकदम सन्निकट लगा था किन्तु इसमें कोई सन्देह नहीं कि पिछली एक-डेढ़ सदी में घटित वैज्ञानिक आविष्कारों तथा विश्व के राजनीतिक घटनाचक्र की भी रफ्तार मनुष्य जाति के ऐतिहासिक अनुभव में सर्वाधिक तीव्र और सर्वथा अपूर्वानुमेय रही है। वस्तुलक्षी ज्ञान का ऐसा विस्फोट, स्वयं उस तरह के ज्ञानात्मक एडवेंचर की शुरुआत जिन्होंने की, उन्हें भी चमत्कृत कर देता निश्चय ही। किन्तु उन्हीं के उद्यम की इस लगभग आखिरी (मान लें यदि) कड़ी के नतीजों से वे आश्वस्त होते या नहीं, यह अलग बात है। दुनिया की सबसे प्रभावशाली और स्वयं काल-प्रभाव से ध्वस्त होकर भी विचार और कला इत्यादि के क्षेत्रों में दुनिया पर सबसे टिकाऊ छाप छोड़ जाने वाली सभ्यताओं-संस्कृतियों को जाँचें तो साफ़ दिखाई देगा कि उनमें से प्रत्येक के अपने अलग, विशिष्ट प्रस्थान बिन्दु या प्रेरक बीज, और उन्हीं के अनुरूप, उन्हीं के फलागमस्वरूप उनका विकास रहा। इतिहास नाम की चीज के प्रति ही—मसलन—हम हिन्दुस्तानियों की और हमसे तुलनीय यूनानियों की संस्कृति का आकर्षण या रुख एक-सा नहीं था। न ही यूनानी दर्शन को स्वायत्त करके अपने थियोलॉजिकल और ऐतिहासिक एडवेंचर की शुरुआत करने वाली ईसाई संस्कृति ने जिस तरह 'इतिहास' तत्त्व की अपनी व्याख्या चलायी वही यूनान के– इतिहास-विषयक दृष्टिकोण से मेल खाती थी। हमारी काल-दृष्टि (और इतिहास को देखने-पचाने की दृष्टि की उस तरह) कितनी अलग है और ठेठ आधुनिक काल तक भी वह न केवल हमारे जनसाधारण के जीने-मरने के ढंग में, उनके सामान्य वार्तालाप में, बल्कि हमारे बीच के प्रबुद्धतम और पाश्चात्य संस्कृति के अधुनामन प्रगति से पूरी तरह परचे हुए अग्रगामी सर्जकों-विचारकों के सर्वथा आधुनिक चिन्तन और कर्मज्ञता में भी किस तरह जीवित और सक्रिय है, इसे देखना हो तो पिछली सदी की शुरुआत में ही प्रकट हुए गाँधी के 'हिन्द स्वराज' और श्री अरविन्द के 'दि ह्यूमन साइकिल', (मानव-चक्र) और 'मानव एकता का आदर्श' को पढ़ लेना काफी होगा। किन्तु आज के इस तुमुल कोलाहल कलह भरे

परिवेश में कार्यरत हमारी हिन्दी के सबसे तेज तर्रार और मुखर लेखकों-आलोचकों को हो सकता है ये उदाहरण घिसे-घिसाये और पिटे-पिटाये लगें। बदलते परिदृश्य में आलोचक (सांस्कृतिक आलोचक और साहित्य आलोचक) की अपेक्षित भूमिका का संकेत उभारने के सिलसिले में निहायत ही गैरमौजूँ प्रतिगामी और दूर की कौड़ी लगें। तब मैं उनसे इसरार करूँगा कि चलिए आपके लिए अगर अरविन्द की आलोचक प्रतिभा या 'हिन्द स्वराज' की सभ्यता-समीक्षा काम की नहीं ठहरती तो न सही, आप यह तो मानेंगे ना, कि पश्चिम के सारे विज्ञानात्मक विस्फोट की जड़ में पश्चिमी दर्शनशास्त्र का इतिहास रहा है और साथ ही आप यह भी मान ही लेंगे कि इस दर्शन नाम की चीज से हम हिन्दुस्तानियों का भी कोई कम तगड़ा या गहरा सरोकार नहीं रहा। और दुनिया में हमारी पहचान सिर्फ एक 'पराजित' या 'घायल' या 'घास' की, तरह 'अजर-अमर' सभ्यता के रूप में ही नहीं, एक दार्शनिकों के देश के रूप में भी रही है। उनके लिए भी, जो माने-ठाने बैंठे हैं कि "कायदे का फलसफा तो यूरोप की ही ईज़ाद है।" अगर आप भी वही नहीं मानते तो आज के बदलते परिदृश्य में आलोचना की अपेक्षित भूमिका की चिन्ता करते हुए आपको सबसे पहले (या बाद में ही सही) यह भी तो कहीं-न-कहीं देखना—जाँचना पड़ेगा कि इस बदलते परिदृश्य में—भूमंडलीकरण के इस दौर में—हमारी दार्शनिक बुद्धि की जो भूमिका अनिवार्यतः होनी चाहिए—(आखिर हिन्दी आलोचना की महत्त्वाकांक्षा 'आलोचक राष्ट्र' बनने-बनाने की रही है और बगैर 'हिन्द स्वराज' की तर्ज पर वैचारिक स्वराज का सुनिश्चय किये वह आकांक्षा कैसे फलेगी? और बिना विश्व स्तर पर अपनी दार्शनिक बुद्धि का आधुनिक और आधुनिकोत्तर प्रमाण दिये वैचारिक स्वराज का दावा भी किस बूते किया जा सकेगा?—तो हमें देखना पड़ेगा कि इस इक्कीसवीं सदी की दहलीज पर क्या हमारा दार्शनिक हिन्दुस्तानी दिमाग़ ऐसा कुछ उपजा रहा है जो हमारे साहित्यिक सर्जकों-आलोचकों और दूसरी तरह के बुद्धिजीवियों को भी प्रेरणा दे सके—उनकी अपनी भूमिका पहचानने-निभाने में मददगार हो सके?

अब हमारे जैसा हिन्दी का लेखक आखिर दर्शन की ज्ञान-संवेदनात्मक महत्ता का यत्किंचित अहसास होते हुए भी आखिर कितना साहित्येतर पढ़े (और क्यों पढ़े?) तो भी चूँकि साहित्य ऐसी चीज है जिसकी सीमाएँ ज्ञान के हर अनुशासन की सीमाओं से अनिवार्यतः घुलती-मिलती है, अतएव स्वधर्म के तकाजे से ही साहित्यिक दिमाग की जन्मजात कुतूहल वृत्ति के चलते ही—अपने को कुछ तो अपने यहाँ का ऐसा विलक्षण पढ़े-गुने का एहसास है ही जो हमारे खयाल से विश्वस्तर पर हमारी दार्शनिक और ज्ञानालोचनात्मक अग्रगामिता का प्रमाण पेश करता है और जिसमें हमारे साहित्यिक आलोचक भी प्रस्तुत सन्दर्भ में लाभान्वित हो सकते हैं। विचारों की इस खुली हाट में अपनी अपेक्षित भूमिका को भी इस कठिन क्रूर कालगति के बरक्स खड़े होकर ज्यादा साफ और असरदार तरीके से पहचान सकते हैं। साहित्य

का और इसलिए साहित्यिक आलोचना का भी सीधा सरोकार मनुष्य से है किन्तु हमें यह कदापि नहीं भूलना चाहिए कि यह सरोकार समूचे मनुष्य से यानी अन्न से विज्ञान तक के कोशों तक धड़कती मनुष्य की समग्र सत्ता से है न कि केवलमात्र उसके एक आयाम से। मनुष्य सामाजिक-राजनीतिक पशु भी है; मनुष्य चिन्तनशील भी है; मनुष्य अपने से बड़े प्रतीकों और मूल्यों का सृष्टा भी है; और मनुष्य एक 'वरशिपिंग एनिमल' (देव का आवाहन करने वाला जानवर) भी है। मानवीय परिस्थिति का, इतिहास का कैसा भी कोई भी बदलाव मनुष्य की इस अनेकायामी मनुष्यता को नहीं मिटा सकता। इतिहास ही इस तथ्य की भी गवाही दर्ज करता रहा है कि जब भी उसे एक आयाम में घटाने की और दूसरे आयामों को बलातपूर्वक झुठलाने-दबाने का चक्कर चला है, तब-तब यह अनपेक्षित आयाम अपूर्वानुमेय ढंग से प्रकट होकर अपना बदला चुकाता रहता है। 'हिन्द स्वराज' का एक वाक्य अक्सर याद आता है : "जिन लोगों की हम बात करते हैं, उन्हें हम जानते तक नहीं।" हमारे पाठक-समाज की जो अपेक्षाएँ साहित्यकारों से रही हैं और जिन अपेक्षाओं को हजारों बरस से हमारे साहित्यकार पूरी भी करते रहे हैं—बगैर अपनी 'सामाजिकता' का अतिरिक्त बोझ उठाये और अतिरिक्त विज्ञापन ठोंके? क्या हमने स्वयं हिन्दी साहित्य के ऐतिहासिक सन्दर्भ में ही इस 'पाठकीयता' को जाँचने परखने की कोशिश की है? कि गुप्त जी के जमाने में कवि और उसके पाठकों के बीच किस तरह का रिश्ता बना था? निराला-प्रसाद-पन्त-महादेवी ने भी अपना समाज, अपना पाठकवर्ग किस तरह विकसित किया था? फिर अज्ञेय ने इस समस्या (लेखक-पाठक के बीच सम्बन्ध-सेतु निर्माण, सम्प्रेषण की बदली हुई परिस्थिति में) का कैसा क्या निरूपण और हल किया और कैसे किया? कैसे और क्यों रचनाकार को स्वयं आलोचना कर्म (आपद्धर्म की तरह ही सही) भी अपनाना पड़ा? तदुपरान्त उसके बाद के लेखकों ने अपना पाठक-समाज बनाने की दिशा में क्या किया है—क्या उन्हें उतना और वैसा ही 'फीडबैक' अपने पाठकों से मिला है, जैसा पूर्ववर्तियों को मिला? उनकी ज्यादा सीधी और ज्यादा प्रखर—एकरस सामाजिक, राजनीतिक पक्षधरता वाली रचना और आलोचना ने अपने अग्रेजों द्वारा निर्मित पाठक समाज का कहाँ तक विस्तार किया है? विस्तार किया भी है सचमुच या नहीं? और नहीं किया तो इसका कारण क्या है? जिन्हें उद्दिष्ट करके, जिनके नाम पर आप लिख रहे हैं और छाप रहे हैं वह 'आम आदमी' आपके साहित्य से संवेदित वास्तव में होता भी है कि नहीं? उसके मनोरंजन और अन्तरात्मिक पोषण-प्राप्ति के साधन क्या हैं? जिस तरह के साहित्य तक उसकी पहुँच अभी तक हो पायी अथवा रही है, जिससे वह मानसिक पोषण पाता रहा है, क्या जिन सरोकारों से आपका सोच-विचार और लिखना-पढ़ना प्रेरित है, उनसे उसका वैसा जीवनदायी और स्फूर्तिदायी सम्बन्ध बन सका है? विजयदेवनारायण साही सरीखे घनघोर समाजवादी कवि-आलोचक साहित्य और साहित्यकार के दायित्व पर बात करते हुए कहते हैं—

"साहित्यकार न तो केवल स्थानीय (पारिवारिक) स्तर पर लिखकर जी सकता है और न ही मात्र समाज की दुहाई देकर मूल्यवान् बन सकता है। इसी प्रकार वह मानवमात्र का पक्ष लेकर भी सत्य की पूर्णता को व्यंजित नहीं कर सकता, जब तक कि उसके भीतर यह बोध न हो कि वह इन सब के साथ एक अचिन्त्य अखण्ड ब्रह्माण्ड का भी सदस्य है। चेतना के जिन चार स्तरों की बात साहित्यकार के लिए अनिवार्य है—वह सार्वभौमिक और नितान्त स्थानीय होते हुए एक साथ व्यक्त होती है। जो इन चेतना-स्तरों को टुकड़े-टुकड़े कर के देखता है, वह केंवल अर्द्धसत्य का ही साक्षी होता है। सत्य के समग्र रूप को हृदयंगम कर के लिखने और समझने के लिए यह आवश्यक है कि साहित्यकार के मानस में ये चारों स्तर समय-समय पर एक साथ झंकृत होते रहें।"

(साहित्य और साहित्यकार का दायित्व/पृष्ठ 21-22)

मैं ही क्यों, हिन्दी साहित्य का कोई भी जानकार पाठक-साहित्य के प्रति संवेदनशील और साहित्य के असली सरकारों से संवेदित अभ्यस्त पाठकों अपनी सहजबुद्धि से ही 'साही' जी के उपर्युक्त मन्तव्य से सौ फीसदी सहमत होगा। सहमति-असहमति का तो सवाल ही कहाँ उठता है—यह इतनी सीधी अनुभूति और सामान्य समझ की बात है कि दुनिया का कोई लेखक—अगर वह लेखक है सचमुच—तो अपने काम के बारे में इससे अलग या विपरीत कुछ सोच ही नहीं सकता। न साहित्य को अपने मानसिक पर्यावरण की तरह, उसे प्रदूषित करने वाली हर चीज से लोहा ले सकनेवाली ताकत की तरह जीने-पचाने वाला पाठक-आलोचक ही इस बात को स्वानुभूति से दूर पाएगा। तब फिर ऐसा क्यों है कि हिन्दी साहित्य का मौजूदा परिवेश इस 'कामनसेंस' के सर्वथा प्रतिकूल आचरण करता दिखाई देता है?...'देखो हटा कर असलियत से, तह मटाती है हमें'...राष्ट्रकवि का विरुद पाये हुए कवि ने हमें एक सदी पहले किस चीज से सावधान करने को कहा था? आज वस्तुस्थिति यह है कि हिन्दी साहित्य को सर्वाधिक योगदान जिनका है, चेतना के कई स्तरों को एक साथ झंकृत करनेवाली रचना और वैसी रचना की सहयोगी आलोचना जिनकी बदौलत सम्भव हुई है, उन्हीं की आवाज सबसे कम हमारे साहित्यिक परिवेश में गूँजती है। यदि यही बदलाव है तो इससे प्रेरित और इसी को बढ़ावा देने वाली आलोचना हमारे किसी काम की नहीं है। वह साहित्य की बहुवस्तुस्पर्शिनी, हमारे वेदन-तन्त्र को कई स्तरों पर एक साथ झंकृत करनेवाली प्रतिभा का अपव्यय, अपहरण और अपचयन है। ऐसा साहित्य और ऐसी आलोचना बदलते परिदृश्य की वास्तविकताओं से कैसे निबट सकती है। वह तो उसका नकलची आईना भर बन सकती है। वह राजनीति के आगे-आगे चलने वाली पथप्रदर्शक मशाल की भूमिका क्या निभाएगी? वह तो उसके यानी उसके—एक परोपजीवी मुहावरे के पिछलग्गूपन को और तज्जनित 'होलियर दैन दाउ' वाले दम्भी पुण्यात्मापन और बेहया बहिष्कारप्रवणता को ही उकसा सकती है।

जीवन और साहित्य दोनों के अवमूल्यन और बेरोकटोक राजनीतिकरण के दुश्चक्र को ही उकसा-बढ़ा सकती है। वह न अपने समाज के उपयुक्त सही राजनीति की खोज में सहायक हो सकती है, न अपने समाज द्वारा अर्जित सांस्कृतिक मूल्यों का जतन करने की चिन्ता से प्रेरित हो सकती है। न वह सर्वव्यापी प्रदूषणों को पचाने या उन्हें आन्तरिक प्रतिरोध दे सकने में समर्थ हो सकती है। सच तो यह है कि वह ऐसे आन्तरिक प्रतिरोध की जरूरत और चेतना को ही बुझाने का, खुद उसी को अप्रासंगिक बना देने का काम करती है, और कर रही है। दर्शन की—यानी साहित्य की सहज पार्श्वभूमि और साहित्य के संवेदन-विस्तारक सामर्थ्य को सीधी कुमुक पहुँचाने वाले जीवन-दर्शन को सहित्यालोचन के अनिवार्य सहचर की तरह देखने और जाँचने की जरूरत पर बल देना इसलिए उचित और सामयिक लगने लगा है, ताकि हम विचारों—विचारधाराओं को उनकी अपनी औकात, अपनी जायज जगह से ज्यादा महत्त्व दे कर अपनी सहजबुद्धि और संस्कारवान् चेतना पर हावी होने देने की आत्म-प्रवंचना से खुद को उबार सकें और साहित्य की जो केन्द्रीय और मानस-निर्मात्री हैसियत कमोबेश सभी युगों और समाजों में विशेषतः हिन्दुस्तानी समाज में रही है, जो लोच और अबाधितशक्ति उसके जरिये हमारे मानवी अन्तःकरण के आयतन को बढ़ाती रही है, उसे अपना काम करने के लिए अनुकूल वातावरण बनानेवाली आलोचना का पथ भी प्रशस्त कर सकें।

कहना न होगा कि सृजनधर्मी साहित्य स्वयं अपने में प्रामाणिक और अतुलनीय ज्ञान का स्रोत है। दर्शन की बात यहाँ साहि्य को दर्शन से कमतर या दर्शन का आश्रित ठहराने के लिए नहीं कही जा रही है, यह खुलासा कर देना आवश्यक है। साहित्य को 'जीवन की आलोचना' और जीवन के अन्तर्भूत मर्म का उद्घाटन आखिर यों ही नहीं कह दिया गया। किन्तु जो लोग साहित्य की स्वायत्तशक्ति को सबसे ज्यादा नकारते हैं, वही उसे एक 'आइडियोलॉजी' के अधीन करने को सर्वाधिक व्यग्र दिखाई देते हैं। इसलिए साहित्य और विचार के सम्बन्ध पर मौलिक ढंग से अपनी स्वाधीन बुद्धि-ऊर्जा से सोचने-समझने की जरूरत पर बल देना इस दौर में जरूरी जान पड़ता है और तब उसी तर्क से दर्शन को आत्मज्ञान के अनुशासन की तरह गम्भीरतापूर्वक ग्रहण करने और अपने विशिष्ट दार्शनिक संस्कार के अनुरूप विचारों के मूल अनुशासन के स्तर पर दार्शनिक चिन्तन और साहित्य से मिलने वाले ज्ञान के सजातीय सहचर की तरह स्वीकार करने की चुनौती उभरती है। पिछली सदी और पूर्वकाल के महत्तम साहित्य-सर्जकों के जीवन और साहित्यिक आचरण से भी यह बात पुष्ट-प्रमाणित होती है। साहित्य-सर्जक, मौलिक विचारक या दार्शनिक भी हो ही, यह कदापि आवश्यक नही; 'किन्तु वह जीवन जगत् के किसी एक पक्ष की व्याख्या को अर्थात् किसी एक विचारक या विचारधारा का अनुचर बनकर अपनी रचनात्मक और आलोचनात्मक सामर्थ्य की स्वाधीन शक्ति को कहीं खुद अपने हाथों

कुंठित न कर ले और इस तरह आज के इस कठिन समय में अपनी रचनात्मक भूमिका निभाने के रास्ते में खुद ही रोड़ा बन के न रह जाय, यह सावधानी और जागरूकता बेहद जरूरी है और यहीं पर दर्शन की सार्वभौम बुद्धि-ऊर्जा से जुड़ना जरूरी तथा श्रेयस्कर है। इतना हमारी सहजबुद्धि ही हमें जतला रही है। यह दर्शाने के लिए कि अपने दार्शनिक स्वभाव के अनुरूप और युग-संवेदित, युगातिक्रामी दार्शनिक चिन्तन-ऊर्जा हमारे यहाँ ऐसी चुक भी नहीं गयी है कि हमें उसके लिए लगातार दूसरों का मुँह जोहना पड़े। हमने पिछली सदी की शुरुआत में किये गये वैचारिक स्वराज को उकसाने वाले कुछ मौलिक उपक्रमों का उल्लेख किया था। वह उन्मेष—बीच की सारी गड़बड़ियों, व्यतिक्रमों और इकतरफा आदान से हुए विलचन के बावजूद—अभी तक पूरी तरह मिटा नहीं। अभी भी—इस इक्कीसवीं सदी के आरम्भ तक भी वह समूचे विश्व का अवधारणात्मक वशीकरण करने की मूलतः साम्राज्यवादी महत्त्वाकांक्षा से परिचालित पाश्चात्य जगत् द्वारा उपजायी गयी विचारधाराओं को जबर्दस्त चुनौती देने में सक्षम है। इसका एक ही उदाहरण पर्याप्त होगा। सोमराज गुप्त द्वारा प्रस्तुत 'प्रस्थानत्रयी' के शांकर भाष्य का पुनर्भाष्य ('द वर्ड स्पीक्स टु दि फाउस्टियन मैन' नामक ग्रन्थमाला)। जो औपनिषदिक प्रज्ञा को आधुनिक चेतना के बीचोबीच स्थापित करता है, और इसलिए वह उस चेतना को निर्धारित करने वाली विश्व-दृष्टि यानी 'फाउस्टियन' ज्ञान-दृष्टि को सीधी चुनौती और टक्कर देता है। इस काम में वह स्वयं पश्चिम के श्रेष्ठतम सृजनात्मक साहित्य में अभिव्यक्त अनुभूतियों के शब्द-प्रामाण्य का सहयोग प्राप्त करते हुए उसका भी अनूठा उपयोग करता है। और पश्चिम की दार्शनिक परम्परा का—उसकी आधुनिकतम परिणति स्वरूप ठेठ समकालीन चिन्तन का भी। सृजनात्मक साहित्य के अन्तःसाक्ष्यों का ऐसा गहरा प्रयोग—दार्शनिक परिप्रेक्ष्य में अन्यत्र शायद ही कहीं मिले। और पश्चिम के अग्रगामी दार्शनिक चिन्तन की सीमाओं का ऐसा आधिकारिक मर्मोद्घाटन भी कम-से-कम इन पंक्तियों के लेखक को अपने अध्ययनानुभव में कम ही देखने को मिला। साहित्य—पाश्चात्य साहित्य भी मुख्यतः—आत्मज्ञान प्रेरित होता है; पाश्चात्य फलसफाई इतिहास और ज्ञान-मीमांसा भले उसके प्रतिकूल चली हो—यह बात इस विवेचन में स्पष्ट उभर के आती है। यह भी, कि इसी कारण पश्चिम के श्रेष्ठ साहित्य को हमारी ज्ञान-दृष्टि और परम्परा के सहचर की तरह अनुभव किया जा सकता है।

साहित्य के अन्तःसाक्ष्य का ऐसा विनियोजन—दर्शन के प्रश्नों के स्तर पर कैसे सम्भव होता है यह हमारे लिए विचारणीय है। अपनी आलोचना—पुस्तक 'भूलने के विरुद्ध' (1994) में मैंने दर्शाया था कि किस तरह साहित्यिक मनीषा और वैज्ञानिक बुद्धि के बीच एक बुनियादी फर्क है और वह यह, कि साहित्यिक-सर्जक मस्तिष्क 'सेल्फ' यानी आत्मा की अनुभूति और अवधारणा के प्रति अनिवार्यतः प्रतिश्रुत होता है जबकि वैज्ञानिक मस्तिष्क व्यवहार में आत्मा (या कह लीजिए आत्म) का अस्तित्व

स्वीकार नहीं कर सकता। सामान्य संस्कृति का काम 'आत्मा' की अवधारणा पर निर्भर न भी हो किन्तु साहित्यकार का तो अस्तित्व ही जाने-अनजाने इसी अवधारण पर टिका हुआ है। शायद ही ऐसा कोई बड़ा लेखक आधुनिक पश्चिम का मिले जिसने अपनी सभ्यता के प्रति गहरा असन्तोष न व्यक्त किया हो। इसलिए, कि साहित्य का सर्जक इस बात को भीतर से जानता है कि कोई भी संस्कृति उन सब गहरी माँगों को पूरा नहीं कर सकती जो मनुष्य की आत्मा उसके सामने निरन्तर खड़ी करती रहती है—संस्कृति और बदलती परिस्थिति के बीच निरन्तर बनते-बिगड़ते सन्तुलन के चलते। प्रश्न यह उठता है कि जहाँ संस्कृति स्वयं आत्मान्वेषी संस्कृति हो, वहाँ समस्या का रूप क्या होगा, क्या है? आत्मबोध की अराजकता के तथा संस्कृति संकट के जैसे भयावह चित्र आधुनिक साहित्य की सर्वोत्कृष्ट कृतियों में जैसे दास्ताएवस्की, काफ्का, मान इत्यादि में—प्रकट हुए हैं, वे हमारी आत्म-स्थिति और सांस्कृतिक परिस्थिति से कितना मेल खाते हैं? स्वयं हमारे आधुनिक साहित्य की उत्कृष्टतम कृतियाँ अपने सांस्कृतिक संकट के प्रति कितनी संवेदनशील और जागरूक हैं और हमारी आलोचना उस अन्तःसाक्ष्य का कैसा—क्या उपयोग करती है? क्या हमारी अपनी ज्ञान परम्परा में 'आत्म' और संस्कृति के बीच, सर्जक—व्यक्तित्व और सभ्यता प्रसूत जीवन रूपों के बीच उस तरह के अशाम्य विग्रह की स्थिति अनिवार्य है? क्या वह परम्परा पश्चिमी ज्ञान-दृष्टि के दिग्विजयी अभियान के इकतरफा दबाव के चलते हमारे सर्जकों को सृजनात्मक स्तर पर उस तरह सुलभ भी है? देखने की बात है कि यही प्रश्न तब मार्क्सवाद और मार्क्सवादी विश्व दृष्टि के साथ हमारे साहित्यिक रिश्तों को लेकर भी उठेगा। पाश्चात्य सभ्यता और ज्ञान दृष्टि का एक प्रमुख (और वैज्ञानिक दृष्टि का दावा करने वाला) आलोचक और भेदिया 'फ्रायड' (जिसने पाश्चात्य साहित्यालोचन को बहुत गहरे में प्रभावित किया है) हमें अन्ततः यही न बताता है कि सभ्यता-संस्कृति की सारी सत्ता मानव-मन में ही प्रतिष्ठित है और प्रत्येक मानव इकाई का अन्तःकरण मानव सभ्यता के समूचे विकास की प्रक्रिया को ही दुहराने को अभिशप्त है? मार्क्स मानव-नियति की इस तस्वीर को उलट देता है। किन्तु एक हिन्दुस्तानी लेखक के मन में भी स्वभावतः यह प्रश्न उठना ही चाहिए कि फ्रायडीय सुपरईगो की तानाशाही यदि दमित अवचेतना के विस्फोट और समायोजन से नहीं कटती तो क्या वह ऐतिहासिक द्वन्द्वात्मक भौतिकवाद के नियति-चक्र में अपनी निमित्तमात्रता के वरण से कट जाती है? यहीं पर आनन्द कुमार स्वामी द्वारा प्रस्तुत मानवीय स्थिति और पुरुषार्थ का वह वर्णन कहीं अधिक तर्कशुद्ध और संगत लगता है कि "हम मानवदेहधारियों की बनावट ही कुछ ऐसी है कि हम अपनी अन्तर्मुखता में तो 'आर्केटाइपल' (आद्यरूपात्मक) हैं और अपनी बहिर्मुखता में नाम-रूपात्मक। मनुष्य को अपने स्वभाव के किसी पक्ष को नकारना नहीं है, बल्कि उच्चतर और निम्नतर, पारमार्थिक और लौकिक के बीच सामंजस्य स्थापित करना है।"

आखिर क्या वजह है कि पश्चिम की साहित्यालोचना के लिए आनन्द कुमार स्वामी जैसे मनीषी प्रासंगिक हैं? वे उसके काम के साबित हुए। जबकि हमारी आलोचना को उनसे या अन्य इसी काल से विद्ध और उत्तीर्ण मनीषियों से कुछ भी लेना-देना नहीं? क्या मार्क्सवाद, अस्तित्ववाद, सार्त्र, देरिदा इत्यादि को हमने अपने अनुभव की जमीन पर अपनी जरूरत और अपनी अर्जित समझ की शर्तों पर अपने काम का पाया और बनाया है? क्या हमारी ठेठ आज की वर्तमान आलोचना सैद्धान्तिक-प्रायोगिक दोनों तरह की—हमारी हिन्दी और अन्य भारतीय भाषाओं के श्रेष्ठतम सर्जकों-मनीषियों के योगदान को पचाकर विकसित और सक्रिय हुई है? अन्तर्बाह्य परिस्थिति के बदलते परिप्रेक्ष्य में उसी आलोचना की भूमिका के सम्यक् निर्वाह का भरोसा हो सकता है जिसने पहले पूर्ववर्तियों का मूल्यांकन और पुनर्मूल्यांकन कर सकने की क्षमता प्रमाणित की हो। क्या आज की हिन्दी आलोचना का वर्तमान—उसकी सर्वाधिक मुखर और प्रतिष्ठादायी मशीनरी का आचरण इस ऋणशोध की प्रक्रिया का विश्वास या अहसास जगाता है? कहीं वह अपनी बहिर्मुखता में ठीक उसी बहिष्कारप्रवण और 'सेल्फ राइचस' मानसिकता से ही अभिभूत और प्रेरित तो नहीं जिसे वे ऐतिहासिक दृष्टि से हमारी सबसे बड़ी दुर्बलता और व्याधि के रूप में देखते हैं? हमारे सबसे अधिक विचारोत्तेजक, सबसे विश्वचेता और सबसे अधिक आत्मान्वेषी सांस्कृतिक विवेक का अन्तःप्रमाण रचने वाले साहित्य-सर्जकों के प्रति ही इस तथाकथित प्रतिबद्ध आलोचना ने जैसा जो भी बरताव किया है, वह क्या आलोचना कहलाने का पात्र भी है? नितान्त सामान्य पाठकीय स्तर पर भी जैसा कि हमने शुरू में ही प्रश्न उठाया—क्या यह बहिष्कारप्रवण मताग्रही रचना-दृष्टि और आलोचना-दृष्टि स्वयं को ग्राह्य बना सकी है? हिन्दी की साहित्यिक संस्कृति के सहज-स्वाभाविक विकास में उसका कैसा—क्या योगदान बना है? क्या कारण है कि अपने 'समाज' या 'लोक' की आकांक्षाओं या वास्तविकताओं की एकमात्र सही समझ का बढ़-चढ़ कर दावा हाँकते रहने के बावजूद समाज और साहित्य दोनों की वास्तविक आलोचनात्मक समझ और मूल्यांकन सम्बन्धी उसकी वास्तविक उपलब्धियाँ उन लोगों की तुलना में हीनतर ही रही आयी हैं जिन्हें वे व्यक्तिवादी, कलावादी इत्यादि अभिधानों से लगातार अथक उद्योग के साथ अवमूल्यित करते रहे हैं?

मुश्किल यह है कि अन्य प्रदेशों की तुलना में हिन्दी-प्रदेश में साक्षरता का अनुपात भयावह रूप से क्षीण है। एक जागरूक, अभिज्ञ और संस्कारशील पाठकवर्ग की उपस्थिति का दबाव लेखक को महसूस नहीं होता। अखबारों में साहित्य के लिए जगह नहीं। पत्रकार और रचनाकार का जैसा रचनात्मक सम्बन्ध पिछली सदी के पूर्वार्द्ध के बरसों में निर्मित हुआ था, वह पूरी तरह विघटित हो चुका। उनके बीच अपाट्य खाई खुद गयी है। अनियतकालीन पत्रिकाओं की बाढ़ वास्तविक सर्जक या आलोचकीय प्रतिभा की पहचान या प्रतिष्ठा को सुनिश्चित करने में असमर्थ है।

'अपनी डफली अपना राग' वाला मुहावरा हू-ब-हू चरितार्थ हो रहा है। लेखकसंघों की सक्रियता ने इस अँधेरे का क्षेत्रफल बढ़ाया ही है। जरूरत हिन्दी आलोचना के अब तक के किये धरे का सचमुच निष्पक्ष आकलन करने की और तब उसके सर्वाधिक रचनाक्षम विकास-बिन्दुओं को चिह्नित करते हुए साहित्य की अनिवार्यतया समदर्शी दृष्टि से उसे उससे आगे बढ़ाने, ले जाने की है। तभी बदलाव की सही समझ और बदलते परिदृश्य में आलोचना से हमारी जाग्रत अपेक्षा तथा सम्यक् निर्वाह की भी सही समझ पनपेगी और तभी वह सचमुच इस हमारे परिदृश्य में कारगर भी होगी।

आत्म-चेतस् भारत के निर्माण की चुनौती और साहित्य

आत्म-चेतस् होना क्या होता है? कहा जाता है कि मनुष्य ही जीवधारियों में आत्म-चेतस् चेतना से सम्पन्न होता है। किन्तु क्या हममें से अधिकतर सदा आत्म-चेतस् व्यक्ति की तरह व्यवहार कर पाते हैं? आत्म-चेतस् होने का अर्थ है, अपनी आत्मा में—अर्थात् अपनी सर्वोच्च सम्भावना में प्रतिष्ठित होना; अपने वास्तविक 'स्वरूप' के साथ एकाग्र, अनन्य भाव से जीना। जबकि व्यवहार में, हम पाते हैं कि हम एक नहीं, अनेक हैं। जिसे हम 'मैं' कहते हैं, वह तो नितान्त अस्थिर और चलायमान चीज है। अपने भीतर झाँकते हुए, अपने चित्त-प्रवाह को आँख गड़ाकर देखते ही क्या हम इस कड़वे यथार्थ को स्वीकार करने को बाध्य नहीं हो जाते कि हम ज्यादातर भोक्ता ही रहे आते हैं; हर मनःस्थिति-परिस्थिति, हर भावावेश, हर राग और हर द्वेष के साथ अपने को पूरी तरह तदात्म कर देते हुए। साक्षी या द्रष्टा तो हम मुश्किल से ही कभी बन पाते हैं। परन्तु भारत के लिए तो आरम्भ से ही यह सब सवालों का सवाल रहा है कि 'मैं कौन हूँ?' और इसका उत्तर भी उसने किसी अटकल या मात्र तर्क-वितर्क के आधार पर नहीं, बल्कि साक्षात् अनुभव और ज्ञान के आधार पर खोजा और पाया है। बुद्धि से भी उसने बुद्धि से परे के सत्य में, 'आत्मा' की अनुभूति में ही अपने और सबके होने का अर्थ पहचाना है। प्रश्न यह उठता है कि जब मानव-व्यक्ति के स्तर पर आत्म-चेतस् होना इतना कठिन है, तब समाज के स्तर पर, समूचे राष्ट्र के स्तर पर आत्म-चेतस् भारत के निर्माण की चुनौती कितनी विकट होगी!

मेरे सामने एक और बड़ा विकट प्रश्न समुपस्थित है। जहाँ तक भारतीय प्रतिभा की इस सर्वोच्च और समूचे विश्व में सर्वथा विलक्षण उपलब्धि का प्रश्न है, यानी आत्मा के सत्य में प्रतिष्ठा और उसके चरितार्थन का प्रश्न है, हम पाते हैं कि सामाजिक-राजनीतिक दृष्टि से अपनी सबसे गिरी-पड़ी हालत के दिनों में भी हमारे बीच ऐसे महापुरुषों का कभी अकाल नहीं पड़ा जो इस सत्य की उपलब्धि के जीते-जागते दृष्टान्त थे। उदाहरण के लिए, आज की हमारी इस गिरी-पड़ी हालत में भी, ठेठ उन्नीसवीं-बीसवीं सदी में ही हमारे यहाँ आत्म-चेतस् विभूतियों की ऐसी समृद्धि दिखाई देती है, जैसी समूचे विश्व में कहीं नहीं दिखाई देती। नितान्त वस्तुपरक दृष्टि से भी विचार करें तो दुनिया में कहीं भी तथाकथित प्राणवान् और

विश्वविजयी सभ्यताओं के वर्तमान इतिहास में भी रामकृष्ण परमहंस, विवेकानन्द, महर्षि रमण, श्री अरविन्द, महात्मा मंगतराम, कृष्णमूर्ति या निसर्गदत्त से तुलनीय एक भी विभूति नहीं दिखाई पड़ेगी। इन्हें सचमुच पढ़ने-जाननेवाले आत्म-चेतस् हिन्दुस्तानी बुद्धिजीवी को नहीं लगता कि ठेठ बीसवीं सदी में सक्रिय श्री अरविन्द या मंगतराम या निसर्गदत्त किसी भी वैदिक ऋषि या कबीर आदि से आत्म-साक्षात्कार के धरातल पर उन्नीस होंगे। तब फिर क्या कारण है कि देश की वर्तमान अवस्था इतनी चिन्ताजनक, इतनी ग्लानिप्रद है? क्या आध्यात्मिक ज्ञान का रचनात्मक समृद्धि अथवा सामाजिक-राजनीतिक अवस्था से कोई लेना-देना नहीं है? भारतीय मूल का विश्वविख्यात लेखक वी. एस. नायपॉल भारतीय सभ्यता को 'एक आहत सभ्यता' के रूप में निरूपित करता है। क्या हमारा हिन्दी साहित्य—भारत की समग्र अस्मिता की संवाहक भाषा हिन्दी का साहित्यकार भी—अपनी इस घायल अवस्था को यथातथ्य देख पाता है? क्या वह उसके उपचार की दिशा में यथेष्ट उपक्रम कर पाने में समर्थ है?

दरसअल, मैं एक विरोधाभासी कथन से प्रस्तुत विषय में प्रवेश करना चाहता था। वह यह कि भारत विश्व का सर्वाधिक विश्व-चेतस् राष्ट्र है और इसका कारण उसका राजनीतिक महाशक्ति होना या अपनी सभ्यता-दृष्टि को लेकर एक विश्वविजयी साम्राज्यवादी दर्प से परिचालित होना नहीं है। भारत इसलिए स्वभावतः विश्व-चेतस् है कि वह विश्व की सर्वाधिक आत्म-चेतस् संस्कृति का अधिष्ठान है। उसकी चेतना मानववादी से कहीं आगे बढ़कर चराचरवादी और ब्रह्मांडव्यापी चेतना है। सच बात तो यह है कि मनुष्य-स्वभाव और मानवी जीवन-पद्धतियों के भरपूर वैविध्य और विकट विरोधों को स्वयं आमन्त्रित करते हुए उनके बीच ही सबसे टिकाऊ सामंजस्य खोजने और निभाने की चुनौती भी वही संस्कृति स्वीकार कर पाती है, जिसमें मानव-जीवों की परस्पर भिन्नता का भी यथातथ्य विवेक और स्वीकार निहित होता है। जैसा पं. विद्यानिवास मिश्र ने कहीं लिखा है और ठीक ही लिखा है कि "यूरोपीय संस्कृति का सबसे ज्यादा प्रतिरोध हिन्दुस्तान ने किया; पर विश्व में सबसे ज्यादा यूरोपीय संस्कृति को सहानुभूतिपूर्वक समझने वाले भी हिन्दुस्तानी ही हैं।"

साहित्य में विरुद्धों के सामंजस्य की बात की जाती रही है। अंग्रेजी की रोमैंटिक काव्यधारा के एक अग्रणी कवि-आलोचक कॉलरिज ने यह सिद्धान्त प्रतिपादित किया था कि उत्कृष्ट कविता का सर्वोच्च लक्षण और प्रतिमान ही यह है कि वह परस्पर अत्यन्त भिन्न और सुदूर वस्तुओं को भी पास लाती और जोड़ती है, अर्थात् विरुद्धों का सामंजस्य घटित करती है। इस प्रकिया को उसने 'रिकॉन्सिलिएशन ऑफ ऑपोजिट्स' नाम दिया था। हम सभी जानते हैं कि हमारे आचार्य रामचन्द्र शुक्ल ने भी ठीक यही सिद्धान्त प्रतिपादित किया है; किन्तु किसी परावर्तित प्रभाववश नहीं, प्रत्युत नितान्त अपने स्वदेशी कवित्त-विवेक और स्वदेशी दार्शनिक दृष्टि के आधार

पर। विरुद्धों का सामंजस्य तो भारतीय संस्कृति का मूलाधार है; उसकी अनिवार्य टेक–जिसने उसके समूचे विकास क्रम को अद्यावधि प्रेरित और परिभाषित किया है। यही उसकी धुरी रही है, जिसके फलस्वरूप वह विश्व में सर्वाधिक मत-मतान्तरों एवं जीवन पद्धतियों के विराट् वैविध्य को अपने में समाहित कर सकनेवाली सभ्यता के रूप में चरितार्थ हो सकी है। महाभारत में स्पष्ट ही कहा गया है कि 'जो धर्म किसी और धर्म के आड़े आता है, वह धर्म नहीं, कुधर्म है।' 'विश्वधर्म' कहलाने की पात्रता की इस कसौटी पर कौन-सा धर्मतन्त्र खरा उतरता है, यह सोचने की बात है।

इस प्रकार, जो उत्कृष्ट काव्य की प्रेरणा और प्रक्रिया है, विरुद्धों के सामंजस्य की प्रक्रिया–वही भारतीय सभ्यता और संस्कृति के उद्‌भव और विकास की भी प्रेरणा और प्रक्रिया रही है। यही कारण है कि यह भूमि अनायास ही धर्मचेतना की परमात्म-विज्ञान की भी, सबसे बड़ी प्रयोगशाला की तरह विकसित हुई है। यही विशेषता धर्म के भारतीय स्वरूप को बाकी सारे तथाकथित विश्व-धर्मों से अलग वैशिष्ट्य प्रदान करती है। प्रसंगवश यहाँ मुझे अंग्रेजी की विश्वविख्यात विदुषी और वरिष्ठतम कवयित्री स्व. डॉ. कैथलीन रेन की एक बात याद आ रही है, जो मेरी उपर्युक्त प्रतीति को ही पुष्ट करनेवाली है। उनके द्वारा संस्थापित लन्दन की 'टेमेनोस अकादमी' के निमन्त्रण पर मैंने वैदिक और वेदोत्तर काव्य पर एक व्याख्यान-शृंखला जून 1998 में प्रस्तुत की थी। शृंखला के समापन के अवसर पर उन्होंने यह बात कही थी कि..."भारत ही एक ऐसा देश है, जहाँ काव्य द्वारा धर्म-संस्थापना का कार्य सम्भव हुआ है और जहाँ धार्मिक संवेदना और साहित्य के बीच कभी कोई तनाव या विग्रह नहीं देखा गया, जैसाकि अन्यत्र अक्सर प्रकट होता रहा है।..." कैथलीन के मुँह से यह बात सुनकर सुखद विस्मय की अनुभूति होना स्वाभाविक था, क्योंकि यह कहीं अपने ही मन की बात थी।

अब इतना तो जाहिर है कि विरुद्धों के सामंजस्य की ऐसी अक्षय सामर्थ्य मात्र तर्क-बुद्धि या धर्मबीज मान लिये गये मतवाद में तो हो नहीं सकती। यह तो आत्मा को ही सत्य के अधिष्ठान की तरह साक्षात् अनुभव करने पर ही सम्भव है। इसलिए कि आत्मा की अनुभूति और अवधारणा मन और बुद्धि को अतिक्रान्त करने पर ही सम्भव है–'यो बुद्धेः परतस्तु सः'। श्री अरविन्द की बात याद आती है कि "एक सामान्य यूरोपियन अपने मार्गदर्शक विचार दार्शनिक नहीं, प्रत्यक्षवादी एवं व्यावहारिक बुद्धि से ही प्राप्त करता है। वह अपने दार्शनिकों की सराहना भले कर ले, पर उन पर विश्वास नहीं करता। जबकि इसके ठीक विपरीत, भारतीय मन की मान्यता यह है कि आध्यात्मिक सत्य का द्रष्टा-चिन्तक ही सर्वोत्तम मार्गदर्शक होता है–न केवल धार्मिक-नैतिक जीवन का, बल्कि व्यावहारिक जीवन का भी।" परम्परागत भारतीय मन के बारे में तो यह बात एकदम सच है। किन्तु क्या आज के भारतीय मन के बारे में विशेषकर पढ़े-लिखे भारतीयों के मन के बारे में–हम यह दावा आत्मविश्वासपूर्वक कर सकते हैं? यह सवाल बहुत विचलित करने वाला

है। 'यद्यदाचरति श्रेष्ठः तत्तदेवेतरोजनः/सयत्प्रमाणं कुरुते, लोकस्तदनुवर्तते'—गीता की इस चेतावनी को हम कैसे किस आत्मतुष्टि के आधार पर अनदेखा-अनसुना कर सकते हैं? क्या हमारे प्रबुद्धजन उतने ही आत्म-चेतस् हैं जितने वे प्राचीनकाल में या भक्तिकाल तक भी रहे? क्या हमारा सांस्कृतिक आत्म-विश्वास पिछले हजार वर्षों के अनवरत घर्षणों के बाद भी अक्षुण्ण बना रह सका है? साहित्य का—हिन्दी साहित्य का अन्तःसाक्ष्य इस बारे में क्या जताता है? हिन्दी भारत की समग्र अस्मिता की वाणी है—संस्कृत और 'भाषा' की सीधी उत्तराधिकारिणी और संस्कृत से इस मानी में भिन्न भी, कि वह जन्मना प्रगतिशील यानी आगे देखनेवाली और समस्त आवश्यक परिवर्तनों का नेतृत्व करनेवाली भाषा रही है। आधुनिकता का संस्कार सदैव उसके साथ रहा है। यदि हम एक 'आहत सभ्यता' हैं—जैसा भारतीय मूल के विश्वविख्यात लेखक वी. एस. नायपॉल का निरूपण है, तो देखना दिलचस्प होगा कि हिन्दी साहित्य हमारी इस सांस्कृतिक टूट-फूट को और उससे उबरने की हमारी चेष्टाओं को कहाँ तक, किस तरह झलकाता है।

इस व्याख्यान के विषय को लेकर मेरे मन में पहले तो तत्काल कुछ काव्य पंक्तियाँ कौंध उठीं और फिर कुछ प्रश्नों की टंकार भी गूँजी। काव्य-पंक्तियाँ क्रमशः राष्ट्रकवि मैथिलीशरण गुप्त, निराला और अज्ञेय की थीं। प्रश्न तो उठे—'आत्म-चेतस्' निर्माण, चुनौती और साहित्य—इन चारों शब्दों और उनके अर्थों को लेकर, उनका आभास कुछ-कुछ अब तक आपको हो चुका होगा। अब प्रस्तुत हैं वे काव्य-पंक्तियाँ जो मैं समझता हूँ, सभी के लिए जानी-पहचानी होनी चाहिए—

× × ×

हम कौन थे, क्या हो गये हैं और क्या होंगे अभी,
आओ विचारें आज मिलकर, ये समस्याएँ सभी।
प्राचीन और नवीन अपनी सब दशा आलोच्य है,
अब भी हमारी अस्ति है, यद्यपि अवस्था शोच्य है।

× × ×

गौरव जताने में यहाँ उत्साह का लगता पता,
बस, वाद में है वाग्मिता, पर अनुकरण में सभ्यता।

(मैथिलीशरण गुप्त : 'भारत-भारती')

× × ×

हो गये आज जो खिन्न-खिन्न
छुट-छुटकर दल से भिन्न-भिन्न
वह अकल कला गह सकल छिन्न जोड़ेगी।

(निराला : 'तुलसीदास')

× × ×

हरा-भरा है देश
रुँधा मिट्टी में ताप
पोसता है विष-वट का मूल
फलेंगे जिसमें शाप
पकेगा फल, चखना होगा।
उन्हीं को जो जीते हैं आज
जिन्हें है बहुत शील का ज्ञान
नहीं है लाज।

× × ×

तपी मिट्टी जो सोख न ले
अरे, क्या है, इतना पानी?
कि व्यर्थ है उद्‌बोधन, आह्वान
व्यर्थ कवि की बानी?

(अज्ञेय)

सांस्कृतिक दुरवस्था का पर्याप्त अहसास, उसे ठीक करने की चुनौती का स्वीकार, देश के नव-निर्माण की चिन्ता, उसके लिए अनिवार्य आत्मालोचन तथा अपने सही आत्म-बिम्ब की तलाश, हिन्दी कविता के क्रम-विकास के तीन सोपानों के उपर्युक्त उदाहरणों से उजागर हैं। राय कृष्णदारा ने कहा था, "मैथिलीशरण कर्तव्य के कवि हैं।" आज यह बात कुछ बेमेल और बेतुकी-सी लग सकती है, इसलिए कि आज कर्तव्य की चर्चा का चलन ही नहीं रहा; चलन सिर्फ अधिकारों की चर्चा का है। "केवल मनोरंजन न कवि का कर्म होना चाहिए। उसमें उचित उपदेश का भी मर्म होना चाहिए।"...राष्ट्रकवि के इस आग्रह से आज का जनवादी कवि एकदम असहमत तो नहीं हो सकता, क्योंकि उपदेश-कुशल सदाशयता की उस तरह उसमें भी कोई कमी नहीं दिखाई पड़ती। किन्तु उससे आगे बढ़कर कर्तव्य का कवि बनने की भी उसे खास जरूरत महसूस होती नहीं दीखती, क्योंकि वह अधिकार-चेता कवि है और जिस तरह अधिकार का गणित उसके लिए तयशुदा और स्वयंसिद्ध है, उसी तरह कर्तव्य का गणित भी।

'भारत-भारती' और उसके पन्द्रह वर्ष पश्चात् प्रकाशित 'हिन्दू' में उद्‌बोधन और आह्वान के साथ-साथ आत्मालोचना का स्वर भी गूँजता है। यदि कविता 'जीवन की आलोचना' (मैथ्यू आर्नोल्ड) है तो इस कसौटी पर राष्ट्रकवि की ये दोनों रचनाएँ कितनी खरी उतरती हैं, यह उन्हें ऐतिहासिक दृष्टि से पढ़कर ही जाना जा सकता है। स्वतन्त्रता की देहरी पर अज्ञेय ने 'त्रिशंकु' (सन् 1945) में अपने देशवासियों को चेताया था—"हमें एक आलोचक राष्ट्र का निर्माण करना है।" यदि यह वास्तव में कवि कर्तव्य भी था तो उसके प्रथम निर्वाह का श्रेय 'भारत-भारती' को जाना चाहिए।

इसकी सम्भावना अत्यल्प है कि 'भारत-भारती' के कवि ने 'हिन्द स्वराज'–तब तक पढ़ा होगा, जो 'भारत-भारती' के आस-पास ही छपा था। किन्तु भावी राष्ट्रकवि और भावी राष्ट्रपिता के आरम्भिक वक्तव्यों के बीच थोड़ी समानता यों दिखाई देती है कि 'पहले अपना घर साफ रखने' की बात दोनों ने की है। भूमिका में कवि ने जो कहा है कि "जब तक हमारी बुराइयों की तीव्र आलोचना नहीं होगी, तब तक हमारा ध्यान उनको दूर करने की ओर नहीं जाएगा।" उसे उसने यथासम्भव निभाया है। 'यथासम्भव' इसलिए कि इतिहास के उस मोड़ पर उन्नीसवीं सदी के पुनर्जागरण को तटस्थ होकर देख सकना बहुत कठिन था। 'हिन्द स्वराज' में आत्मालोचन के साथ-साथ आत्मविश्वास का जो पुख्तापन है, पाश्चात्य सभ्यता के प्रति जैसी प्रखर आलोचनात्मक दृष्टि है, वह 'भारत-भारती' में नहीं है। ..."देते हुए भी कर्मफल, हम पर हुई उसकी दया/भेजा प्रसिद्ध उदार उसने ब्रिटिश राज्य यहाँ नया"...'भारत-भारती' की इन पंक्तियों की तुलना यदि हम पन्द्रह साल बाद छपे 'हिन्दू' में अंग्रेजों को ही सीधे सम्बोधित करके लिखी गयी पंक्तियों से करके देखें तो साफ फर्क महसूस होगा। "निज शासन सेवा का मोल/लेते हो जो तुम जी खोल/देकर उसे बाप रे बाप/बिके जा रहे हैं हम-आप"...। यह फर्क आत्म-विश्वास के दो धरातलों के बीच का फर्क है। 'हिन्द स्वराज' में सवाल उठता है–'राष्ट्र कौन?'...इसका उत्तर वहाँ बहुत व्यंग्यात्मक है–"वही, जो लोग यूरोप की सभ्यता में रँगे हुए हैं और स्वराज की बात उठा रहे हैं।" यूँ तो 'भारत-भारती' का कवि भी अपने देशवासियों से आत्मावलम्बन का ही आग्रह करता है : किन्तु इस मौलिक विपर्यय पर उँगली नहीं रख पाता। उलटे, वह इसमें अनुकूल अवसर देखता है और अंग्रेजों की गुलामी को मुगलों की गुलामी की तुलना में गनीमत मानने लगता है–"है ब्रिटिश शासन की कृपा ही यह, कि हम कुछ जग गये। स्वाधीन हैं हम धर्म में, सब भय हमारे भग गये।"

यह आलोचनात्मक दृष्टि इसलिए जरूरी है कि कवि से हमारे भारतीय समाज की अपेक्षाओं का धरातल बहुत ऊँचा रहा है। जब श्री अरविन्द उन्हीं दिनों प्रकाशित 'फाउंडेशन ऑफ इंडियन कल्चर' में साफ-साफ यह घोषित करते हैं कि "हमें अपने को यूरोप के मानदंडों से नापने की कोई जरूरत नहीं" तो उनकी बात के पीछे एक दूरदर्शी कवि-मनीषा भी बोलती है। 'हिन्द स्वराज' के लेखक की तरह श्री अरविन्द भी पाते हैं कि "अपने केन्द्र निजी आधार को ढूँढ़ना ही उद्धार का एकमात्र उपाय है।" किन्तु साथ-ही-साथ वे यह भी कहना नहीं भूलते कि "हमारे लिए यूरोपीय आक्रमण से पहले की स्थिति में लौटने का प्रयत्न विफल होगा। कालप्रवाह ऊपर से नहीं गुजरता, हमें आगे बहा ले जाता है।...हमें आधुनिक जगत् का पूर्ण ज्ञान प्राप्त करना होगा, नहीं तो हम जीवित ही नहीं रह सकते।" 'हिन्द स्वराज' का लेखक–ऐसा लगता है–इससे बिल्कुल उलटी बात कर रहा है। मगर गौर करने की बात यह है कि वह किस आधुनिकता का विरोध कर रहा है और क्यों कर

रहा है? यह गाँधीजी का नहीं, श्री अरविन्द का ही कथन है कि “आधुनिक जगत् पर यूरोपीय मनोवृत्ति का आधिपत्य है। हम इस अनुचित प्रधानता में सुधार करने, भारतीय मनोवृत्ति और सांस्कृतिक मूल्यों का प्रभुत्व पुनः स्थापित करने का दावा करते हैं। पर यह तभी हो सकता है, जब भारत इन समस्याओं का सामना करके इनका एक ऐसा हल निकाले, जो उसके अपने आदर्शों तथा मूलभाव का समर्थन करे।” सारे मतभेदों के बावजूद क्या यह गहरे में कहीं ‘हिन्द स्वराज’ के गाँधी के ही मन की बात नहीं है?

हम पाते हैं कि ‘भारत-भारती’ के बाद ‘हिन्दू’ तक आते-आते हमारे कवि की आवाज अधिक आत्मविश्वासपूर्ण ढंग से न केवल अंग्रेज को, बल्कि उसकी राजनीति को भी उसके सही नाम से पुकार सकती है। कहती है—“प्रजातन्त्र औरों के आप/प्रकट राजसत्ता के पाप/कुटिल नीति की जारज सृष्टि/हैं, यद्यपि हों उन्नत दृष्टि...”। तथाकथित ‘उन्नत दृष्टि’ एक तरफ और ‘कुटिल नीति की जारज सृष्टि’ दूसरी तरफ—दोनों के बीच का अन्तर्विरोध, जो पहले गाँधी और अरविन्द सरीखे कर्मज्ञ नेताओं को ही दीखता था, वह अब जाकर हमारे कवि को भी दीखने लगा है। गुप्तजी के मन में जो क्षोभ है, वह यह है कि “हमारी अतिरिक्त करुणा ने हमें दूसरों के समक्ष दुर्बल बना दिया।”...यही क्षोभ जयशंकर प्रसाद और निराला में भी है तथा ‘क्षात्र-धर्म’ की पुनर्व्याख्या करने वाले आचार्य रामचन्द्र शुक्ल में भी।

आत्म-चेतस् भारत के निर्माण की चुनौती जिस तरह भारतेन्दु तथा मैथिलीशरण गुप्त के कवित्व और बालमुकुन्द गुप्त के निबन्धकार के सिर पर चढ़कर बोलती सुनाई दे जाती है, उसी तरह, बल्कि उससे भी प्रखर ओजस्वी रूप में, निराला के यहाँ। कविता से मिलनेवाली विशिष्ट आत्मानुभूति और आत्मविश्वास का रहस्य दो बातों में निहित है—एक तो यह कि श्रेष्ठ कविता अधिकतम अवरोधों के भीतर से अधिकतम प्रवाह और स्वतन्त्रता कमाकर लाती है और दूसरे यह कि उसमें वह गुणवत्ता भी होती है, जिसे विख्यात कवि-आलोचक कॉलरिज ने ‘रिकॉन्सिलिएशन ऑफ ऑपोजिट्स’—अर्थात् ‘परस्पर दूर छिटकी विरोधी बातों या चीजों को भी आपस में जोड़ने की शक्ति’ कहा था और हमारे आचार्य रामचन्द्र शुक्ल ने ‘विरुद्धो’ का सामंजस्य’। हम पाते हैं कि ये दोनों गुण छायावादी कवियों में सबसे ज्यादा निराला में दीखते हैं और उनकी लम्बी कविता ‘तुलसीदास’ में तो विशेष रूप से। ‘चित्रकूट’ में तुलसीदास की जो धूल-धूसरित छवि दिखाई देती है, वह उनके कविता के शब्दों में उसी भारत के ‘प्रभापूर्य सांस्कृतिक सूर्य’ की ही ऐसी विडम्बना है, जिस पर अब केवल “जड़ रवि खर दहता है।” जहाँ ‘उदरम्भरि’ जन केवल दुःख ही उपजा सकते हैं और जहाँ ‘स्मृति की पृथ्वी’ क्षण-क्षण असुरों से पददलित होती रहने को अभिशप्त है। वह छवि तुलसीदास को ललकारती है इस मरु प्रदेश को

सम्यक् स्मृति से पुनर्जीवित करने को। किन्तु जहाँ से कवि यह 'अहल्योद्धार-सार' खींच सकता है, वहाँ भी रवि की आभा उसे 'राहु-ग्रस्त' दीखती है। निराला पाते हैं कि उदरम्भरि बनकर हम अपनी आत्मा ही खो बैठे हैं..."हो रहा भरम अपना जीवन/चेतनाहीन, फिर भी चेतन/अपने ही मन को यों प्रतिमन है छलता..."। यह प्रतिमन, यह अनात्म ही गीता के 'अनात्मनस्तु शत्रुत्वे वर्तेतात्मैव शत्रुवत्' के तर्क से हमारी चेतना पर कुंडली मारकर बैठ गया है। 'यह उसी शक्ति से है वलयित'। इसी ने हमारी आत्म-चेतस् चेतना की संस्कृति को मर्माहत किया है। इसी के प्रवाह में देश अपना जड़-मूल खोकर बह रहा है, चाहे उसका व्यक्त रूप मुगल राज हो, चाहे ब्रिटिश राज।

हिन्दी कविता के अगले दौर—अज्ञेय-युग—में मुक्तिबोध को जो 'उदासी से पुती गायें' दिखाई दी थीं, उनका सीधा सम्बन्ध निराला की इस कविता में वर्णित 'मूक भाष, पशु-सदृश दीन-क्षीण कंकालों' से ही है। कवि के कथनानुसार देश तो पहले ही हत-बल हो चुका था—वर्णाश्रम व्यवस्था की उस घोर ग्लानि और विडम्बना के चलते, जहाँ नाममात्र के क्षत्रिय और द्विज कब के अपने 'स्वधर्म' से च्युत हो चुके हैं और अधिसंख्य जन बस 'वर्णाश्रम रक्षण के चरण-वरण' भर रह गये हैं। इसी अन्धेपन की परिणति इस्लामी छाया के प्रसार में हुई। उसी तम का आसव पी-पीकर सब आत्मविस्मृत हो चुके हैं। ऐसी हालत में क्या उपाय बचता है इस आत्म-विस्मृति के अन्धकूप से उबरने का? और, अपने आत्म-चेतस् चैतन्य को, सांस्कृतिक आत्मविश्वास को फिर से उपलब्ध करने का? उत्तर है—'जीवन के प्रखर ज्वार' में बहते हुए सत्य-मार्ग पर स्थिर रहकर 'विरोध से द्वन्द्व समर' की चुनौती स्वीकार करना। तुलसीदास यानी निराला के आदर्श कवि यह चुनौती स्वीकार करते हैं।

करने को ज्ञानोद्धत प्रहार
तोड़ने को विषम वज्र द्वार
उमड़े, भारत का भ्रम अपार हरने को।

तब आती हैं वे पंक्तियाँ, जो पहले ही उद्‌धृत की जा चुकी हैं। कवि कहता है कि 'होगा फिर से दुर्द्धर्ष समर/जड़ का चेतन से निशिवासर'। जड़ और चैतन्य के इसी दुर्द्धर्ष समर से वह 'अकल-कला' प्रकट होगी, जो 'सकल छिन्न' को गहकर जोड़ेगी।

अज्ञेय की कविता में स्वातन्त्र्योत्तर (जिसे वे 'दास्योत्तर' संज्ञा से अभिहित करना बेहतर समझते थे) युग का सजग प्रहरी बोलता है, जिसे अपने लोगों की वंचना का और उनके तथाकथित नेतृत्व का दम भरनेवाले सत्तालोलुप वर्गों के दायित्वहीन आचारण का क्षोभ बुरी तरह साल रहा है। वह देश के रीढ़हीन बुद्धिजीवियों पर और समाज-निरपेक्ष राज्यसत्ता पर एक साथ प्रहार करता है। हमारे समाज के सांस्कृतिक सत्त्व की, उसे प्रदूषित-विकृत करके समाज को तोड़ने वाली प्रवृत्तियों की जैसी

खरी पहचान अज्ञेय को थी वैसी शायद ही उनके समकालीनों में किसी में मिले। आधुनिक सभ्यता के संकट की पहचान हम जिस तरह जयशंकर प्रसाद में पाते हैं, उसी का अगला सोपान अज्ञेय का कृतित्व है। सांस्कृतिक अस्मिता के शोध का और भी सजग अध्यवसाय हम अज्ञेय के कृतित्व और चिन्तन के विकास-क्रम में पाते हैं। आलोचक राष्ट्र के निर्माण की बात सर्वप्रथम उन्हीं ने उठायी थी—इसलिए कि उनका स्वतन्त्रता-सेनानी रूप आजीवन बना रहा। तभी तो वे दो-टूक भाषा में यह विचलित करनेवाला प्रश्न पूछ सके कि "स्वाधीनता के आधार दृढ़ करने के नाम पर ही व्यक्ति शासन के समक्ष अधिकाधिक असहाय, पराधीन और दिग्विमूढ़ क्यों होता जा रहा है?" वे आगे उसी साँस में यह भी कहते हैं—"हमें राजनीति में इस प्रश्न का उत्तर नहीं खोजना है, बल्कि इस प्रश्न के उत्तर में सही राजनीति खोजनी है।" वे एकमात्र ऐसे भारतीय लेखक थे, जिन्होंने समग्र भारतीय जीवन को आलोकित करने वाले दो लीला-चरितों का भारतीय जनमानस पर क्या प्रभाव पड़ा है, इसे आँकने के लिए दो यात्राएँ सफलतापूर्वक आयोजित कीं। पहली यात्रा सीता के जन्म स्थान से अयोध्या, प्रयोग होते हुए चित्रकूट की और दूसरी, ब्रज से आरम्भ करके द्वारका की। अज्ञेय ने जीवन भर सांस्कृतिक रचनात्मक प्रयोग किये—इस प्रकार के यात्रा-शिविरों का प्रयोग तो सर्वथा विलक्षण और अभूतपूर्व था। यह मैं एक सहभागी के साक्षात् अनुभव के आधार पर कह रहा हूँ। इन यात्रा-प्रयोगों ने रचनाकार को लोक में प्रतिष्ठित करने का उपक्रम तो किया ही, लोक-जीवन का स्पन्दन सामूहिक रूप से अनुभव करने का भी अवसर जुटाया।

अज्ञेय अपने युग के प्रहरी ही नहीं, उसके स्रष्टा भी थे। उनके लिए 'परम्परा कोई पोटली बाँधकर रखा हुआ पाथेय नहीं है।' उनकी लड़ाई हमारे सामाजिक परिवेश में व्याप्त उस गुलाम मानसिकता और उस प्रश्नविहीन उदासीनता से थी, जो जीवन्त संवेदना को आवश्यक बना देती है और परम्परा को भी पथराकर रख देती है। उसी को ललकारने-चेताने के उद्‌देश्य से वे भारतीयता के लक्षणों की चर्चा करते हुए सर्वप्रथम उसके ऋणात्मक पक्ष को उभारते हुए कहते हैं—"सनातन के बोध तक पहुँचते-पहुँचते हम काल की यथार्थता का बोध खो देते हैं। सनातन की भावना लम्बी काल-परम्परा की भावना नहीं, काल की अयथार्थता की भावना है। इसी तरह स्वीकार की भावना भी दुःख-दैन्य-अत्याचार के प्रति भी स्वीकार की भावना में परिणत हो जाती है।"

कहना न होगा कि यह आत्मतुष्टि का खतरा वास्तव में हमारे परिवेश में मौजूद है और 'आलोचक राष्ट्र' के निर्माण का संकल्प उठानेवाले अज्ञेय के लिए यह आलोचनात्मक जागरूकता सर्वथा स्वाभाविक थी। तभी तो परम्परा के सृजनात्मक पक्ष की पकड़ उनकी उत्तरोत्तर गहरी होती गयी। यह आकस्मिक नहीं कि वे अपने

जीवनादर्श को बारम्बार एक ओर 'सबकुछ को धारण करनेवाली, प्रज्ञा पारमिता करुणा' से और दूसरी ओर 'वैदिक अभय-साधना' से जोड़कर देखते रहे। इसी प्रसंग में 'मेरी दृष्टि : मेरी सृष्टि' शीर्षक उनके एक अत्यन्त विचारोत्तेजक लेख का हवाला देना मुझे यहाँ जरूरी जान पड़ता है। इस लेख में अज्ञेय कहते हैं–

"किसी मतवादी रूढ़ि से अलग धर्म की उद्भावना को मैं संसार को भारतीय चिन्तन की बहुत बड़ी देन मानता हूँ। यह इसके बावजूद, कि आज मेरे समकालीन इसकी उपेक्षा करते हैं और धर्म ने जिस संकीर्णता को सम्पूर्णतया अस्वीकार किया था, उसी संकीर्णता के सहारे अपनी धार्मिकता की कसौटी करते हैं। संसार के किसी धर्म ने मनुष्य के मानस को उतनी स्वाधीनता का वातावरण नहीं दिया, जितना भारतीय धर्म ने। अवश्य ही इस समझ तक पहुँचने में मुझे समय लगा और यह भी नहीं कि यात्रा में मैंने ठोकरें नहीं खायीं। लेकिन यहाँ तक पहुँचकर मुझे जो सुख मिला है, उसे वे ही लोग समझ सकते हैं, जो निष्ठापूर्वक तीर्थयात्रा करके घर लौटते हैं।"

किन्तु देखने की बात यह है कि अज्ञेय का आलोचनात्मक विवेक भारतीयता की इस अर्जित पहचान के सामने भी किस तरह सक्रिय रहता है। वे कहते हैं, "मैं जानता हूँ कि विश्वास सम्बन्धी यह स्वाधीनता ही भारतीय धर्म की एक समस्या भी है। अन्य सभी धर्म विश्वास के कुछ नुक्ते (=मतवादी, डॉग्मेटिक रूढ़ि) रख देते हैं। उन पर जो विश्वास करे, वह धर्मवान् और जो उन पर विश्वास न करे, वह 'काफिर' या 'इनफिडेल'। ऐसे में आस्था का संकट खड़ा होता है और पाप-बोध भी पनपता है।"

चूँकि भारतीय धर्म में ऐसी मतवादी शर्तें नहीं हैं, इसलिए पाप-बोध भी नहीं उस तरह। अज्ञेय यह भी देख पाते हैं कि इस स्वाधीनता के भी अपने संकट होते हैं। आचरण की रूढ़ियों में बँध जाने से समाज में जो विकृतियाँ आती हैं और जैसा पाखंड पनपता है, आज भी देखा जा सकता है। हमारे लिए पाखंड अपेक्षया कम कठिन है और उसे देर तक निबाहते भी चल सकते हैं। यहाँ तक कि 'समग्र क्रान्ति' पर भी प्रश्नचिह्न लगाते हुए वे कहते हैं कि "हमें मानव जीवन के सम्पूर्ण राजनीतिकीकरण के विष-व्यूह को तोड़ना है। असल चुनौती तो यही है।"

निश्चय ही यह आलोचना युक्तियुक्त है और हम सभी का अनुभव इसकी पुष्टि करेगा। 'समग्र परिवेश की राजनीति' शीर्षक एक लेख में उन्होंने उस पाखंड का पर्दाफाश किया है, जिसके चलते हमारे नेता और सत्ताकामी बुद्धिजीवी एक ही साँस में विकेन्द्रीकरण और सांस्कृतिक बहुलता की बड़ी-बड़ी बातें भी कर सकते हैं और भारतीय जीवन में भारतीय भाषाओं को उनका उपयुक्त स्थान देने से निर्लज्जतापूर्वक इनकार भी करते रह सकते हैं। आधुनिक सभ्यता का संकट विश्वव्यापी है। किन्तु यह संकट जिन्होंने उत्पन्न किया है, वे अपनी परम्परा और अपने इतिहास के बारे में हमारी अपेक्षा निश्चय ही अधिक जागरूक हैं। अज्ञेय ने इस वस्तुस्थिति को भी बेलाग और खरी-खरी अभिव्यक्ति दी है। वे कहते हैं–

"पश्चिम को अपने प्रबल अहं के बावजूद ऐसा विश्वास नहीं है कि उनका चिन्तन, उनका दर्शन वगैरह सब पूर्व की अपेक्षा अच्छा है। उनमें जिज्ञासा है, आगे के रास्ते की चिन्ता है, क्लेश है। उनका साहित्य इस दृष्टि से खरा है। हमारे साहित्य में न तो हमें अपनी आस्था दीखती है; न अपनी चिन्ता दीखती है। हमारी क्या चिन्ता होनी चाहिए, इसकी भी चिन्ता नहीं है।"

उक्त टिप्पणी तत्कालीन ('80 के दशक के) सांस्कृतिक परिदृश्य पर की गयी थी। हमें निर्ममतापूर्वक आत्मपरीक्षण करना होगा कि क्या तब से स्थिति कुछ बदली है? या कि यह अब भी हमारे साहित्यिक परिदृश्य पर लागू होती है।

यदि हम उपर्युक्त कवियों की आवाज पर भरोसा कर सकें तो हम देख सकेंगे कि ये सभी अपनी संस्कृति और समाज के सर्वाधिक संवेदनशील प्रतिनिधि हैं और इन्हें किसी तरह की खुशफहमी देश की वास्तविक दशा को लेकर नहीं है। उन्हें बाहर के शत्रुओं का ही नहीं, भीतर के भेदियों-द्रोहियों का भी खूब पता है। 'है आदान एक अपमान/कर न सकें यदि हम प्रतिदान/...' कहनेवाले गुप्तजी स्वाभिमान की कभी के खतरे के प्रति सत्याग्रह युग के दौरान भी जिस तरह सजग हैं, ध्यान देने योग्य है। निराला को सांस्कृतिक लय-भंग का कटु यथार्थ उद्विग्न कर रहा है। उनकी कविता में उस 'अकल-कला' की सिद्धि का आश्वासन नहीं, बल्कि उसकी खोज करने की पीड़ा ही बोलती है, जो इस 'सकल छिन्न' को जोड़ेगी। वे भारत की सामाजिक विकलांगता को भी लक्षित करते हैं, जो आध्यात्मिक समता के आदर्श की जीती-जागती विडम्बना की तरह आँख सामने उजागर है और जो इस देश की लम्बी राजनीतिक अधोगति का एक कारण रही—अपने ही लोगों की आर्थिक और शैक्षिक बदहाली की तरफ रो आँखें मूँद लेने, जात-पाँत की रूढ़ियों में उन्हें जकड़े रहने का प्रज्ञापराध—जिसका बहुत ही महँगा मोल देश ने चुकाया और अब भी चुका रहा है। अपने प्रथम प्रेरणा-पुरुष स्वामी विवेकानन्द के सुर में सुर मिलाकर निराला इस वैषम्य पर 'ज्ञानोद्धत प्रहार' करके, उसके वज्र-द्वार तोड़कर 'भारत का भ्रम अपार' हरने का संकल्प लिवा ले रहे हैं। और मजे की बात यह, कि यह संकल्प वे मर्यादावादी तुलसीदास से लिवा रहे हैं, जो उनके काव्य-नायक हैं।

यह तो हुई स्वतन्त्रता-संग्राम के दिनों की बात। स्वातन्त्र्योत्तर—या कहें, दास्योत्तर—दिनों के रचनाकर्मी का साक्ष्य क्या है? क्या यहाँ तक आते-आते कुशल कुछ और अधिक विपरीत नहीं हो गयी है? पराधीनता के जाल से छूटा हुआ, हरित-क्रान्ति की दहलीज पर खड़ा देश कवि अज्ञेय को हरा-भरा तो दिखाई दे रहा है, पर किस कीमत पर? स्वाधीन भारत में जो संस्कृति पनप रही है, क्या वह वही है, जिसके लिए राष्ट्रकवि गुप्तजी या प्रसाद और निराला सरीखे कवियों ने देशवासियों का आह्वान किया था? यदि नहीं, तो क्या कवि की बानी व्यर्थ हो गयी? कैसे उसी

पन्तजी की 'शस्यश्यामला' मिट्टी का रुँधा हुआ ताप एक विष-वृक्ष के मूल को पोसने लगा, जिसमें शाप-ही-शाप फलने वाले हैं (अब तो फल भी रहे हैं)? क्या है वह ताप? और वह विष-वृक्ष क्या है? उसका भारत माता के उस 'मैला आँचल' से क्या सम्बन्ध है, जो अब भी खुद अपने घर में प्रवासिनी है? क्या वह यूरोपीय सभ्यता के साथ भारत के सम्बन्ध की वह 'जड़' है, जो 'हिन्द स्वराज' के लेखक के अनुसार 'धर्मक्षेत्र' में जमनी चाहिए थी, मगर जो धर्मक्षेत्र की बजाय अधर्मक्षेत्र में जम गयी है? शाप फलने की बात तो 'हिन्द स्वराज' में भी की गयी है—दो धरातलों पर। एक तो यह कि...''गरीब हिन्दुस्तान तो गुलामी से छूट भी जाएगा, लेकिन अनीति से पैसेवाला बना हुआ हिन्दुस्तान गुलामी से कभी नहीं छूटेगा।"... और दूसरा शाप यह कि—

"हमारे विचार प्रकट करने का जरिया है अंग्रेजी। अगर ऐसा लम्बे अरसे तक चला तो मेरा मानना है कि आनेवाली पीढ़ी हमारा तिरस्कार करेगी और उसका शाप हमारी आत्मा को लगेगा। ...अंग्रेजी शिक्षा पाये हुए लोगों ने प्रजा को ठगने और परेशान करने में कुछ भी उठा नहीं रखा है।...राष्ट्र की हाय अंग्रेजों पर नहीं, हमीं पर पड़ेगी।"

अज्ञेय के परवर्ती कवि रघुवीर सहाय की कविता में भी हमारे वर्तमान परिवेश में व्याप्त संवेदनात्मक भोथरेपन और आत्महीन लिजलिजेपन को रेखांकित किया गया है। बल्कि उनके यहाँ 'भक्ति से लिसलिसाता अनुवाद'...और...'स्वाधीन इस देश में/चौंकते हैं लोग/एक स्वाधीन व्यक्ति से...' सरीखी काव्य पंक्तियाँ जिस विडम्बना को उजागर करती हैं, उससे लगता है कि हम अपनी परिस्थिति के यथार्थ को पहचानने से ही कतराने लगे हैं। जीवन के तमाम क्षेत्रों में जिस तरह परमुखापेक्षिता और बड़बोलापन एक साथ बढ़ रहा है, समाज की स्वतःस्फूर्त पहल जिस तरह हर क्षेत्र में क्षीण पड़ती जा रही है, वह इसका प्रमाण है। साहित्य, जहाँ सबसे अधिक आन्तरिक प्रतिरोध-सामर्थ्य, सबसे अधिक स्वाधीन विवेक प्रकट होता था, वहाँ भी एक परोपजीवी पुण्यात्मापन पनप रहा है। वहाँ भी सृजन की बजाय एक तरह की अनुवादजीवी मानसिकता ही अधिक मुखर है। जीवन और जगत् को लेकर भारतीय मनीषा की जो भी ज्ञानात्मक उपलब्धियाँ रही हैं, उन्हीं को लेकर हमारे अधिसंख्य बुद्धिजीवियों में सर्वाधिक संशय और हीनभाव दिखता है। वह संशय भी उपजाऊ न होकर अपनी ही धार को कुन्द कर डालने वाला है। अपनी संस्कृति के मूलाधार से ही अलग और बेमेल यह परजीवी बुद्धि इसलिए या तो निष्प्रभावी हो रही है या फिर अनर्थकारी परिणाम उपजाती है। हजारों वर्षों के अनुभव से जिस मन का यह विश्वास दृढ़ हुआ है कि अन्तिम सत्य 'आत्मा' के ही सत्य हैं और वही हमारे आन्तरिक और बाह्य जीवन दोनों का सम्यक् निर्माण कर सकते हैं, उसके लिए इस आत्मा निरपेक्ष बुद्धि और उसके नतीजों को स्वीकारना-पचाना आसान नहीं हो

सकता, जिसके मुताबिक सत्य के ज्ञान का अर्थ बौद्धिक अभिज्ञता ही है और मूल्यगत कसौटियाँ भी मन-प्राण शरीर के स्तरों पर ही पायी जा सकती हैं।

दरअसल, मनुष्य का मनुष्यत्व अपनी यथास्थिति के अतिक्रमण में निहित है। यही उसके आत्म-चेतस् होने का अर्थ है। अब चूँकि अन्य संस्कृतियों की तुलना में भारतीय संस्कृति अपने स्रोत पर ही देख लिये गये इस आत्मातिक्रामी आत्मसर्जना के दुस्साध्य आदर्श से अनुप्राणित रही है और समस्त जीवन को बिना उसे 'सैक्रेड' और 'प्रोफेन' के खानों में बाँटे उसी आदर्श और उसके साथ जानेवाले पावनतामूलक मूल्यों के अनुसार संस्कारित-संयोजित करने को ही अनिवार्य कर्तव्य मानती रही है, अतः उसके सामने मानवीय ज्ञान और कर्म के विभिन्न क्षेत्रों के स्वायत्त विकास की बजाय विरुद्धों के सामंजस्य को साधने की कठिनतर चुनौती और जिम्मेदारी आ खड़ी होती है, जिसे काव्य की रचना-प्रक्रिया की ही तरह अधिकतम अव्यवस्था और अधिकतम विरोधों के भीतर से अधिकतम व्यवस्था और संगति उत्पन्न करने की चुनौती कहा जा सकता है। स्पष्ट ही इतने बड़े आदर्श को जीने की जिद की कीमत भी कम नहीं चुकानी पड़ती। लौकिक और आध्यात्मिक के बीच नैतिकता का, सामाजिक संवेदना का पक्का पुल बनाने के बारे में जो सजगता अपेक्षित है, वह शिथिल हो जाती है। लोक-शिक्षण की जिम्मेदारी से बेखबर प्रबुद्ध वर्ग व्यापक जनमानस की जरूरतों के प्रति संवेदनशील नहीं रह जाते। इसी तरह आध्यात्मिक सत्य तक जिनकी सीधी पहुँच है, उन साक्षात्कारी योगियों-ज्ञानियों तथा सामान्य जन के बीच जिस अनेक स्तरीय बुद्धिमत्ता की सक्रिय मध्यस्थता चाहिए, उस बारे में भी अपने यहाँ उदासीनता ही दीखती है। वस्तुतः इस सभ्यता के केन्द्र में जो लचीलापन और खुलापन है, वह उसे अपनी परिधि पर अत्यधिक वेध्य भी बना देता है। इसलिए उसमें निरन्तर शोध और रचनात्मक शक्ति-साधना उसके टिके रहने की अनिवार्य शर्त बन जाती है। यह प्रतिज्ञा हम निभा नहीं पा रहे हैं। इसके लिए जिस कोटि के बुद्धियोग और कर्मयोग की पूर्वापेक्षा है, उसका निर्वाह हमारे यहाँ कम ही देखने में आता है।

किसी भी संस्कृति की गुणवत्ता अपने आप में अचल राशि नहीं होती। वह उसके सदस्यों की गुणवत्ता या कर्म-कौशल पर निर्भर होती है। आखिर इसकी क्या वजह है कि हमारे जो देशवासी विदेशी परिवेश में असाधारण कर्म कौशल दिखाते हैं, वे ही खुद अपने घर में अपनी सामर्थ्य से नीचे चले जाते हैं? क्यों हम अपने लोगों की कीमत पर कमायी गयी शिक्षा-दीक्षा का उपयोग उनके प्रति ऋणशोध की तरह करने के लिए प्रेरित नहीं हो पाते? इसकी भी क्या वजह है कि हम अपने ही बीच के नैष्ठिक और प्रतिभावान् लोगों की सही पहचान नहीं कर पाते? निश्चय ही जो समाज अपनी ही प्रतिभाओं का सम्मान नहीं करता, वह घटिया समाज है—अपनी

ही राह में रोड़े अटकानेवाला। ऐसे आत्मद्रोही समाज में उत्कृष्टता का मूल्यांकन सन्दिग्ध हो जाता है; हर स्तर पर पाखंड और मूल्यमूढ़ता फूलने-फलने लगती है। निश्चय ही, मानवी बुद्धि की चरितार्थता केवल विश्व के अवधारणात्मक वशीकरण तक ही सीमित नहीं है, जो पाश्चात्य सभ्यता का लक्ष्य रहा है; किन्तु कहना न होगा कि जिसे हम एक वैकल्पिक सभ्यता का स्वप्न कहते-मानते हैं, उसे चरितार्थ करने के लिए उससे कहीं उच्चतर कोटि के बुद्धियोग और कर्मयोग की आवश्यकता है, जो पश्चिमी सभ्यता की स्पृहणीय उपलब्धियों के मूल में निहित रहे हैं।

□□